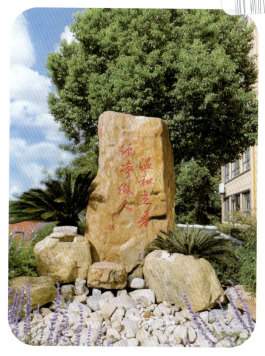

　　1997 年上海市三泉学校建校，即于教学大楼西侧辟育才林，以志历届毕业生念母校培育之恩。其间以多品木集，寓尊重差异、协调发展之意。2019 年再修缮立石，以校育人目标刻镌，时中国著名教育家于漪先生闻而欣然，亲书"温和立身，纯净做人"以贺。

　　多年来，三泉人秉承"温和立身，纯净做人"之育人目标，聚焦"中等生"研究主题，在"九年奠基一生""九年成就一生"的路上，不断实践探索，总结反思，提炼升华……一批又一批教师不断成长，一项又一项成果不断呈现。

　　廿余载不断培植与呵护，学校成才林绿意盎然，繁花似锦；廿余载不断努力与发展，校史记录簿上步履坚实，硕果累累。

中等生思维
进阶能力培养

上海市三泉学校持续推进中等生教育实践案例集

主编 宋继鸿　　副主编 卢小樱

文匯出版社

本书学术委员会

前　言

上海市三泉学校是静安区一所九年一贯制学校,办校二十多年来始终将研究重点放在占学校人数大多数的中等生群体,全校教师依托本校市级重点课题,对"培养质优生,关心学困生"进行了全新思考,提出了"扶持中等生"的教育理念,并坚持不懈地进行探索与研究。在研究中,分别从成因分析、教学优化、心理优化、环境优化、文化优化、师资优化、评价优化等多方面进行了策略体系的梳理与构建,取得了良好的效果,2016 年,学校"中等生"研究课题荣获上海市科研成果二等奖。

重视每一位学生的差异,关注每一位学生的进步与成长,是教育的根本要义。根据学校校情、学情的不断变化,学校领导层充分认识到中等生的教育需求随着社会的发展也有新的变化和要求,需要进一步的深入思考,在研究中我们发现,思维能力的提升是中等生的短板与不足,亟需提高。

思考的深度决定人生的宽度,比勤奋更重要的是深度思考的能力,在 21 世纪智能时代飞速发展的今天,网络智能正在以前所未有的速度发展,我们能即刻收到无数信息,也会即刻遗忘无数信息。如何让学生以直观的方式捕捉和理解关键信息,如何将信息转化为易于理解的可视化传播形式,如何让学校教育回归本源,体现"学生为本"的理念和"教育公平"的意识,让每一位学生的个性都得到充分的发展,在持续推进"中等生系列研究"的过程中,2021 年,学校申报上海市青年课题《利用思维导图探索中等生数学复习课模式的实践研究》获批,使学校中等生研究上了一个新台阶。

研究表明,思维导图是一种能帮助人们高效处理信息、记录思维过程与思考内容的工具。思维导图发明者东尼·博赞认为:人类大脑的思维形式不是工具栏,也不是菜单,它的思考是有机的,就像人类身体的循环系统和神经系统,或者像树的枝条和树叶的脉络,要想有健全的思维,就需要有反映这一天然有机体的工具,思维导图就是这样的一个工具。

何谓思维导图？博赞先生在他的书中这样认为：思维导图是一种放射性思维，体现的是人类的自然功能，用于储存、组织、优化和输出信息，它利用的就是这些自然结构的灵感，从而提升效率，被誉为"大脑的瑞士军刀"。

在《利用思维导图探索中等生数学复习课模式的实践研究》课题的引领下，学校率先组织一部分优秀青年教师在数学学科进行了利用思维导图培养思维能力提升的尝试与研究。如何找到适当的方法寻求突破？如何运用思维导图提升复习课的效率？如何提升数学知识建构能力和改进学习习惯，最终提升思维能力？他们查找文献，进行问卷调查，践行教学设计，实施案例分析与研究，思考、反思、推翻，再思考、再反思、再调研，做了大量的工作。

探究中他们发现，有一部分中等生对思维导图有所知晓，但大部分学生对思维导图没有过多的了解与接触，普遍缺乏主动性、积极性与学习热情，甚至有些同学认为思维导图就是画画而已，这使他们在研究之初就遇到了前所未有的阻力。但青年研究小组的年轻教师有决心与信心，他们在资深教师的帮助下，在学校领导的支持下，突围、引趣、创设环境，在中小学数学组进行校级公开课研讨，开专题研讨课和中小学联动专题研讨会，群策群力，集思广益。在大家的共同努力下，在数学教研组牵头、物化教研组协力、语文教研组及英语教研组老中青教师的共同助力下，思维导图青年研究小组最终梳理出数学复习课思维导图"小五步法"及"大五步法"的中等生思维进阶能力训练模式。

何谓"思维导图小五步法"？即：① 确定核心主题；② 对概念、定理、公式、法则等进行知识梳理；③ 思考确定知识背景；④ 思考梳理运用的思想方法；⑤ 列举例题。即小步走，慢慢来，扶上马，送一程，逐步帮助中等生建立思维导图的基础概念、梳理方法和回顾总结。

"思维导图小五步法"旨在提示、帮助学生利用思维导图的丰富形式进行课前预习及课后小结，为学生预习新知和复习总结提供理论与系统支撑。如每一节课、每一单元的思维导图绘制，可根据学生的不同层次进行具体实施，在中等生中再进行分层，确定难易程度，最大限度地让中等生能较快学会绘制思维导图，并灵活使用思维导图进行复习与总结。

为了更好地帮助中等生更快、更高效地运用思维导图提升思维能力，避免学生为了思维导图而思维导图，避免形式大于内容，学校在数学复习思维导图策略"小五步法"运行了一段时间后，组织数学教研组教师和物理青年研究小组进行理科思维能力思维导图的构建与研究,形成了理科复习课"思维导图大五步法"。

"思维导图大五步法"包括:寻找关键字;联系知识点;解决问题;变式练习;总结归纳。该五步法旨在帮助学生解决实际问题。根据学生在解决问题过程中可能存在的问题,通过寻找关键字,联系思维导图中相应的知识点,配以典型例题来解决问题,再以变式训练提高学生对知识的理解,最后,寻找共性,归纳总结。

在复习课思维能力"小五步"与"大五步"的引导下,学生的理科思维逐渐得到激发,在此基础上,青年研究小组更进一步,在总结与推广的过程中,梳理并完善了数学复习课思维导图策略体系,见下图。

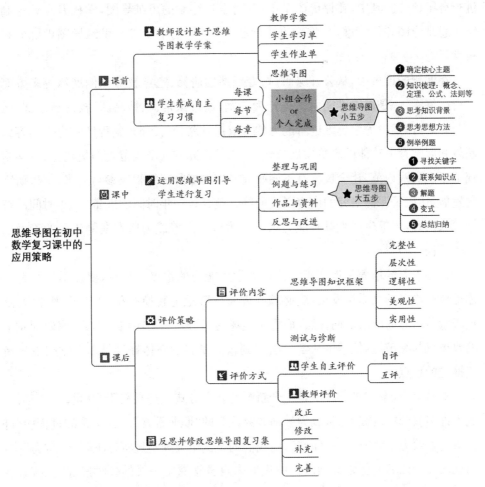

图1　思维导图运用于初中数学复习课模式的策略体系(蔡黎燕老师供图)

课前，教师设计基于思维导图的教学学案，根据每课、每节、每章的知识点，由小到大、由细节到整体设计导图，并配上相应的例题与练习。学生利用思维导图，尝试自己动脑动手进行预习和复习。

课堂中，教师边讲解边绘制思维导图，或是在讲解例题时绘制解题思路导图。根据复习课的主题及重要知识点之间的内在联系设计问题，引导学生对知识进行梳理，根据学情，选择适合的主题和难度，并配套相应的例题与练习。

课后，学生进行反思，教师给予指导。学生对自己复习时整理不完整的知识点进行补充和修改，教师进行单独指导，最后，通过评价学生的学业水平与进步情况进行等第评分。其中，在评价体系中，针对学生绘制的思维导图，学校有意识地制定了思维导图评价标准，并将标准占比提高，以鼓励学生参与思维导图训练的积极性。

在课题的推进中，从公开课研讨、专题课题研修、定点教师课例展示等多方面进行了探索，一是以思维能力的提升为总纲，通过家常课、精品课、校内展示课、区级公开课，探索中等生思维进阶能力的有效提升路径与策略，实现课堂育人内容的超越和课堂育人功能的高阶发展与转型；二是研究方式由规范走向更规范，从学术规范走向实践规范，让全校具有不同研究基础的老师都能积极参与进来，促进研究的发展，达成了课例研究的内容形式的统一整合。一年时间的准备，一年时间的持续深入研究，中等生思维进阶能力培养作为核心素养成为所有案例研究的着力点与核心词。

核心素养的培养是近几年学校培养学生能力的重点与难点，要在学校教育中体现核心素养的高质量发展，就必须在课堂主阵地上转换视角，重新审视课堂，从核心素养培养的浅层走向深层，而思维是灵魂、是核心、是实质。因此，明确课堂上的改革点与突破点，使学生从学会学习到核心素养的整体提升是未来学校发展持续推进的重点。

本质上说，案例研究并不是一个新鲜的研究方式。它兴起于 20 世纪 60 年代，成为许多教师的研究方式，成为教师研究课堂的"职业常态"。在研究的过程中，许多研究者致力于研究"常态课堂"，而我们的案例研究并不想将思考限于"常态"中，而试图在"常态"的课堂案例研究中提取来自教学课堂一线的教学经验，在核心素养的引领下，从"常态"走向"规范"，在案例研究的走向中，提升效能，为当下教育工作者提供一个新的视角。

　　在一年的思维导图研究工作推进中,我们发现,提升学生核心素养的推进工作在思维能力案例研究中得以落地,从形式逐渐走向实质。

　　在学生层面,优化了学生个性化学习途径。在思维导图中,学生有了自己的发挥空间,他们被允许可以用自己的想法完成自己的预习与复习任务;提高了学生知识建构能力,如在八年级分式方程的学习中,绝大多数学生都知道要将分式方程化为整式方程,而"化整"这一思想方法的运用,正是因为他们头脑中已经建构起了初等代数知识体系,在二元二次方程组的学习中,部分学生已经能够自主学习,通过类比知道解决这样的方程要"降次"或"消元",利用思维导图进行知识体系的构建变得更加容易;改善了学生预习、复习习惯,激发了学习兴趣的同时,逐渐养成了预习、复习的良好习惯。大部分学生学会了在课本、课堂笔记本、作业及订正中利用思维导图进行知识归纳、重难点的笔记整理。

　　在教师层面,教师教学能力明显提升。许多教师,尤其是青年教师,通过研究找到了一条整理单元知识的好思路,对单元设计也有了自己的想法和实施策略;教师找到了指导学生个性化学习的好方法,对不同层次的学生,选择不同的教学策略,让每位学生都能有所收获。

　　本课题研究成果在校内进行了推广。所有学科的教师积极投入到实践活动中,研究氛围更加浓厚。

　　通过此课题的研究,学校在中等生思维进阶能力的提升方面进行了系统的思考,梳理了数学学科思维进阶能力策略体系,并将数学学科的研究成果延展到物理、语文、英语等其他文理学科,不仅让学校在中等生研究方面取得新的突破,同时以此课题研究为引领,培养了一批具有初步科研意识、科研思维的年轻教师群体,为未来学校的可持续发展打下了坚实的基础。2022年,本课题被评为市优秀课题,本案例集正是基于上述的研究成果,集结成册。

　　2016年,教育部发布《中国学生发展核心素养》,在学科核心素养的基础上,形成了"一个核心、三大支柱、六个维度、十八条指标"的中国学生发展核心素养体系。"一个核心"是指全面发展的人;"三大支柱"是指文化基础、自主发展、社会参与;"六个维度"是指人文底蕴、科学精神、学会学习、健康生活、责任担当、实践创新,并据此形成了十八条指标。学科核心素养体系和中国学生发展核心素养体系相互补充,构成了中国学生的培养目标框架。

　　要把这些指标落到实处,任重而道远。九年奠基一生,九年培养一生。上海市三泉学校秉持"温和立身,纯净做人"的办学理念,摸着石头过河,在提升中等生思维能力的研究中,解决问题,促进创新,追寻教育理想,品尝研究的甜头,也想和同行们一起,在中等生思维进阶能力培养的研究中,一路走来一路歌。

相信未来,会更好。

卢小樱

2022 年 4 月 5 日

目 录

文科篇

综合学科篇

理 科 篇

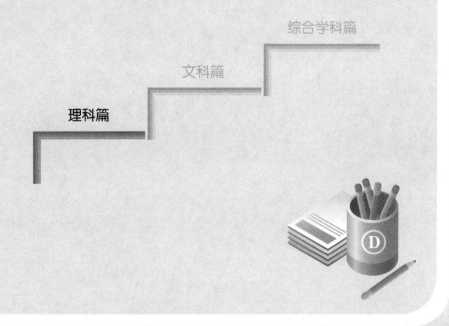

综合学科篇

文科篇

理科篇

"实数"单元复习的三次修改带来的启示

上海市三泉学校　宋继鸿

摘　要：上海市三泉学校数学教师蒋旻豪申请了一次区级公开教学展示。每次试教后，数学组全体教师都参与研课和磨课，大家一起为完善蒋老师的公开教学出谋划策。蒋老师根据同行，特别是区教研员蔡莉娜老师的建议，进行了三次较为重大的修改。本文对每次修改后的设计从内容安排、设计意图、实施效果及修改情况进行了详细记录，并在此基础上进行了回顾和总结、对比与反思，提炼出了今后在进行复习设计中需要注意的几个方面。

关键词：数学单元复习　教学设计　教学反思

青年教师蒋旻豪申请上一节区公开课，内容是"实数"一章的单元复习。这节课在准备的过程中经历了三次大的修改，特别是在静安区初中数学教研员蔡莉娜老师指导下的第三次修改，对我们启发很大。下面以课堂实录的方式来谈谈自己对复习课认识不断深化的过程。

一、情境回放

【第一次设计：以梳理整章知识为主要目标】

1. 内容安排

本次的设计主要由蒋旻豪老师完成，参考了本备课组部分教师的意见。复习是从一个具体的问题——"把一组数按照有理数和无理数归类"导入的。之后的复习流程如下图 1-1。

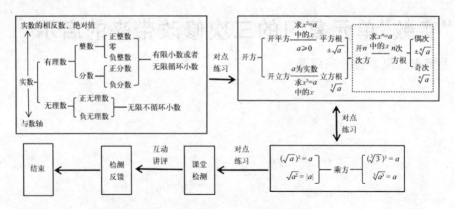

图 1-1 第一次教学设计流程图

通过上述流程图不难看出,这节课学生在教师的带领下将整章的知识进行了回顾和梳理。从内容层面,主要有三大板块:实数的相关概念及其分类;开方的系列概念,包括开平方(平方根)、开立方(立方根)及开高次方(高次方根);开方与乘方的互逆运算关系,内容安排顺序就是教材新课教学的顺序。从重难点的突破上,蒋老师把重点放在了"开方运算的意义和符号"的理解上。从习题安排上,蒋老师不仅在知识的讲解方面做到的全面细致的准备,与此同时,还为每个知识点配备了"对点练习",以达到巩固和检验知识掌握的目的。

2. 设计意图

显然这种设计体现了梳理知识、兼顾难点的复习宗旨,特别是蒋旻豪老师尝试着将自己前期教学科研的成果——用思维导图的方法来梳理章节的知识运用到了这节复习课的设计中。他试图通过带领学生绘制实数这一章的思维导图,加深对实数分类的理解,形成整章的知识框架体系,从而培养学生整理知识、总结归纳和构建知识系统的能力。

(1)梳理整章的知识结构。对整章的内容进行结构化的整理和重现,帮助学生建立起实数这一整章的知识结构。

(2)建立知识横纵向联系。对比复习平方根、算术平方根、立方根,让学生理解知识之间的联系,进一步掌握它们之间的区别,达到正确求一个数的方根的目的。

(3)突破前期学习的瓶颈。帮助学生把握知识(如有理数和无理数、乘方与开方、平方根与立方根等)之间的内在联系与区别,从而把握各知识的本质特征。

3. 实施效果

蒋旻豪老师拿着以上的设计进班完成了试教。一节 40 分钟的课下来,虽然教

师对教学的进度把握并没有太大的问题,但教学任务仅仅完成了三分之一。大家的感受有以下几个方面:

（1）课堂容量太大,教师始终有在赶进度的感觉,学生的思维也始终被教师牵引着,没有主动思维,即使这样,直到一节课结束,事先设计的内容也没有完成。

（2）虽然将整个章节的内容进行了整理,形成了若干系统的认识,但并没有把知识之间的来龙去脉、发生发展过程有效地揭示出来。用一位老师话说就是把新课的内容用快速播放的方式快播了一遍。

（3）一节课实施下来,教师试图为学生解决过去的难点,但由于要讲的内容太多,并没有真正解决学生知识掌握过程中的断点和痛点。

（4）尽管老师试图把整章的内容罗列进复习课中,但还是有很多内容没有安排进去。事实上,由于时空的限制,复习时是无法穷尽所有内容的。

4. 改进意见

老师们一致的意见是:实数一章内容庞杂,复习不能面面俱到,需对复习的内容进行取舍,应选取学生掌握有较大问题或困难的内容重点加以解决。具体建议是:

（1）收集学生在前面教学过程中的问题,从学生的问题切入,围绕学生容易混淆的内容展开集中的讲解,将学生的问题讲深讲透。

（2）教师在整个复习的过程中虽然应该发挥主导作用,但不能一言堂,始终由教师一讲到底,应该让会的学生教不会的学生,让不会的学生暴露自己的问题,然后教师引导学生将问题解决掉。

【第二次设计:以重点知识突破为主要目标】

1. 内容安排

蒋旻豪老师对第一稿做了大幅度的删减,选取了"开方""方根"这部分学生新课学习时比较困难的内容。如流程图 1-2 所示。

首先,在导入环节,蒋老师收集了学生的错题,如"121 的平方根是 $\sqrt{121}=\pm 11$""$-\sqrt{(-4)^2}=4$"等问题,体现了本节课的针对性和目的性。

其次,在复习的方式上,蒋老师保留了前期自己拿手的复习整理知识的方法,即用思维导图的方法帮学生完成知识的复习整理,同时运用了对比和类比的方法,让学生从"相同和不同""正和误"两方面来辨析概念。从流程图中"开方和平方根"

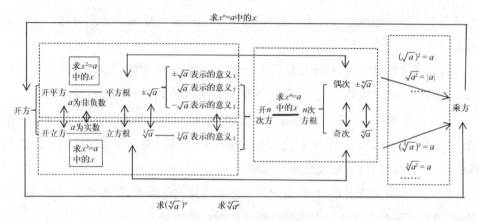

图 1-2 第二次教学设计流程图

"开立方和立方根""开 n 次方和 n 次方根""偶次方根与平方根""奇次方根与三次方根",可以看出对比的意图明显。

当然,在内容的取舍上,他认为学生在"方根"问题上的主要问题是学生对方根的定义和表示方法等方面存在问题,因此他选取"开方的意义和运算"作为本节课主要复习的内容,摒弃前面面面俱到、拖沓冗长的做法。

2. 设计意图

蒋老师这一次的设计意图明显,就是冲着解决学生学习时的困难去的,特别是蒋老师根据收集到的学生对于平方根($\pm\sqrt{a}$)、算术平方根($\sqrt{a}$)、立方根等概念掌握较为薄弱的环节,以及利用平方根的性质($\left(\sqrt{a}\right)^2 = a, \sqrt{a^2} = |a|$)进行计算时老是出错这些问题,他做了比较多的考虑和安排,希望进行重点突破,以达到学生全面掌握的目的。正因为这些内容具有相近的特点,蒋老师对相近的问题进行了辨析和类比,通过类比让学生准确掌握,达到触类旁通的目的。

3. 实施的效果

(1) 一如前一次教学一样,因为教师的出发点都是在带领学生回顾概念,整堂课还是没有改变教师在讲的问题,显得整堂课内容枯燥,气氛沉闷,课堂基本没有互动。

(2) 区教研员蔡莉娜老师非常严肃地指出,本节课的内容在新课教学中是一课时来完成的,复习中又用了一课时来解决这个问题,显得效率极低。

（3）本节课虽然解决学生的问题和难点这一目的性非常明确，但并没有关照到对这些问题已经完全掌握的那一部分同学的需求，他们有对这一部分知识进行深化的需要。

4. 改进意见

本次教学是正式公开课前定稿的过程，因此区教研员蔡莉娜老师亲临指导，听完课后，蔡老师提出以下几个方面的建议：

（1）新课关于"方根"的安排只有一两课时，而本次复习也采用一节多的课时去完成，这样的安排显然效率太低。即使安排这项内容，也需要在新课的基础上加以深化。

（2）学生新课教学中没有很好掌握的问题，不应该像上新课那样再从头到尾讲一遍，炒冷饭，应考虑方式的改变，否则还是会有学生无法掌握。

（3）所谓单元复习，应该从知识的整理入手，把知识的来龙去脉、发生发展过程给学生讲清楚，让学生在了解原理的基础上把原来的薄弱环节补上。若只是就事论事地讲本部分内容，达不到复习的效果。

【第三次设计：从多角度认识实数，以这一概念为目标】

1. 内容安排

综合各方意见，蒋老师从实数的表示、实数的认识及实数的计算三方面展开复习。首先，在导入上就显得别出心裁，一上来从两个基础的问题"如果 $x^2 = 2$，那么 $x = $_____" 和"如果 $x^3 = 4$，那么 $x = $_____" 作为起点设问，引出实数的表示、实数的认识、实数的运算三个基本问题。每个部分的知识点不是老师直接告诉学生的，而是通过一个个小问题形成的问题链贯穿其中的，通过解决问题过程中暴露出的学生的薄弱环节，既纠正了学生的错误认识，又强化了概念的准确理解；既揭示了知识点的相互关联，又阐释了知识的发生发展过程。其中最为精彩的部分就是"无理数的概念"，教师在引导学生得出了 2 的开平方、开立方根、开四次方，从而得到 $\sqrt{2}, \sqrt[3]{4}, \sqrt[4]{2}, \sqrt[5]{4}$ 后，接着抛出了 "$\sqrt{2}, \sqrt[3]{4}, \sqrt[4]{2}, \sqrt[5]{4}$ 是一类什么数"这一问题，引出无理数概念的复习，然后又提出"它与有理数的区别是什么""如何估值""在数轴上如何表示 $\sqrt{2}$ 和 $-\sqrt{2}$ 的位置"等一系列问题，并自然地过渡到"绝对值与相反数"概念的复习，等等。一连串知识得到了集中有效的复习，而无割裂枯燥之感，学生的思维在教师的问题中不断得到升华。

　　2. 设计意图

　　(1) 将一个个知识点设计在问题中,让学生在解决问题的过程中了解和掌握知识的发生发展过程,把握知识的内在联系,而不是由教师把一个个知识硬塞给学生。

　　(2) 始终从无理数的起源和定义出发,让学生认识到不管开方的次数是几次,他们都与相应的乘方运算有关,并且与乘方具有互逆的特征,因此不管是对"非负数的偶次方根"也好,还是"$\pm\sqrt[n]{a}$"意义的理解也好,学生都能从知识发生发展的源头上、过程上理解无理式的表示、特征及其意义等,能将过去没有理解的知识在这节课上得到很好的理解。

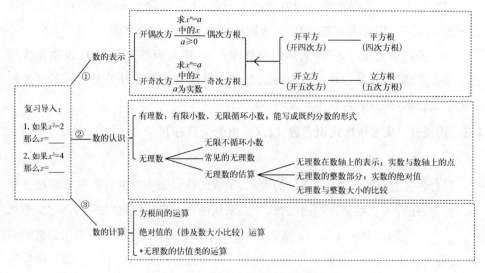

图 1-3　第三次教学设计流程图

　　3. 实施效果

　　(1) 本节课围绕着问题"如果 $x^2=2$,那么 $x=$ _____"和"如果 $x^3=4$,那么 $x=$ _____"展开,揭示了无理数是怎么来的、无理数是什么、开方与乘方的关系等。由于学生理解了知识的来龙去脉,很容易地解决了以前理解上的偏差,避免了由教师安排一个个环节去纠正学生错误的做法,提高了复习的效率。

　　(2) 从实数(重点是无理数)的发生发展的过程来安排内容,相较于前几次复习,让学生对知识的认识比新课教学时更加深入。

　　(3) 例题和习题的安排比前几次大幅减少,但作用明显,解决了问题,也说明了问题,特别是用一些简单的思考题,如"求 $x^n = a$ 中的 x"等问题很好地把整个知识结构串起来,课堂内容和环节安排精练了。

(4)学生能够在老师的启发下积极就某个知识延伸出去,展开关联性思考。这是本节课的一个意外惊喜。

二、回顾与总结

每次试教,蒋旻豪老师把复习课从内容到形式都做了非常大的改动,对他本人来说,收获颇大,作为一位旁观者的我,同样感到回味无穷。

(1)从教学的内容来看,虽然都是针对"实数"进行单元复习,但由于目标不同,安排却大相径庭。第一次和第三次的设计试图通过复习,对整章内容做全面知识梳理,而第二次的设计试图就学生知识掌握中存在的问题加以突破。第一次和第二次设计侧重的是一个"复"字,让知识通过复习在学生面前再现一遍,以达到拾遗补缺、熟练掌握、巩固应用的目的;第三次设计侧重的是一个"习"字,强调复习的归纳与整理,类比与梳理、串联,通过带领和引导学生复习实现知识的系统化,提升核心能力,显然后者更便于实现复习的终极目的。两相比较,复习设计的优劣可见一斑。当然,每一次的修改是基于对前一次设计中所出现问题的修正,没有前两次的"试错"和比较,就没有第三次设计的完善,这也充分说明教学设计过程是在科学性和艺术性上不断追求完善的过程。

(2)从问题的解决来看,每一节课都安排了一定数量的例题和习题,但教师带领学生在解决问题的方式上似乎存在着较大的不同:在第一次的设计中,教师是带领学生复习一个知识点就安排一次对该知识点的巩固练习;在第二次的设计中也是教师带领学生每学习一道例题,然后有一次与例题相类似的习题,已到达熟悉套路、巩固知识、获得技能的目的,蒋老师将其形象地称为"对点练习",他帮助学生有针对性解决他们的问题意图非常明显。但这样的安排显得进程缓慢,一节 40 分钟的课堂会按照学生练习时段分割成不同的学习单元。后来,在蔡老师的指导下,同样是针对问题的解决,由于有了问题链的设计,有了不同层次的知识铺垫,就很好地解决了知识复习和问题解决的问题,整堂课结构就显得非常完整,思路也很连贯,无割裂、拖沓感。

(3)从课堂上师生互动的情况来看,每一次试教课都有师生互动的环节,都面临教师的预设和学生课堂的生成问题。蒋老师在前后不同的教学场景中的不同表现给我留下了深刻的印象,例如在第一次试教中,学生在回答"如果 $x^2 = 2$,那么 $x = $ _____"这一问题时,第一位学生的回答是"$x = \sqrt{2}$",显然与教师的预设 "$x = \pm\sqrt{2}$"不一致,老师并没有回应,马上采纳了下面一位同学的正确意见。在第二次试教中,当教师提出"如何比较 $\sqrt{2}$ 和 2 大小"时,学生马上想到了用数轴的方法,蒋老师预设的是根据开方与乘方互逆的运算特征用平方的方法来解决,可蒋老师对学生的这一闪光点并未理会,硬是按照他自己的方法讲了下去。事实上,如果能够尊重学生的意见,顺着学生的思路讲数轴上表示无理数的方法,对后面的教学进程完全没有任何影响,只是教学的顺序不同而已。由于教师未能顺应课堂中学生的思维发展过程,采用了生拉硬拽的方法导入自己的思路,因此,这里的教学显得有些生硬,学生参与课堂的积极性明显受挫。由于有了前面新课的学习基础,同学们对单元知识在头脑中有了一定的积累,复习中,如果教师能因势利导地发挥学生的主观能动性,可能会产生意想不到的效果。

三、收获与启示

通过参与不断磨课研课的过程,自己的收获很大,这些收获无疑为自己今后的教学改进起到极大的启示作用。

1. 复习中内容安排要遵循新课(教材)的顺序吗

大家知道,教材在编排过程中,为方便学习和教学,一般都是按照由简单到复杂、由具体到抽象、由特殊到一般的顺序来编排的。我们带领学生学习新知识当然应该按照这样的顺序来实施教学,这是符合教育的规律和人的认知规律的。但在结束新课回过头来复习时,还需要按照新课的顺序吗? 显然没有必要。而且复习时,教师需要按照学科特点,引导学生用系统的观念将知识还原到它应有的逻辑关系中,如用上位的观点来统领知识来统领下位的知识,将互相对立统一的知识加以对比寻找其本质区别和联系,并加以解释……在前两次的复习中,蒋旻豪老师都是先复习开平方(平方根)、开立方(立方根),接着开四次方(四次方根)、开五四次方(五次方根),最后推广至开 n 次方(n 次方根)和它的奇偶特征,这实际还是上新课教学的顺序。在带领我们分析教材中"方根"这一内容的时候,区教研员蔡莉娜老师指出,开 n 次方(n 次方根)相对于具体的开几次方和具体的几次方根是上位的概念,复习时不应仅仅把它们一一列出就完事了,而是应把"开 n 次方(n 次方根)

和它的奇偶特征"这一上位概念拿来统领所有的开方(方根)的概念,知识的整理作用一下子就显现出来,极富韵味。回想初中阶段的许多内容,如果我们是可以借助这种方法来加以复习的,对揭示知识之间的逻辑练习是很有帮助的。笔者后来在初三函数部分的复习中就采用了这种方法。这样一张有趣知识结构图(如图1-4),知识的整理、串接作用可见一斑。

2. 复习课的效果是拿学生会解题来检验吗

复习的目的当然包括能熟练掌握知识、会解决实际问题,但仅仅只有这些是很不够的,还应该有对知识概念的透彻理解、学科基本素养的形成及综合素养的提升。在日常教学中,我们常常会发现有些教师并不太注重后者,不管是新课学习还是复习安排,都是把知识点或者基本原理简单提一下,然后就是安排大量的练习,甚至还有个别教师连知识都不讲就只是大量的练习,用刷题代替综合复习。事实上,如果我们不注重基本概念、基本原理的精准细致的教学,让学生懂原理、会思考,而只是去单纯刷题是没有任何用处的。本次教学中涉及的"绝对值的计算"就存在这样的问题:教师讲完了"正数的绝对值等于它本身,负数的绝对值等于它的相反数,0 的绝对值是 0"后,接着就安排了"对点练习",让学生去"计算 $|2-\sqrt{2}|$",我到学生中间去巡视了一下,发现大多数学生是不能自己解决的。是什么原因呢?是学生不知道"正数的绝对值等于它本身,负数的绝对值等于它的相反数,0 的绝对值是 0"这个知识点吗?显然不是,是因为学生不知如何去判断"2-$\sqrt{2}$ 是正数还是负数"。教师没有把涉及"绝对值"的一系列知识在复习时给学生讲清楚,没有帮助学生解决其痛点和难点,就盲目安排练习,这样的安排是不合理的,当然效率也是很低的。有老师说,这不是本节课要解决的问题呀,如果再在这里安排判断"实数的正负"这一知识点的教学的话,岂不是偏离了主题?但在蔡老师的指导下,蒋老师后来很好地通过各环节的设计,解决了一系列的疑惑。他通过在绝对值复习的环节安排复习无理式在数轴上的表示、实数的绝对值的几何意义、无理数的估算、无理数与有理数大小的比较等知识,让学生在不觉中知道了"$\sqrt{2}$ 的范围是 $1<\sqrt{2}<2$""$\sqrt{2}-2$ 是负数",从而很顺利地得到了"$|2-\sqrt{2}|=2-\sqrt{2}$",这种解决方法之所以有效,就在于复习环节的巧妙设计,让前后知识互相铺垫、呼应,后面的结果也自然天成,既节约了时间成本,又在有限的时间里完成了相关联知识的复习。一如本次在总结点评中蔡老师说的那样,如果我们教师指导得当、得法,知

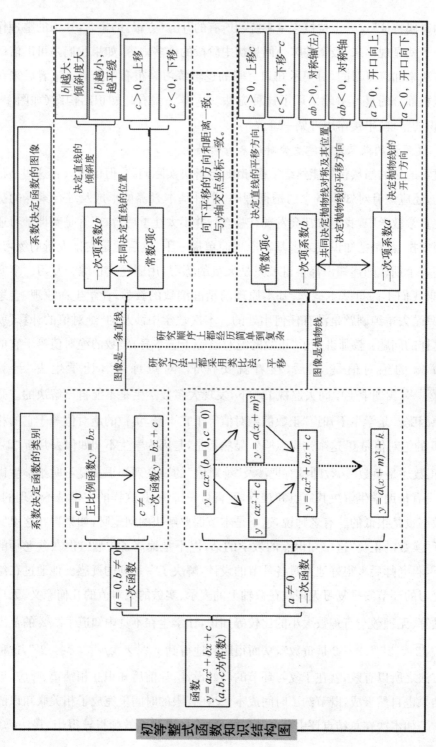

图 1 - 4　各类整式函数之间的关系

识的联系就会而自然而然,学生的能力就会自动获得,而不需要大量的习题、大量的例题去反复操练。在当前减负的条件下,这种方法尤其必要。

3. 复习的课时安排有讲究吗

通过本次研讨,特别是蔡老师的提醒,使我们对复习课课时的安排问题有了新的认识。过去我们一直认为对于学生难于掌握的问题就应该多花一点时间,重点加以突破,一次不行,是需要多次重复进行的;一节课没有解决问题,我们就再用一节课。如第二次设计的安排,就是基于学生对新运算——开方及其运算结果——方根,由于其抽象性,学生在理解上出现困难,特别是对"$\pm\sqrt{2},\sqrt{2},-\sqrt{2}$"的意义总会模糊不清,因此大家一致认为有必要花一定的时间进行专题复习,这就是我们通过讨论确定蒋老师修改第一次设计的初衷。后来蔡老师的提醒一下子点醒了我们:方根运算在新课教学中的课时仅仅只是一课时,而我们再安排一课时进行复习,相对于本章如此庞杂的知识需要复习,显然是不合适的,也显得效率极其低下。蔡老师的提醒是及时的,我们确实较少去考虑这个问题,当然也让我们失去了去反省自己新课教学中的问题和寻找最佳复习路径的机会。后来的实践证明,在用正确的理念和方法补救了方根教学中的缺漏以后,学生对以前的错误就很顺利地解决了。通过这一教学案例,使我清晰地意识到:找准问题的根源比花时间去解决问题更重要——找到了问题的根源,就会事半功倍。

当然,以上对复习课的思考和讨论,可能还仅仅是隔靴搔痒,更可能是盲人摸象,由于开课之后,数学组的全体教师还没来得及坐下来好好地面对面讨论和交流,却碰到了突如其来的疫情隔离,因此,更有价值的实践和思考还有待进一步整理和挖掘。

【参考文献】

[1] 王立新.中等生教育论——中等程度学生隐性流失成因分析及对策研究[M].文汇出版社,2013.

[2] 于美娟.指向核心素养的单元复习课教学设计与反思[J].数学之友,2021(6).

[3] 沈良.单元复习课教学设计三部曲[J].中学数学教育,2015(5).

揭开"生活"面纱 看清数学"真面目"

——浅谈数学建模在解直角三角形中的应用

上海市三泉学校　徐璐芳

摘　要：笔者在执教初三数学第一学期的解直角三角形相关内容时,发现学生对于解复杂直角三角形的应用,比如测河宽、测塔高等问题,似乎总找不到合适的突破口,不知从哪入手解决。学生或者是随意地乱添辅助线,或者是干脆直接放弃这类题型。笔者尝试帮助学生形成数学几何建模的意识,探索数学模型在解直角三角形中的应用,从而帮助学生能够形成解决此类问题的策略。

关键词：数学建模　解决实际问题

数学建模是六大数学核心素养之一,它与平时的生活和学习密切相关。数学建模就是把各类生活中的实际问题进行简化,并把它们之间用模型建立联系,最后用数学的问题来解决。数学建模本质是学生用自己的数学思维来解决实际问题。它能够培养学生的数学思维和数学应用能力,提升数学思维品质。所以教师在课堂教学中从低年级起就要逐步培养学生的建模意识,通过一定的数学建模活动,培养学生的建模能力。

【个案情景描述一】

笔者以九年级第一学期第一次执教解直角三角形的应用第 2 课时中的例题为例。

[例 1] 如图,为了测量河宽,在河的一边沿岸选取 B、C 两点,对岸岸边有一块石头 A. 在 $\triangle ABC$ 中,测得 $\angle C = 62°$,$\angle B = 49°$,$BC = 33.5$ 米,求河宽(精确到0.1 米)。

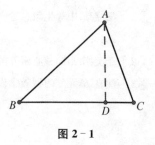

图 2-1

该题是课本的例题,也是常见的解直角三角形的基本题型。第一步和学生一起确定能否直接解直角三角形,答案显然不能,因为题中没有直角三角形。因此确定下一步需要构造直角三角形。第三步是确定怎样构造。显然利用两个已知角(不一定是特殊角)和它们之间的夹边常用的思路是通过作高建立直角三角形模型,学生的思维一般到这个步骤基本都是顺畅的。至于具体怎么解直角三角形时学生的想法五花八门,老师进行了方法指导,即选择恰当的三角比来表示其中的线段,能够简化后续的解答过程。以下是片段实录。

师：同学们,过 A 点作 $AD \perp BC$ 后,大家思考下一步怎么解呢?

生：(齐声说)需要设未知数。

师：大家可以自己在练习本上试一试。(通过巡视发现学生的设未知数方法有好几种)

师：请一位同学说一说你的做法。

师：过点 A 作 $AD \perp BC$,垂足为点 D,河宽就是 AD 的长。

生：设 BD 为 x,则 CD 为 $33.5-x$

在 Rt$\triangle ABD$,　$\tan B = \dfrac{AD}{BD}$,　$AD = BD \cdot \tan 49° = x \cdot \tan 49°$

在 Rt$\triangle ACD$ 中,　$\tan C = \dfrac{AD}{CD}$,　$AD = CD \cdot \tan 62° = (33.5-x) \cdot \tan 62°$

从而得到 $x \cdot \tan 49° = (33.5-x) \cdot \tan 62°$

$$x = \frac{33.5 \cdot \tan 62°}{\tan 49° + \tan 62°}$$

$$AD = x \cdot \tan 49°$$

师：这样计算有些麻烦。还有没有其他的设未知数的方法呢?

(我给出了我的解法)

设 AD 的长为 x

在 Rt$\triangle ABD$ 中,　$\cot B = \dfrac{BD}{AD}$,　得 $BD = AD \cdot \cot B = x \cdot \cot 49$

(这里之所以用 $\angle B$ 的余切更好,要学生感受下。)

在 Rt$\triangle ACD$ 中,　$\cot C = \dfrac{CD}{AD}$,　得 $CD = AD \cdot \cot C = x \cdot \cot 62°$

因为 $BD+CD=BC$，

所以 $x \cdot \cot 49° + x \cdot \cot 62° = 33.5$，

则 $x = \dfrac{33.5}{\cot 49° + \cot 62°}$

≈ 23.9（米）　即 AD 的长约为 23.9 米。

师：大家学会了吗？那么我们来试一试变式练习。（结果发现大部分学生找不到从哪入手，乱写一气。）

变式 1：如果 $\angle B = \alpha$，$\angle C = \beta$，$BC = m$ 米，其他条件不变，求河宽。

问题诊断

就提论题的方法对于中等程度的学生并不适用，老师稍微进行变式后学生就找不到方法。这也就是学生普遍存在的上课能听得懂，作业却不会解的现象。所以笔者准备尝试帮助学生建立数学模型，从而一起寻找归纳此类问题的解题策略。

【个案情景描述二】

笔者准备把前面讲过的例题 1 进行数学建模后再进行尝试。

师：对于刚刚解过的例 1，大家能不能归纳一下设什么为未知数较合理，能不能从解法中寻找到最关键的等量关系？

生：设两个直角三角形的公共边为 x，等量关系是：因为 $BD+CD=BC$，

所以 $x \cdot \cot 49° + x \cdot \cot 62° = 33.5$

师：如果老师把上题中的角度和边长改用字母来表示，你能推出河宽的长度表达式吗？

变式 1：如果 $\angle B = \alpha$，$\angle C = \beta$，$BC = m$ 米，其他条件不变，求河宽。

（教师想通过变式练习，把特殊问题一般化，帮助学生整理此类模型。）

生：则上题中的 $x \cdot \cot 49° + x \cdot \cot 62° = 33,5$ 转化成 $x \cdot \cot \alpha + x \cdot \cot \beta = m$

从而得到河宽 AD 为 $\dfrac{m}{\cot \alpha + \cot \beta}$ 米。

问题诊断

学生只要建立了数学基本模型，解题相对容易很多。
教师可与学生一起归纳，从而得到模型一：两个直角三角形位于公共边异侧模型。

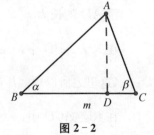

图 2-2

一、初步设想

从本节课受到的启发,笔者在这节课的教学时想让学生感受建模并加以应用,所以把"解直角三角形的应用"的最后一课时中的测塔高问题也用数学建模的方法调整到前面来分析,同时可以在第一个模型的基础上进行知识的迁移,进而完成第二个模型的归纳,最后把两个例题放一起构造两个数学模型,进行对照。

二、深入思考

经过了测量河宽问题后,笔者尝试在例 1 的基础上让学生独立思考例 2 的解法,并进行计算,可以和例 1 进行对照。

[例 2]　如图,小明想测量塔 CD 的高度。塔在围墙内,小明只能在围墙外测量,这时无法测得观察点到塔的底部的距离,于是小明在 A 处仰望塔顶,测得仰角为 $29°25'$,再往塔的方向前进 50 米至 B 处,测得塔顶的仰角为 $61°42'$,(点 A、B、C 在一直线上),小明能测得塔的高度吗?(小明的身高忽略不计,结果精确到 0.1 米。)

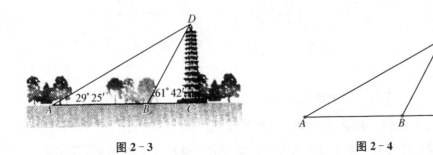

图 2 - 3　　　　　　　　　　图 2 - 4

师:本例和例 1 有什么相同之处? 相同处是都可以找到两个直角三角形,并且这两个直角三角形也有一条公共边。区别在哪里呢?

生:两个三角形的位置似乎不一样。

(教师可让学生观察例 1 和例 2 两个模型的异同,两个模型中都是借助于两个直角三角形的公共高为突破口。)

师:大家会设哪条边的长度为未知数? 自己试一试。

设 $CD = x$

从而得到:在 $\mathrm{Rt}\triangle ADC$ 中, $\because \cot A = \dfrac{AC}{CD}$, $\therefore AC = CD \cdot \cot A = x \cdot$

$\cot 29°25'$,

在 Rt△EDC 中,∵$\cot\angle DBC=\dfrac{BC}{CD}$,∴$BC=CD\cdot\cot\angle DBC=x\cdot\cot 61°42'$,

∵$AB=AC-BC$,

∴$x\cdot\cot 29°25'-x\cdot\cot 61°42'=50$,

$x=\dfrac{50}{\cot 29°25'-\cot 61°42'}\approx 40.5$(米)

模型二:两个直角三角形位于公共边同侧模型。

三、延伸思考

比较例 1 和例 2,可得到两个解直角三角形应用中的基本模型:

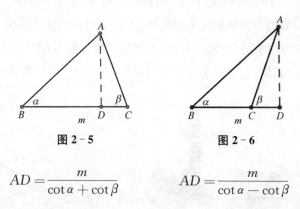

图 2 - 5　　　　　　　　　　　图 2 - 6

$$AD=\dfrac{m}{\cot\alpha+\cot\beta}\qquad\qquad AD=\dfrac{m}{\cot\alpha-\cot\beta}$$

对于程度较好的学生,老师也可让学生观察图 2 - 6 中的 AC 和图 2 - 5 中的 AC 从对称性看能不能发现什么规律?如果学生能发现这两条线段其实可以看作关于高对称,更能直观理解两种模型。

学生对于复杂的几何实际问题常常找不到从哪里入手解题,笔者发现其本质是学生不会把实际问题转化为数学问题,找不到数学模型,不会根据实际问题中的有效信息,直接或间接构造直角三角形模型,从而找出直角三角形中边角的关系进而构建数学模型解决问题。所以教师在平时教学中要帮助学生建立建模意识,培养学生的建模能力,流程如下图:

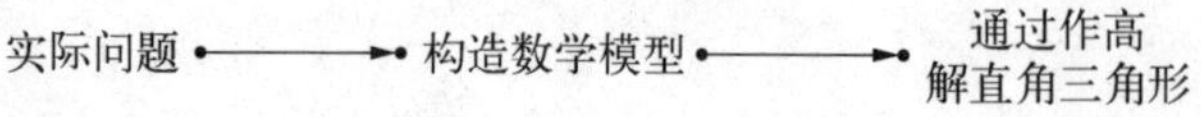

实际问题 ⟶ 构造数学模型 ⟶ 通过作高
解直角三角形

图 2 - 7

四、启示与反思

笔者在执教初三数学时研究发现,上述数学建模的思想方法不仅能应用于解直角三角形,也同样可以运用到九年级填空选择压轴题的解法中,两者本质其实是完全一样的。笔者在平时的教学中发现我校初三的学生对于填空的第 18 题,尤其是旋转翻折类题有畏难情绪,得分率普遍非常低。而笔者统计后发现 18 题中旋转翻折类占比很高。在此类题型中通过合理作高转变为解直角三角形是解决这类问题的基本策略。经过自己的尝试,学生如能较好地掌握好数学建模思想,对解决填空压轴题也有很大的帮助。

所以在学完上面的例 1 和例 2 后,笔者把前一阶段曾经做过的一个填空题作为例题重新出示。上一次做的时候学生的得分率不高,原因是部分学生找不到从哪个三角形入手解决问题,做对的一部分学生也说不清分析思路。笔者讲完上述两个例题后再次让学生解决这个填空,从而比较学生的思维和策略有没有发生变化。

[**例 3**]　如图在 RT△AOB 中,$AO=3$,$BO=6$,将△AOB 绕顶点 O 旋转后得到△A′OB′,且 A′落在∠AOB 的角平分线上,A′B′与 OB 交于 E,求 B′E 的长度。

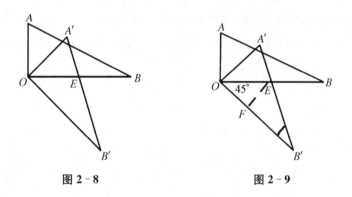

图 2 - 8　　　　　　　　　　图 2 - 9

师:在 RT△AOB 中,$AO=3$,$BO=6$,其实这个三角形的每个角都是固定的值,请大家先试一试,回忆有没有你熟悉的数学模型。

实施描述:这是填空 18 题中的旋转类题,有些学生一看旋转就害怕。教师可以带领学生仔细分析题中的已知条件并做好标注。让学生自己去寻找∠BOB′是个特殊角并且等于 45°,而∠B′度数虽然未知但是角度确定,这符合例 1 中所描述的模型。因此学生能很容易想到模型一:过 E 向 OB′作高。

　　笔者自己尝试发现,从数学建模这样的研究中我们收获了很多,综合以上实例,利用建模思想(例如本文中的构造直角三角形)的本质是将生活中的实际问题转化为数学问题,要学生学会的是根据所给的条件,选择恰当的数学模型,最终能"揭开生活的面纱"。数学建模的思想能简化很多复杂的问题(比如填空),使很多学生难以解决的实际问题通过建立数学模型变得具有可操作性。所以培养学生的建模能力,其实就是培养学生解决实际问题的能力。这种思维能力对提高学生的数学核心素养,培养创新意识具有十分重要的作用。

　　当然在实际操作中我们也发现了一些问题,那就是学生的建模思想要逐步培养,不能一蹴而就。老师要从低年级开始逐步给学生慢慢训练这样的思维方式,才能在高年级让学生有较高的思维品质,从而真正地提升学生的数学核心素养,提升数学思维品质。

【参考文献】

［1］许志杰.核心素养下初中数学培养学生建模能力的探究［J］.试题与研究,2021(27)：129-130.

［2］周元元.巧用数学模型提升数学学科核心素养［J］.中学数学,2021(18)：82-83.

［3］张义.浅谈数学建模在初中数学课堂中的应用——数学建模在解直角三角形中的应用［J］.山东教育,2019(32)：40-41.

如何在几何学习中拓展学生解题思维

——"相似三角形的性质"案例研究

上海市三泉学校 刘苗妙

摘 要: 在沪教版九年级数学第 24 章"相似三角形"教学中,如何在复杂的几何图形中引导学生掌握一些重要的几何基本图形,并有意识地运用基本图形或构建基本图形去寻求结果、解决问题,是本章学习的关键。

在相似三角形的基本图形中,"一线三等角"是最常见的相似模型,尤其在综合压轴题中运用较多。灵活掌握和应用数学模型解题是解决综合题型的重要突破方法。巧用"一线三等角"基本图形能更好地突破数学综合题,拓宽学生的解题思路,拓展学生的解题思维,让学生获取学习数学的灵性,让学习数学变得更有趣。

关键词: 数学中等生 "一线三等角"基本图形

一、教材分析

《初中数学新课程标准(2019 版)》中指出:几何直观主要是指利用图形描述和分析问题。借助几何直观可以把复杂的数学问题变得简明、形象,有助于探索解决问题的思路,预测结果。几何直观可以帮助学生直观地理解数学,在整个数学学习过程中都发挥着重要作用。

而"相似三角形"是上海教育出版社九年义务教育课本九年级上第 24 章内容,是初中平面几何中重要的组成部分,也是初中数学学习中的重要内容。它是圆、立体几何、解析几何乃至物理学科学习的基础,与我们的生活息息相关,有很重要的实用价值。

学生在七年级时已经学习过了全等三角形,而相似三角形与已学的全等三角形之间既有密切联系,又有明显的区别。全等三角形是相似三角形的特殊情况,相似三角形比全等三角形更具有一般性。对于九年级的学生来说,他们已经具备了一定的数学知识、技能、方法,积累了一定的学习经历与经验,能够理解与掌握从特殊到一般的探索和拓展。相似三角形的学习又为后续学习"实数与向量相乘"及"解直角三角形""圆"的内容,打下坚实的基础。

"24.5(4)相似三角形的性质"这一课时内容,是在学生刚刚习得了相似三角形的判定及性质定理之后的一节综合应用课,例题1中总结归纳的相似三角形"一线三等角"基本图形,是上海历年各区一模、二模甚至中考常常涉及的几何基本图形。

二、校情分析

我校是一所普通的九年一贯制学校,从1999年起,二十多年来我校一直致力于约占全校学生七成以上中等生的研究,摸索出了一些能有效挖掘、激发中等生潜能的方法。

其中"梳理——反思性梳理"模型培养专注力法,是我校最早研发出的以培养中等生学习专注力为主旨的创新学习方法。该模型以生动有趣的思维导图形式,由教师指导学生梳理出学科知识的重点、难点,并进行逐一破解式研读、训练、反思和测评,最终攻克目标难题。这种探究方法,经过多年实践,既有利于提高学生学习数学的兴趣,减轻学生学习的负担,又有利于提高学生的数学成绩,起到了很好的教学效果。

三、学情分析

数学中等生占九年级学生80%以上,对于相似三角形和其他知识之间的联系方面还有待提高。类比全等三角形的判定、性质及应用,对于数学中等生而言,虽然对相似三角形的判定、性质有了一些感性的了解和认识,但是更多的是在特定的范围内研究的,对于相似三角形的工具性作用,学生还不能运用,在其他背景中的应用还不熟练,特别是相似三角形和其他知识的紧密结合,对他们来讲还是有一定难度的。表现在对于解决综合题无从下手,摸不着方向,找不到相似的三角形,从而找不到对应边、对应角,后续的证明与计算往往就是一片空白。

数学教学不仅要让学生获得新知识,而且要能提高学生的思维能力,要培养学生自觉运用数学知识考虑和处理实际问题,从而形成良好的思维品质。而几何基本图形的学习和应用在一定程度上能开拓学生的解题思路,在独立解题上能更好地引导解题突破,学生一旦发现题目有熟悉感,这样离解题成功也就不远了。

因此,我把"相似三角形的性质"这一课原有教学内容中的两个例题拆成两个课时来完成,第一课时主要着力如何利用"一线三等角"基本图形来解决几何背景中的相关计算和证明。在这一教学过程中,我引导学生从已学过特殊图形入手,让学生观察、比较、归纳、总结"一线三等角"基本图形的几何特征,再到一般基本图形。通过师生交流讨论、小组合作探究等活动,引导学生寻找出复杂图形中的基本图形,给学生提供更合适的解题思路,减低学生的思维量,提高解题信心,缓解学生解题的紧张感,让学生在面对综合题时不会束手无措。

四、概念界定

学校多年来致力于中等生的教学研究,并在《中等生教育论——中等程度学生隐性流失成因分析及对策研究》一书中对数学中等生的特征做了概念界定,即数学平均分在 60—75 之间的学生可界定为数学中等生。

"一线三等角"基本图形是一个常见的相似模型,它的突出特点就是构造两个三角形中的两组角对应相等,指的是有三个等角的顶点在同一条直线上(同侧)构成的相似图形,这三个等角可以是锐角,也可以是直角或钝角。简单地说,就是一条直线上有三个相等的角一般都会存在相似三角形。

较常见的"一线三等角"基本图形按角分,分别有"锐角一线三等角""直角一线三等角""钝角一线三等角",三种模型如下图。

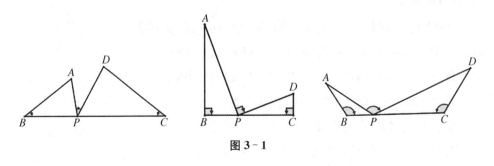

图 3-1

在"一线三等角"基本图形中,一定存在有两角对应相等的一对相似三角形。"一线三等角"基本图形会出现在不同几何背景中,如在等腰三角形、等边三角形、等腰梯形、正方形、矩形、直角梯形以及平面直角坐标系中等应用都比较广泛。

五、教学目标

（1）学生会运用"相似三角形判定定理1"选择两角相等来证明两个三角形相似，并会运用性质定理解决问题。

（2）学生经历观察、归纳、总结、类比的学习过程，归纳出"一线三等角"基本图形的特征，并能在不同的背景中识别出基本图形。

（3）学生在学习过程中感受几何图形的直观性对几何学习的重要性，并进一步提高学生的逻辑推理能力。

六、教学重点和难点

（1）重点：运用相似三角形的判定定理1及相似三角形的性质定理解决"一线三等角"基本图形中的相关计算与证明。

（2）难点：在不同几何背景中识别"一线三等角"基本图形。

七、教学方法

教师引导、小组讨论、合作探究相结合。

八、教学过程片段

【个案情景描述一】

[例题1] 如图 3-2，在等边 $\triangle ABC$ 中，点 P、D 分别在边 BC、AC 上，$\angle APD = 60°$。求证：$\triangle ABP \backsim \triangle PCD$

教师 1： 请同学们思考 $\triangle ABP$ 与 $\triangle PCD$ 是否相似？

学生小组讨论，观察图形结构，快速解答。

学生 1： $\triangle ABP \backsim \triangle PCD$。

因为由等边三角形的性质$\Rightarrow \angle B = \angle C = 60°$，

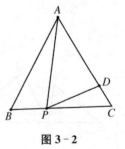

图 3-2

再 $\left.\begin{array}{l} \text{由外角性质} \Rightarrow \angle APC = \angle B + \angle BAP \\ \text{由等式性质} \Rightarrow \angle APC = \angle APD + \angle CPD \end{array}\right\} \Rightarrow \angle BAP = \angle CPD$

两角对应相等,从而根据相似三角形的判定定理 1 可证 $\triangle ABP \backsim$ $\triangle PCD$。

例题 1 主要通过一道简单的实际问题引发学生思考。在证明三角形相似的过程中,复习相似三角形的判定定理 1。

[例题 2] 如图 2,在 $\triangle ABC$ 中,$AB=AC$,点 P、D 分别在边 BC、AC 上,$\angle APD=\angle B$。求证:$\triangle ABP \backsim \triangle PCD$

教师 2: 请同学们思考此时 $\triangle ABP$ 与 $\triangle PCD$ 还相似吗?

学生小组讨论,类比例题 1 的解答方法,学生快速得到结果。

学生 2: $\triangle ABP \backsim \triangle PCD$。

因为由等腰三角形的性质 $\Rightarrow \angle B = \angle C$,

再 $\left. \begin{array}{l} \text{由外角性质} \Rightarrow \angle APC = \angle B + \angle BAP \\ \text{由等式性质} \Rightarrow \angle APC = \angle APD + \angle CPD \end{array} \right\} \Rightarrow \angle BAP = \angle CPD$

两角对应相等,从而根据相似三角形的判定定理 1 可证 $\triangle ABP \backsim$ $\triangle PCD$。

教师 3: 若点 P 是线段 BC 上的一个动点,且 $\angle APD=\angle B$ 恒成立,请同学们思考,此时 $\triangle ABP$ 与 $\triangle PCD$ 还相似吗?

学生小组讨论,观察图形,得出结论。

学生 3: $\triangle ABP \backsim \triangle PCD$ 恒成立。

教师 4: 若上题中 $\angle B$ 角度发生改变,但 $AB=AC$,$\angle APD=\angle B$ 恒成立,请同学们思考,此时 $\triangle ABP$ 与 $\triangle PCD$ 还相似吗?

学生分小组讨论,观察图形并总结归纳特征。

学生 4: $\triangle ABP \backsim \triangle PCD$ 恒成立。

例题 2 是例题 1 的变式,图形的变化让学生思考在运动变化中结论是否会发生改变,以便在运动变化中突出图形所体现的特殊特征。

学生们通过观察发现一个现象:不论点 P 在线段 BC 上如何运动,不论等腰三角形的底角如何变化,只要角之间的关系恒成立,总有 $\triangle ABP$ 与 $\triangle PCD$ 相似。教师引导学生将"一线三等角"的图形特征梳理出来。从而引出本节课所讲的内容:相似三角形中"一线三等角"基本图形,并总结归纳特征及解题方法:已知三等角,只需要利用外角性质及等式性质得出第二对等角即可证明两个三角形相似。

[例题 3]　如图 3-2,在 △ABC 中,AB=AC=10,BC=16,点 P、D 分别在边 BC、AC 上,BP=12,∠APD=∠B。求线段 CD 的长。

例题 3 由学生独立完成练习,教师巡视了解学生掌握情况。在巡视过程中,有半数以上的学生很快能得到答案,但还是有少数几个学生无从下手,还有部分学生结果计算错误。

(一) 问题诊断

通过与个别没完成学生的交流发现,问题主要如下:

(1) 没有识别出"一线三等角"基本图形,或识别出"一线三等角"基本图形得到 △ABP ∽ △PCD,但不会利用相似三角形的性质得到对应线段成比例求出线段 CD 的长。

(2) △ABP ∽ △PCD 的对应线段找错了,得到 $\dfrac{AB}{CD}=\dfrac{BP}{PC}$,导致线段 CD 的长度错误。

针对上述问题,我立刻进行反思,数学教学的根本任务,在于教会学生如何学习、如何思考问题、如何应用知识解决实际问题,应该教育学生学会把实际问题转化为数学问题加以解决,即建立数学模型。学生学会了模型和方法,教师的教学效果往往事半功倍,因此我及时调整教学内容。

(二) 初步设想

首先给出了一系列不同背景下的几何图形,让学生们快速识别出"一线三等角"基本图形,写出哪两个三角形相似,并得出对应边成比例。

【实验实施描述一】

针对例题 3 解答有问题的学生,教师上课尝试引导学生根据上述四个几何背景图,分别识别出一线三等角基本图形,找出一对相似的三角形,并得到正确的对应边成比例。

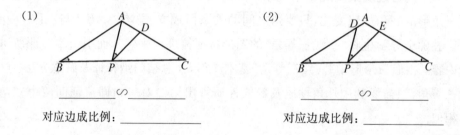

(1)

对应边成比例:＿＿＿＿＿＿

(2)

对应边成比例:＿＿＿＿＿＿

(3)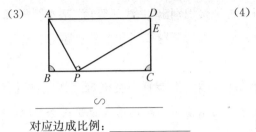

对应边成比例：_____

(4)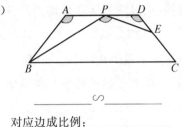

对应边成比例：_____

图 3 - 3

通过帮助学生巩固了不同几何背景中"一线三等角"基本图形的识别，再综合运用相似三角形的判定定理 1、性质定理，得到正确的对应线段比。

接下来，再回到例题 3，引导学生一起分析解题过程。

【个案情景描述二】

教师：如何求线段 CD 的长？

学生 5：……

教师：要求 CD 的长度，观察一下，线段 CD 在哪个三角形中？

学生 5：在 $\triangle PCD$ 中。

教师：观察图形，$\triangle PCD$ 可能与哪个三角形相似？

学生 5：根据已知条件，图中有"一线三等角"基本图形，因此 $\triangle ABP$ 与 $\triangle PCD$ 相似。

教师：因此由相似三角形的性质，有 $\dfrac{AB}{PC} = \dfrac{BP}{CD}$。

学生 5：我知道了，因为 AB、PC、BP 长度已知，从而可求出 $CD = 4.8$。

教师：非常棒！关键找到"一线三等角"基本图形，证得三角形相似，得到对应线段成比例，从而求出 CD 的长。即此题的思维过程如下：

$$\left.\begin{array}{l} \text{等腰三角形性质} \Rightarrow AB = AC \Rightarrow \angle B = \angle C \\ \text{外角性质} \Rightarrow \angle APC = \angle B + \angle BAP \\ \text{等式性质} \Rightarrow \angle APC = \angle APD + \angle CPD \end{array}\right\} \Rightarrow \left. \angle BAP = \angle CPD \right\} \Rightarrow \triangle ABP \backsim \triangle PCD$$

$$\Rightarrow \frac{AB}{PC} = \frac{BP}{CD} \Rightarrow CD = 4.8$$

(三) 深入思考

通过对例题 3 解题思路的分析，我们发现并抓住解决问题的关键，即利用图形的直观性,从线段 CD 联系到△PCD,再观察识别出"一线三等角"基本图形,识别出与△PCD 相似的△ABP。只有掌握正确的解题技巧和重视解题方法总结,才能让数学教学效果往往事半功倍。

因此,我思考如果换个几何背景条件,学生们能真正突破难点达到快速解题吗?为检验课堂效果的有效性,我选择了浦东新区一模真题作为变式练习,让学生自主完成。

【实验实施描述二】

[变式练习(浦东 2021 年一模 22 题)] 如图 3-4,已知等边△ABC 的边长为 8,点 D、P、E 分别在边 AB、BC、AC 上,$BD=3$,E 为 AC 中点,若 $\angle B = \angle DPE$,求 BP 的值。

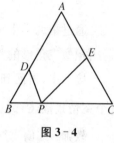

图 3-4

由学生独立完成练习,教师进行巡视,发现学生基本都能快速得到正确结果。

学生 6:

等腰三角形性质⇒$AB = AC$⇒$\angle B = \angle C$
外角性质⇒$\angle DPC = \angle B + \angle BDP$
等式性质⇒$\angle DPC = \angle DPE + \angle CPE$
$\Big\}$⇒$\angle BDP = \angle CPE$ $\Big\}$⇒△$BDP \backsim$ △CPE

$$\Rightarrow \frac{BD}{PC} = \frac{BP}{CE} \Rightarrow BP = 2 \text{ 或 } 6$$

(四) 延伸思考

此题是例题 3 的变式练习,来源于一模真题,学生正确率达到了 100%,"一线三等角"基本图形功不可没,让所有学生都享受了解答数学的成功感,学生也体会到基本图形的重要性,并学会主动尝试利用基本图形思想去解决数学问题。

利用"一线三等角"基本图形解决问题方法简单、直观、简捷、易懂和明了,此模型在代数的函数和几何中都能灵活应用,基本图形的熟练掌握通常能帮助学生攻破难题,解题得心应手。

然而"一线三等角"基本图形擅长隐藏,尤其在一些综合题中,有时它会隐藏在函数图像里不易被发觉,有时它也会藏在等腰三角形、等边三角形甚至是平面直角坐标系里。我又在思考,如何在不同几何背景中让学生挖掘出隐藏着的基本图形呢?

【实验实施描述三】

　　因此,我根据近年来一模、二模及中考试卷中的涉及的"一线三等角"基本图形题目类型,根据题目的难易程度设计了四道巩固练习题,用来检验学生本堂课学习效果。

　　1. 实际背景下的"一线三等角"基本图形

　　[练习1]　如图3-5,在矩形 $ABCD$ 中, $AB=4$, $BC=6$,当直角三角板 MPN 的直角顶点 P 在 BC 边上移动时,直角边 MP 始终经过点 A,设直角三角板的另一直角边 PN 与 CD 相交于点 Q。 $BP=x$, $CQ=y$,求 y 与 x 之间的函数关系及定义域。

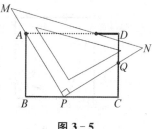

图3-5

　　设计意图:本题融入了直角三角板,隐藏了三角板中的直角。借助此题,让学生体会到在直角三角形和矩形中容易和"一线三等角"基本图形建立联系。

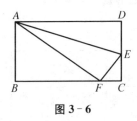

图3-6

　　2. 图形运动中的"一线三等角"基本图形

　　[练习2]　已知,如图3-6,在矩形 $ABCD$ 中,点 E 为线段 DC 上一点,沿线段 AE 翻折,使得点 D 落在线段 BC 的点 F 上,若 $BC=10$, $BF:FC=4:1$,求线段 EC 的长。

　　设计意图:本题融入了轴对称的变换,隐藏了翻折运动中的直角,让题目变得更加鲜活。因为矩形四个角为直角的特点,借助此题,让学生感到在矩形中容易和"一线三等角"基本图形建立联系。

　　3. 直角坐标系中的"一线三等角"基本图形

　　[练习3]　已知:如图3-7,在平面直角坐标系中, $A(0,1)$, $B(2,0)$, $AC\perp AB$, $AC=3$。求点 C 的坐标。

　　设计意图:本题融入了直角坐标系,鼓励学生添加辅助线,构造出"一线三等角"基本图形。让学生在坐标系中感受基本图形的快速解题的作用。

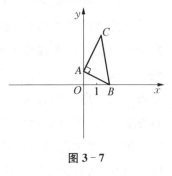

图3-7

　　4. 菱形中的"一线三等角"基本图形

　　[练习4(浦东2021一模第25题)]　如图3-8,四边形 $ABCD$ 是菱形, $\angle B\leqslant 90°$,点 E 为边 BC 上一点,联结 AE,过点 E 作 $EF\perp AE$, EF 与边 CD 交

于点 F，且 $EC = 3CF$。

(1) 如图 3-8-1，当 $\angle B = 90°$ 时，求 $S_{\triangle ABE}$ 与 $S_{\triangle ECF}$ 的比值；

(2) 如图 3-8-2，当点 E 是边 BC 的中点时，求 $\cos B$ 的值；

(3) 如图 3-8-3，联结 AF，当 $\angle AFE = \angle B$ 且 $CF = 2$ 时，求菱形的边长。

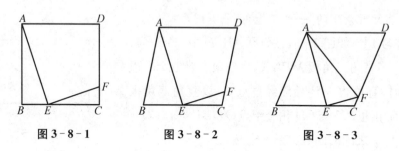

图 3-8-1   图 3-8-2   图 3-8-3

设计意图：寻找菱形中的"一线三等角"基本图形，鼓励学生添加辅助线，构造出"一线三等角"基本图形，并利用其他相关知识达到解综合题的目的。

表 3-1   学生巩固练习情况反馈表

	练习 1	练习 2	练习 3	练习 4
完全正确	100%	75%	93%	0%
完成部分	0%	25%	7%	75%
无从下手	0%	0%	0%	25%

根据作业反馈情况发现，学生能直接识别出已有"一线三等角"基本图形，但对于隐藏的基本图形，如练习 1 学生掌握较好正确率 100%，但是学生识图构图能力还有待于提高。比如练习 2，要借助于翻折的性质，找到基本图形得到对应线段成比例，再根据勾股定理求得所需边长 AB 才能计算出 EC 的长；练习 3 要过点 C 作 y 轴的垂直，构造直角"一线三等角"基本图形，就能快速得到答案；练习 4 对于学生的思维要求比较高，第 (1) 题虽然很快能找到直线"一线三等角"基本图形得到对应线段成比例，但是学生忽视了正方形的性质——四条边相等，导致 25% 的学生无从下手，而第 (2)、(3) 题都是需要在菱形中构造出"一线三等角"才能找到解题突破口。反馈情况不太好，没有学生完全做正确。

九、启示与反思

"相似三角形的性质"这一课时内容由浅入深、循序渐进,例题和配套从简单到复杂,从简答题到综合题,从能直接识别出"一线三等角"基本图形到需要添加辅助线构造基本图形,让学生亲身经历几何基本图形建立的再创造过程,有助于培养学生初步学会运用数学的思维方式去观察、分析和解决问题。

从课堂作业反馈来看,学生总体情况还是掌握较好,但还是存在一些问题。

1. 设计要合情

在教学中对学生学情分析不足,过高估计学生的学习能力,尤其是在新课引入环节,节奏要放慢,要面向大多数中等生,让学生们都能很好地完成知识的掌握。

2. 选题要合理

在设置配套练习时,选题需要考虑学生实际,因材施教,选择适合的有梯度的综合题,有利于打开学生数学思维,反之,难度跨越太大,对于刚接触"一线三等角"基本图形的学生来说,容易产生畏难情绪。

其实,很多数学问题看似变化莫测,实则很多同类数学题都可以抽象出基本模型。尤其作为九年级数学教师,在平时的实际教学过程中,我们所要做的不仅仅是靠刷题的题海战术,而是要以知识模块为目标,引导学生运用综合知识解决一类有共性的题,归纳总结出解题基本模型及思维方法,并及时进行检测反馈和反思。

在平面几何教学过程中,只有抓住基本模型,给学生提供合适的解题思路,方能以不变应万变,进一步提升学生思维品质,最大限度地开发学生的潜能。

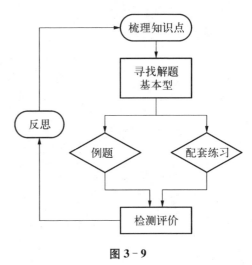

图 3-9

【参考文献】

[1] 中华人民共和国教育部.义务教育课程标准(2019 版)[M].北京师范大学出版社,2019.

［2］刘祖希等.九年级第一学期数学［M］.上海教育出版社,2019.

［3］曾静.探究"一线三等角"模型解题攻略［J］.中学课程辅导,2020(2).

［4］王立新等.中等生教育论——中等程度学生隐性流失成因分析及对策研究［M］.文汇出版社,2013.

［5］方大树."一线三等角"图形的基本特征［J］.新课程(下旬),2014.

［6］刘华为.小平台大思考促发展——关于一次备课组集体备课的几点思考［J］.中学教研(数学),2017.

［7］刘弢等.上海市初中数学星级训练——压轴题(中考)［M］.上海交通大学出版社,2018.

利用思维导图优化初中数学复习课
——以一元一次方程与一元一次不等式的复习为例

上海市三泉学校　侯鲁敏

摘　要：初中数学复习课一直是老师们的教学难点，本文依托一元一次方程与一元一次不等式的复习课，教会学生构建思维导图的方法和用思维导图思考问题的理念，从而达到优化初中数学复习课的目的。

关键词：初中数学　构建思维导图　复习课　实践探索

针对以往初中数学复习课上出现的各种不足，我校数学教研组全体老师尝试将构建思维导图的方法引入数学复习课教学中，打破以往复习课的框架和思想，让数学复习课堂焕发活力，并且让学生对于知识的理解能够更直接更深刻。我以一元一次方程与一元一次不等式的复习与小结为例，在这两个内容的复习中进行了尝试和探索。

【个案情景描述一】

一堂圆和扇形复习课实录

师：以 PPT 的形式快速复习圆的周长和面积公式，以及弧长与扇形面积公式，并指出它们之间存在的关联。（用时 5 分钟）

师：圆周长与面积公式的例题应用。（8 分钟）

师：总结圆周长和面积题型的注意点和方法。（2 分钟）

师：圆周长与面积公式的练习。（10 分钟）

师：扇形的弧长与面积的例题应用。（8 分钟）

——上海市三泉学校持续推进中等生教育实践案例集

师：扇形的弧长与面积的练习。(7分钟)

师：布置作业：四个公式的练习题。

问题诊断

以上教学实录显示,尽管教师安排了大量的时间进行精讲,又结合大量的习题进行训练,但整节课内容多而杂,都是以往知识的重复学习,很容易使学生产生畏难情绪或者因为单调而放弃,即根本没有帮助学生将所学知识点建立联系,所以复习效果也不理想。那么如何提高学生的复习效率,就必须对学生所学的知识点进行有效梳理和归纳。

【个案情景描述二】

吸取了上节复习课的失败经验,为了激发学生自主复习的积极性,我在所教的另外一个班级上这节复习课之前,要求学生利用思维导图的理论,参看数学书和笔记,将本学期所学的圆与扇形这部分知识点、方法和数学思想方法进行归纳,形成自己的知识网络,从而提高复习效率。第二天同学们也交上来了自己所做的思维导图。在课堂复习中,老师展示了做得比较好的同学的思维导图,这个环节学生的积极性略有提高,很快就完成了建立知识网络环节。但是在后面的课堂练习环节中,有些同学又丧失了复习的积极性和欲望,整个复习好像又回到老路上。

问题诊断

本节课中,教师虽然安排了学生课前自己制作思维导图,即有了使用思维导图帮助学生将所学知识建立逻辑联系的意识,但是教师上课时直接把完美的思维导图呈现给学生,并没有真正让学生体会到如何构建思维导图,以及如何完善思维导图的思考过程,也就是没有帮助学生真正地认识到思维导图的作用,教师和学生对自己制作的思维导图的使用只是流于表面,所以整个复习才会又回到老路上去。

一、初步设想

经过前两次的实践,我意识到复习课的目的并不是由教师来帮助学生对已学知识进行复习和梳理,而是由教师引导学生自主地去整理和优化已学知识的知识体系,并对知识体系进行深层加工的过程,因此教师应该教会学生如何利用思维导图将掌握的知识结构化,进而也能优化数学复习课的教学过程。

因此我在"一元一次方程与一元一次不等式的"的复习课上进行了一次教学实践,在课前布置思维导图的预习作业,利用思维导图对知识进行梳理,锻炼学生的自主思考和整理的能力,再在课堂上由教师引导学生进行小组合作探究,逐步完善学生的思维导图,即将知识框架补充完整。

【课堂实施描述一】

1. 师生共同商讨搭建大致框架

授人以鱼不如授人以渔,要想绘制一张好的思维导图,必须要让学生懂得绘制思维导图的原则,例如:① 思维导图的主题要体现在整张图的最中心;② 一个中心主题可以产生多个次主题,一个次主题延伸一个大分支;③ 关键知识点之间的关联课用箭头进行连接;④ 只把关键词写出来,不要太多废话,等等。学会了这些原则,老师最好可以带着学生亲自做一次思维导图,让学生有切身感受,真正学会后,老师才可以放手。

我校学生的特点是中等生偏多,而一元一次方程与一元一次不等式这部分内容虽然简单但概念又多又杂,老师尚且有如此的感受,那么学生脑海里这些概念肯定是散乱的,所以在对这部分内容进行复习的时候,我就在课堂上带着学生一起来完善自己的思维导图,让他们真正掌握绘制思维导图的原则。首先,在制作思维导图之前要让学生翻看课本和笔记本,了解这部分内容所有的知识点,然后将知识点先大致分类,形成大体框架,此过程由全班同学一边翻阅笔记一边讨论,教师在旁保驾护航完成。经过学生讨论、教师提点之后形成了如图 4-1 的大体框架。

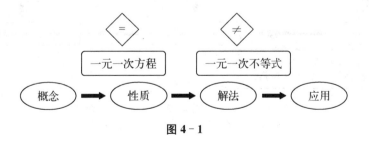

图 4-1

2. 学生分工合作完善各分支

此部分的工作就是在上一环节确定好的主题下再进行子主题的延伸,也就是将前面分类好的知识点细化和完善。以前在复习这部分内容时,我都是将知识点的概念和性质全部自己整理好,然后通过 PPT 或者笔记等形式给予学生,这种做法一定程度上是可以通过强化学生的短时记忆达到一定的复习效果,但其结果是学生的知识是碎片化的,而且复习效果不佳,所以,在此处我让学生采用小组协作的方式来进一步完成各部分的建构。

首先课前先分好小组,小组遵循自愿组合原则,即在可以给予学生选择的地方充分放权给他们,然后让他们通过讨论,确定每个分支中的知识点,每个小组负责一个分支,做到不遗漏不重复,并且掌握知识的来龙去脉以及相互之间的联系,最后各小组分别汇报各自的讨论成果,再共同把之间的关联找出来,这样学生既能快速了解了四大块里面所有的知识,又能掌握知识的点、线、网交织成的知识结构,从而建构学生的个体认知结构,提高复习课的效率。例如:下图中的概念这一分支下面又分成了三部分内容,分别是:方程和不等式的概念,一元一次方程与一元一次不等式的概念,方程的解与一元一次不等式的解和解集的概念,通过思维导图可以将这三部分再进行类比,并全部都纳入一幅图中,如下图4－2。

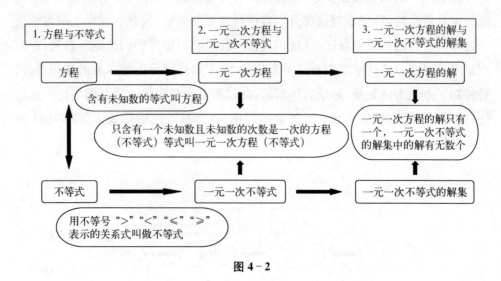

图 4－2

二、深入思考

利用思维导图对知识点进行了梳理,确实比以往的复习课上课效应要好,使得大多数学生参与其中,连平时推一推动一动的学生这次也能积极地参与小组讨论,并绘制了自己的思维导图,复习主动性有所提高。但光有知识点和框架还不够,还要有能让每个知识点进行链接的例题和练习,所以下一步就是对照思维导图中的知识点再展开相应的典型例题探究。根据我校市级课题组的青年教师初步总结的"思维导图复习五步法",教师带领学生为思维导图进一步添血加肉。

【实验实施描述二】

学生分组在思维导图各个知识点上找相应的典型例题,为思维导图进一步添加血肉,即用典型例题将多重知识点联系起来,选题过程中教师要有所指导,确保选题有针对性,并且优先考虑学生中常犯的错题。同时选题要具有典型性,不能搞题海战术,所选题目不仅要注意知识点的覆盖面,而且最好是通过此题的训练能帮助学生举一反三。学生选好例题后,分组上讲台向所有小组汇报结果,再由所有同学评判所选题目是否符合上述要求,从而确定题目的去留。最后所有同学会根据自己的需要选做其中自己觉得难以掌握的题目。例如:

[练习] 已知 $(k+2)x^{|k|-1}+3=1$ 是关于 x 的一元一次方程,求 k 的值和方程的解。

师:这道题是一个关于什么的问题?(第一步找到关键字"一元一次方程")

师:一元一次方程的概念是什么?(第二步在思维导图中找到一元一次方程关于概念的知识点进行概念辨析和思考)

师:那么这道题该如何思考?(第三步引导学生分析题意,解决问题。)

师:进行变式练习:x 前面的系数变成 $k-2$,那么该如何思考?(第四步,对问题进行拓展变式,让学生举一反三,掌握知识点,灵活运用。)

师:总结归纳,一元一次方程或者一元一次不等式的概念,要注意什么地方不能遗漏?(第五步,对例题的解题方法和易错点进行归纳总结)

大多数学生都有了很好的课堂复习效果,积极投入,对于这种方法也能较好的接受,但是思维的练习还有待提高。

三、延伸思考

前面两个环节的实践获得了学生们的很好回应,所以我们继续之前的方法,在一元一次方程和一元一次不等式的解法、性质及应用上,也让学生实施了同样的操作,即利用思维导图引导学生进行自主复习,如下图 4－3。

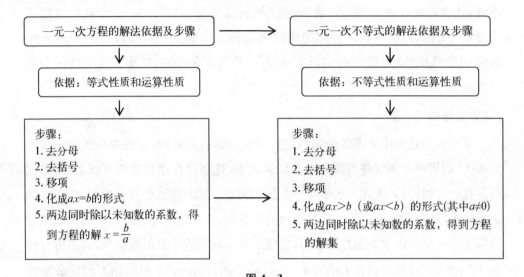

图 4－3

【实验实施描述三】

　　利用课前分组,让学生小组对一元一次方程和一元一次不等式的解法进行归纳总结,绘制成如下的思维导图,再进行补充练习,利用"思维导图复习五步法",对学生的思维能力进行训练。

　　[**例题**]　求不等式 $1-\dfrac{x-2}{4} \geqslant \dfrac{1}{3}x$ 的解集。

　　师:这道题是一个关于什么的问题?(第一步找到关键字"求不等式的解集")

　　师:一元一次方程的概念是什么?(第二步在思维导图中找到解不等式的一般步骤)

　　师:那么这道题该如何思考?(第三步学生练习,教师板书示范。)

　　变式 1:求不等式 $1-\dfrac{x-2}{4} \geqslant \dfrac{1}{3}x$ 的非负整数解。(第四步,对问题进行拓展变式,对问题进行举一反三,学生练习。)

　　师:总结归纳,变式是求一元一次不等式的特殊解,需要注意什么地方?(第五步,对例题的方法和易错点进行归纳总结。)

　　生:要注意不等式解集的范围。

　　变式练习在原题的基础上进行变化,对于整节课效率高的学生已经快速得出了答案,这就是思维训练的效果,其实只要在原题的基础上对不等式解集范围进行划分,就能快速得出特殊解的答案,对于学生的思维能力确有不错的提高。

四、启示与反思

1. 转变学生的数学复习方式

我们常说授人以鱼不如授人以渔,以往的数学复习课都是由老师带领大家复习,现在学生可以用思维导图自己复习,变被动学习为主动学习。同时学生通过绘制思维导图可以有效地将知识点可视化,对知识理解水平和掌握程度也可视化,使学生明确自身的认知水平,从而增强学习数学的自信心。学生在重组知识点、将知识点按照某一框架分类、对照框架进一步梳理知识点、收集典型例题、与他人讨论共享的过程中,必然对自我认知结构进行反思、批判和重构。

2. 提高学生思维的品质

思维导图的主要作用是帮助学生找到知识点之间的联系与区别,所以学生不论是在建构还是解读、补充、修改思维导图的过程中,必定促进了学生对知识的发生发展的深层次思考,而在数学复习课教学中融入思维导图,既帮助学生结构化所学知识,也提高了思维品质。

构建思维导图给数学复习课带来了新的学习方式,让学生真正主动参与到教学之中,有助于建立师生平等、互动、轻松、愉快的关系。实践表明,构建思维导图应用于数学复习课的教学是有效的。当然也会有这样那样需要完善的地方,但总体来说它给数学复习课带来了一缕清风。

【参考文献】

[1] 刘绍洲.巧用思维导图教学提升初中数学复习课效率[J].科教导刊,2016(24):118-120.

[2] 刘敏,张绪河.巧用思维导图教学,提升初中数学复习课效率[J].学周刊,2018,370(22):98-99.

[3] 胡少华.探究怎样巧用思维导图教学提升初中数学复习课效率[J].文理导航旬刊,2017(10):22.

[4] 托尼·巴赞.思维导图[M].李新,译.作家出版社,1999.

利用思维导图提升几何建构能力的实践探索

——以"特殊的平行四边形的判定"复习课为例

上海市三泉学校　蔡黎燕

摘　要：本文针对学生的数学复习效率及数学知识建构能力进行反思，将思维导图引入复习课。因材施教地引导学生进行思维导图的绘制，指导学生运用思维导图解决问题，提高学生学习效率，提升知识建构能力，提高学习兴趣。同时，探索思维导图应用于初中数学复习课的模式，以期提高教学质量，提升教育活力。

关键词：思维导图　初中数学　知识建构　教育活力

本案例选取任教某班级 20 名学生，该班两极分化较为突出，中等生（成绩在 60—75 分之间）和学困生（成绩在 60 分以下）占总人数的 60%。此类学生学习效能居于中等或有待提高状态，学习潜能有待激发。

本章节内容多，难度较大，知识点关联杂，对学生们的综合能力要求高。理解和运用四边形、平行四边形、特殊的平行四边形（矩形、菱形、正方形）五种图形的性质及定理与相关运用是重点和难点。

【个案情景描述一】

师：填写下列表格，梳理平行四边形及特殊的平行四边形性质与判定知识点。

表 5 - 1　平行四边形与特殊的平行四边形知识梳理

	▱	▭	◇	☐
定义	// & //	1 * 90° + ▱	一组邻边 + ▱	1 * 90° + 一组邻边 + ▱
性质　边　两组对边		/	4 * 边相等	4 * 边相等
性质　边　一组对边 // & =				
性质　角　两组对角		4 * 90°	/	4 * 90°
性质　对角线　互相平分		相等	⊥ & 平分对角	相等 & ⊥ & 平分对角
判定　边　两组对边 + 四		/	4 * 边相等 + 四	一组邻边 + ▭
判定　角　两组对角 + 四		3 * 90° + 四	/	一个角 90° + ◇
判定　对角线　互相平分 + 四		相等 + ▱	⊥ + ▱	/

问题诊断

传统本章节的复习大多运用类似这样表格的形式进行知识梳理,该表较为详细地从边、角、对角线梳理了四种图形性质和定理,对回顾整个章节的知识内容有一定的帮助。但是,该表格无法清晰地展示四种图形的内在联系、相同与共同点,学生们只能停留在课堂上老师的讲解,对四边形整体认识仍然很不充分。且该表在格式上固定,不利于学生进行思维的发散,仍然按照教师给予的按部就班填写,无法达到良好的复习目的。

【个案情景描述二】

这部分总共有 4 个定义、21 条性质和定理,每个图形之间还存在千丝万缕的关系,怎样使学生更好地理解这么多定义、性质和定理,还能尽可能地学会加以运用呢?

通过反思,如图 5-1,利用思维导图设计了平行四边形与特殊的平行四边形关系图。本章先学习四边形,再学习特殊的四边形——平行四边形,之后再学习特殊的平行四边形——矩形、菱形和正方形。

复习时,为了明确"四边形→平行四边形→特殊的平行四边形"的整体关系,设计了一个问题:这些图形特殊在哪里? 也就是对于四边形,加上怎样的边或角的条件就能得到平行四边形、矩形、菱形或正方形? 同理,对于平行四边形,加上怎样

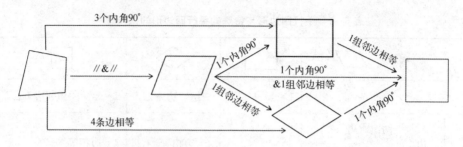

图 5-1 平行四边形与特殊的平行四边形关系图

的边或角的条件就能得到矩形、菱形或正方形?

于是,图 5-1 这样一个关系图就应运而生了。其中平行四边形、矩形、菱形与正方形四个图形之间的关系构成了一个"大平行四边形",这样一个"大平行四边形"的两组对边也是相等的。请学生们认识到"平行四边形+1 组邻边相等=菱形",同样"矩形+1 组邻边相等=正方形",这是因为菱形对于平行四边形来说特殊在边,正方形对于矩形来说也是特殊在边。

通过这样的思维导图,学生们对这几种图形的关系一目了然,学生们也了解了四边形中特殊与一般的关系,学习这部分内容就无需死记硬背了。

问题诊断

学习四边形相关内容重在理解各图形之间的关系,图 5-1 清晰地揭示了几个重要图形的关系。学生利用这样的图形也能够更方便地进行知识梳理和运用。

一、初步设想

【课堂实施描述一】

知识梳理

师:本章我们学习了四边形相关知识。首先我们学习了什么图形?

生:四边形。(学生边回答,老师边在黑板上贴上四边形。)

师:接下来我们学习了什么图形?

生:特殊的四边形。

师:特殊在哪里呢?

生:平行四边形,特殊在两组对边相互平行。(学生边回答,老师边在黑板上贴上平行四边形。)

师：接下去我们还学习了哪些重要图形？

生：矩形、菱形、正方形。

师：同样，矩形、菱形、正方形也有一些特殊的地方，同学们，老师这里有一些准备好的图形和性质，你们能类比地进行矩形、菱形及正方形的知识梳理吗？

生：（在黑板上演示。）

反思小结

在知识梳理环节，通过问题链帮助学生回忆和梳理四边形、平行四边形、矩形、菱形、正方形的相互关系，但在课堂实施过程中时间消耗太多，且问题链的设计过于复杂，可适当放手让学生自主完成。

【课堂实施描述二】

例题讲解

［例1］　如图5-2，E、F 是 $\square ABCD$ 对角线上的点，$AE = CF$。求证明：四边形 $BFDE$ 是平行四边形。

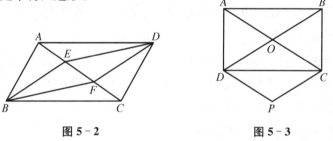

图5-2　　　　　　　　图5-3

［例2］　如图5-3，矩形 $ABCD$ 的对角线 AC、BD 交于点 O，过点 D 作 $DP \parallel OC$，且 $DP = OC$，连接 CP，试判断四边形 $CODP$ 的形状并说明理由。

反思小结

通过两个典型例题的讲解，帮助学生巩固特殊的平行四边形判定方法。但是两个例题的层次性不够，只是挑选了一些典型题目让学生进行训练，且对于班级中等生来说，这样的例题与平时的练习差别不大，学生兴趣泛泛。

【课堂实施描述三】

练习巩固

［例3］　如图5-4，以△ABC 的三边（BC 大于 AB，BC 大于 AC）在 BC 同侧分别作三个等边三角形△ABD，

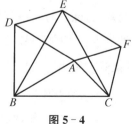

图5-4

$\triangle BCE$，四边形 $ADEF$ 是什么四边形？

反思小结

这道"手拉手"型题目是全等及相似三角形中较为典型的例题，设置这样综合性较强的题目，帮助学生进行知识迁移，掌握平行四边形判定方法的运用。

二、深入思考

【课堂实施描述一】

知识梳理

师：本章我们学习了四边形相关知识，请同学们回顾一下我们学习了哪些图形。

（学生上台操作梳理，形成如图 5-1 思维导图。）

师：通过梳理，我们回顾了本章节中几个重要图形的判定方法。接下来让我们一起做一些基本练习。

[课堂练习 1]　在四边形 $ABCD$ 中，O 是对角线的交点，下列条件能判定这个四边形是正方形的是＿＿＿＿＿＿＿

A. $AC=BD$，$AB \parallel CD$，$AB=CD$　　B. $AD \parallel BC$，$\angle A=\angle C$

C. $AO=BO=CO=DO$，$AC \perp BD$　　D. $AO=CO$，$BO=DO$，$AB=BC$

[课堂练习 2]　完成下列填空：

（1）对角线互相平分的四边形是＿＿＿＿＿＿＿

（2）对角线互相平分且相等的四边形是＿＿＿＿＿＿＿

（3）对角线互相平分且垂直的四边形是＿＿＿＿＿＿＿

（4）对角线互相平分、相等且垂直的四边形是＿＿＿＿＿＿＿

反思小结

对初步设想中的问题链进行删减，省去不必要的教师提问，通过简单的问答，学生即能领会老师的问题意图，请学生上台操作，形成思维导图，最终也达到同样的效果，课堂时间得到节约。再设计这样两个典型练习，帮助学生进一步巩固，达到事半功倍的效果。

【课堂实施描述二】

小组合作

师：小组合作，利用 4 个形状大小完全相同的 30°角的直角三角形，尝试拼成矩形、菱形和正方形。

生：（学生分组合作，上台演示各自拼接的图形。）

反思小结

利用小组合作的形式，学生自主探究，动手操作，最终拼接出了四种矩形、三种正方形、两种菱形，实际教学中比预设的情况多了很多图形。班级的中等生们有极大的兴趣进行学习，对矩形、正方形、菱形的判定方法有了进一步直观认识。在操作的过程中，学生提出是否可以围成中间空白的部分，是否可以重叠，说明了学生在积极开动大脑，努力利用所学知识解决问题。学生看到其他小组同学拼出了一种后，也会比拼着拼出更多的图形。

【课堂实施描述三】

例题讲解

[例 1]　如图 5-2，E、F 是 □$ABCD$ 对角线上的点，$AE=CF$。求证明：四边形 $BFDE$ 是平行四边形。

变式练习 1：如果四边形 $ABCD$ 是矩形，四边形 $BFDE$ 是什么形状？⎫ 对角线数量关系

变式练习 2：如果四边形 $ABCD$ 是菱形，四边形 $BFDE$ 是什么形状？

变式练习 3：如果四边形 $ABCD$ 是正方形，四边形 $BFDE$ 是什么形状？⎬ 对角线位置关系→⊥

[例 2]　如图 5-3，矩形 $ABCD$ 的对角线 AC、BD 交于点 O，过点 D 作 $DP/\!/OC$，且 $DP=OC$，联结 CP，试判断四边形 $CODP$ 的形状并说明理由。

变式练习 1：如果四边形 $ABCD$ 是菱形，四边形 $CODP$ 是什么形状？

变式练习 2：如果四边形 $ABCD$ 是正方形，四边形 $CODP$ 是什么形状？

反思小结

例 1、例 2 不变动，但是增加相对应的变式练习，巩固对不同形状判定的理解和运用。其中例 1 是对四边形特殊的对角线进行判断。

【课堂实施描述四】

[课后练习 1]　如图 5-4，以 △ABC 的三边（BC 大于 AB，BC 大于 AC）在 BC 同侧分别作三个等边三角形 △ABD，△BCE，四边形 $ADEF$ 是什么四边形？

(1) 当 △ABC 满足什么条件时，四边形 $ADEF$ 是矩形？

(2) 当 △ABC 满足什么条件时，四边形 $ADEF$ 是菱形？

(3) 当△ABC 满足什么条件时,四边形 ADEF 是正方形?

[课后练习2]　如图 5-5,以△ABC 的各边为边长,在边 BC 的同侧分别作正方形 ABDI、正方形 BCFE、正方形 ACHG,连接 AD,DE,EG。

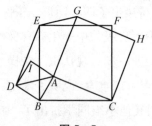

图 5-5

(1) 求证:△BDE ≌△BAC;

(2) ① 设∠BAC = α,请用含 α 的代数式表示∠EDA,∠DAG。

② 求证:四边形 ADEG 是平行四边形。

(3)(选做)当△ABC 满足什么条件时,四边形 ADEG 是正方形? 请说明理由。

反思小结

通过反思,将原本两个课后练习分别均添加了几个变式,练习1改变什么条件可以使四边形成为矩形、菱形、正方形,练习2同样也是"手拉手"类型题目,通过两个正方形构造出一个四边形,通过两个正方形的角度改变来改变四边形的形状。这两题能够使学生思维得到锻炼,对不同四边形的判定方法进行巩固。

三、总结与反思

1. 思维导图教学原则——由点及面,循序渐进

利用思维导图帮助学生复习时,由点及面,循序渐进,才能更好地帮助学生建立数学知识整体架构。通过每一个单一知识点的总结归纳,帮助学生了解思维导图对数学复习的便捷性,这个"点"可以小到如"解一元一次方程注意事项"和"解一次方程(组)应用题方法策略",还可以小到如"一次函数求函数解析式的三类情况""梯形作高的几种情况"等。数学专题或章节均是由这样一个个小的"点"连成"面",有了跬步,就不愁没有千里。

2. 思维导图教学目标——教学相长,共同进步

思维导图助力教学相长,教师和学生共同进步,学生有兴趣,有动力。通过思维导图这样一种新的学习方式,学生逐渐养成复习的良好习惯,并能够形成自己的复习特点,在激发了学习兴趣的同时,也提高了知识建构能力。原来在数学学习中有困难的同学通过利用思维导图进行知识体系的构建,尝到了甜头。他们脑中有材可寻,胸中自信倍增,能够对建构起的知识体系进行基本判断。

教师,尤其是青年教师找到了一个新载体。通过思维导图这样一种新的载体,找到研究教材教法的新模式、设置课堂提问的新思路和吸引学生主动学习的新方法,可谓是一举多得。

3. 思维导图教学价值——活力满满,可持续发展

教育的活力体现在学生,教育的活力更体现在学生的可持续发展,授人以渔方能走得更远。通过思维导图训练,该班学生数学课堂表现得到老师们高度认可,他们的学业成绩相比其他班级有明显提升,他们坚持的思维导图复习笔记对今后九年级的学习甚至其他学科的学习都会有很大帮助。学生的能力得到锻炼,自信得到提升。正如本节课中设计的复习引入及小组合作一样,每一位学生都能投入到这样的复习课中去。

4. 反思与展望

复习对于数学学习有提纲挈领的作用,在实践中,如果仅仅依靠每一个章节一两节课的单元复习或专题复习,提高学生们知识建构能力的实际效果还是有限的。因此,在接下来的教学中,将思维导图常态化,如每节课后的小结、每天预习等,进一步提高学生们的知识建构能力。

【参考文献】

[1] 赵慧敏.思维导图在初中数学复习课中的应用研究[C].第三届世纪之星创新教育论坛论文集,2006-10.

[2] 丁小萍.利用思维导图优化初中数学复习课的教学实践探索——以圆为例[J].数理化解题研究:初中版,2017(4):8.

[3] 黄玉梅.如何利用思维导图优化初中数学复习课[J].学周刊,2017(31):95-96.

[4] 汤艳.新时代下初中数学思维导图教学研究[J].幸福生活指南,2019(10):1.

[5] 宋晓杰.初中数学思维导图教学法实践探究[D].南京师范大学,2007.

如何在几何复习课中提升中等生的几何思维能力

——以"特殊平行四边形判定专题复习"为例

上海市三泉学校　蒋旻豪

摘　要：本次的复习课是基于市级课题《利用思维导图探索初中数学复习课模式的实践研究》的课堂实践，创新数学复习方法，在课堂实践中论证思维导图的有效性，通过对特殊平行四边形判定的专题复习，帮助学生明确教学目标，构建良好的知识框架，提高数学复习效率。

关键字：思维导图　数学复习课　课堂实践

本节复习课是学生在掌握特殊平行四边形的性质和判定等有关知识，且具备初步的观察、操作等活动经验的基础上进行的。通过本节课的复习，使学生清楚地理解各种特殊平行四边形的关系并掌握它们的判定，进一步培养学生的合情推理能力，发展学生的逻辑思维能力与推理论证能力。八年级的学生正处于数学高阶思维的养成阶段，而四边形这一章对于学生的思维要求比较高，因此，我们选择对特殊平行四边形这一章进行专题复习，以思维导图为载体，引导学生构建四边形的知识体系框架，培养学生的高级思维，提高复习效率。

【个案情景描述一】

师：我们已经学习了平行四边形、矩形、菱形和正方形的性质与判定，同学们能说说平行四边形具有哪些性质吗？（学生在学习单上书写四边形性质表格）

教师课件演示平行四边形具有的性质，以及矩形、菱形和正方形特有的性质，根据性质引导学生进行判定定理的复习。

问题诊断

在新课教学中,较注重几种图形之间的内在联系,学生对于性质较为熟练,没有必要从性质开始复习,故我将引入部分进行了修改,直接进入重点,利用思维导图对四边形的知识框架进行建构,再引导学生根据思维导图进行复习。

【个案情景描述二】

根据第一次的试教,我对教学内容进行了调整。

师:我们已经学习了平行四边形、矩形、菱形和正方形的性质与判定,从平行四边形添加哪些条件可以变成矩形或者菱形?(请同学上台制作思维导图,其余学生在学习单上绘制)

师:从矩形和菱形出发,添加什么条件变成正方形?那平行四边形要添加什么条件变成正方形?(再请同学上台补充思维导图)

教师引导学生补充完成四边形知识结构图,在课后,根据上课的引导与小组讨论,学生进行了思维导图的修改与完善。

问题诊断

对于平行四边形、矩形、菱形和正方形之间的联系,大多数学生有较清晰的认识,在课前与新课中不断地补充与联系各种图形之间的关系,让学生对知识点之间的联系更加清楚,形成较完整的知识体系框架。之后我就将重点放在了思维导图与例题之间的联系上,帮助学生在思维导图中进行复习,提高他们的思维水平能力。

一、初步设想

【课堂实施描述一:典例探究,发散思维】

[例1]　如图 6 - 1,$DE//AC$,$DF//AB$,判断四边形 $AEDF$ 的形状,并说明。

变式1:在原题的条件下,当 $\angle BAC = 90°$ 时,判断四边形 $AEDF$ 的形状。

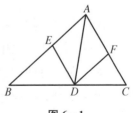

图 6 - 1

变式2:当 AD 平分 $\angle BAC$,判断四边形 $AEDF$ 的形状。

变式3:在变式2的条件下,当 $\triangle ABC$ 满足什么条件时,四边形 $AEDF$ 为正方形?

师：在原题四边形 $AEDF$ 是平行四边形的条件下，当 $\angle BAC = 90°$ 时，平行四边形 $AEDF$ 是什么图形呢？

生：矩形。

师：那当 AD 平分 $\angle BAC$，你会想到什么基础图形呢？

生：角平分线与平行线得到等腰三角形的基础图形。

师：那么这时候行四边形 $AEDF$ 是什么图形呢？

生：菱形。

[例2] 如图 6 - 2，矩形 $ABCD$ 的对角线 AC、BD 交于点 O，过点 D 作 $DP \parallel OC$，且 $DP = OC$，连结 CP，试判断四边形 $CODP$ 的形状。

变式 1：如果题目中的矩形变为菱形（图一），结论应变为什么？

变式 2：如果题目中的矩形变为正方形（图二），结论又应变为什么？

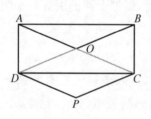 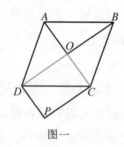 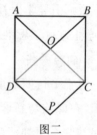

图一　　　　　　　图二

图 6 - 2

[例3] 以 $\triangle ABC$ 的三边 BC 同侧分别作三个等边三角形 $\triangle ABD$，$\triangle BCE$，$\triangle ACF$

(1) 四边形 $ADFE$ 是什么四边形？

(2) 当 $\triangle ABC$ 满足什么条件时，四边形 $ADEF$ 是矩形？

(3) 当 $\triangle ABC$ 满足什么条件时，四边形 $ADEF$ 是菱形？

(4) 当 $\triangle ABC$ 满足什么条件时，四边形 $ADEF$ 是正方形？

师：怎么证明四边形 $ADFE$ 是平行四边形？（能回答的同学寥寥无几）

生：老师，你帮我想出对边相等的方法就好了。

反思

学生的这个问题引发了我的思考，在教学中很多学生对于思维导图绘制较熟练，但还不是很会将知识点应用于习题中，这些例题都是对平行四边形、矩形、菱形和正方形判定的灵活应用。在课后我们进行了思考与讨论，总结了"思维导图复习五步法",引导学生利用思维导图进行复习,提高复习课的效率。

二、深入思考

【实验实施描述二:典例探究,发散思维】

[例1]　如图6-3,矩形 $ABCD$ 的对角线 AC、BD 交于点 O,过点 D 作 DP // OC,且 $DP=OC$,连结 CP,试证明四边形 $CODP$ 是菱形。

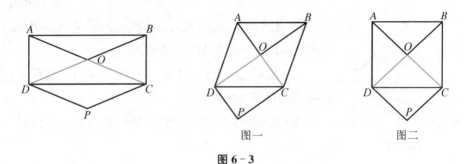

图6-3

变式1:如果题目中的矩形变为菱形(图一),结论应变为什么?

变式2:如果题目中的矩形变为正方形(图二),结论又应变为什么?

师: 这道题的关键是让你证明这是什么图形。

生: 菱形。

师: 对照思维导图,证明菱形的思路是什么?

生: 先证明是平行四边形,再加一组邻边相等或者对角线互相垂直。

师: 怎么得到邻边相等呢?(很多同学都举手要回答问题)

生: 根据矩形 $ABCD$ 的性质,对角线互相平分且相等,就得到邻边相等了,再根据题目中的条件一组对边平行且相等,就能证明平行四边形是菱形了。

师: 很好。那进行如下的变式,原题中的矩形变为菱形,结论应变为什么?(让学生仿照刚才的思考方法,对菱形的问题也是一个一个地进行解决,掌握利用思维导图复习的方法。)

生: 结论就变成了矩形。

师: 根据这道题,大家可以自己总结一下以后要证明一个四边形是矩形或者是菱形的思路吗?

生: 要先证明是平行四边形,再添加一个条件才能证明是矩形或者菱形。

[练习1] 如图6-4,已知$DE//AC,DF//AB$,当$\angle BAC=90°$时,判断四边

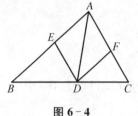

图6-4

边形$AEDF$的形状？并说明。

变式1：把原题中的条件"当$\angle BAC=90$时"改为AD平分$\angle BAC$,判断四边形$AEDF$的形状。

变式2：在变式1的条件下,当$\triangle ABC$满足什么条件时,四边形$AEDF$为正方形。

[例2] 如图6-5,以$\triangle ABC$的三边BC同侧分别作三个等边三角形$\triangle ABD,\triangle BCE,\triangle ACF$,当$\angle BAC=150°$时,求证四边形$ADEF$是矩形。

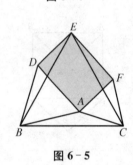

图6-5

(1) 把原题中"当$\angle BAC=150$"的条件改成什么时,四边形$ADEF$是菱形。

(2) 在原题的条件下,当$\triangle ABC$满足什么条件时,四边形$ADEF$是正方形。

三、启示与反思

本节特殊的平行四边形的专题复习课设计,以思维导图为主线,一方面可以让学生很清晰地建立本章节的知识体系,提升学生知识建构和培养学生的思维水平；另一方面在教学过程中运用"思维导图复习五步法",帮助学生提高几何解题思维,达到了较好的复习效果。

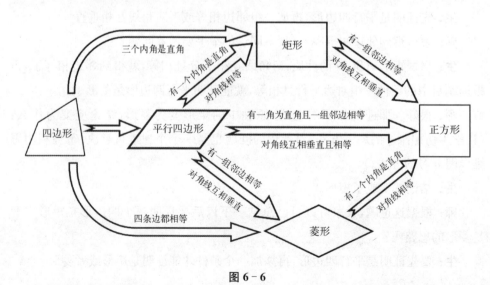

图6-6

1. 借助思维导图，关注基础概念的理解

在"教学设计一"中，我将判断题顺序放在了例题 2 之后，作为典型例题之后的练习题，没有起到很好的教学效果。在"教学设计二"中，我将判断题的顺序放在了思维导图的梳理之后，通过学生之前思维导图的知识整理，根据板书留下的思维导图进行基础概念的复习，让学生借助判断题自主地进行知识点的巩固理解，理清平行四边形、矩形、菱形和正方形之间的联系与区别，确实对比第一次的教学设计，有更好的复习效果，让学生对于这块复杂且关系杂乱的知识点有了一个更好知识框架体系。

2. 正确合理解题，关注基本技能的提高

"设计一"和"设计二"在对特殊平行四边形的典型例题的解题时，都是对特殊平行四边形判定方法的应用，但是"设计一"例题与练习的设置没有一个很好的逻辑安排，没有能很好地达到本节复习课的教学效果。

在"设计二"中，我将原来例题 1 和 2 的位置互换，在对例题 1 的复习过程中，第一步引导学生查找题目中的关键字"菱形"，第二步在思维导图中找到菱形相对应的知识点，让学生自主探究证明是菱形的思路，第三步对这个典型例题进行问题的解决，第四步对例题 1 进行变式练习，若将原来题目中的矩形改为菱形或者正方形，结论会变成什么样？通过一系列的问题引导与变式练习，让学生能更好地理解知识的应用，最后一步通过例题 1 的复习，让学生讨论得出证明一个四边形是矩形或者菱形的思路，很好地达到了本节课的复习目标与重点。

我将原来的例题 1 进行了修改，在题目中添加了"$\angle BAC = 90°$"这个条件，判断四边形 $AEDF$ 的形状，去掉了第一问平行四边形的证明，让学生根据刚刚总结的证明一个四边形是矩形或菱形的思路，要先证明是平行四边形，再添加一个条件证出是矩形或者菱形，自主对练习进行一个头脑风暴的思考，对这个解题思路进行反复的加强与训练。对于例题 2 也进行了类似的改编，把原题中第一问"证明平行四边形"去掉，直接让学生证明是一个矩形。例题 2 略有难度，在学生思维有卡顿时，教师可以适当地引导。确实第二次的复习效果比第一次的效果更好。

3. 紧扣复习脉络，关注基本思想和基本型积累

在这节课的设计时，我始终将例题与练习围绕着特殊平行四边形的判定上，在例题 1 与练习 1 中，复习重点是让学生总结出证明特殊平行四边形的思路，其间也

对"角平分线,平行线和等腰三角形"这个基础图形的再次巩固与熟悉。在例题 2 中对"8 字型全等三角形"这一基础图形的巩固,对于例题的复习,也是发展学生的抽象思维。经过课前准备总结和探索三种特殊平行四边形的关系,发展总结归纳能力和初步的演绎推理能力;在具体问题的证明过程中,有意识地渗透实验论证、逆向思维的思想,提高学生的能力。

章节复习课需要在整体认识全章的基础上梳理出起奠基作用和桥梁作用的核心内容、核心思想,其价值取向是让学生认识本章节内容的逻辑知识主线和思维方法主线,这需要紧扣全章脉络,领会全章基本思想,积累基本活动经验。

四、教学设计建议

1. 教学内容建议

在选择思维导图融入复习课时,尽量选择知识点比较散乱、知识点之间的联系与区别比较复杂、学生比较难理解的章节,这样用思维导图的形式,能帮助学生理清整个章节的知识脉络,将复杂杂乱的知识清晰化,有利于学生对知识结构的掌握和知识框架的构建。特殊平行四边形复习内容的选择符合学生的认知规律,以思维导图形式的方式进行知识梳理,让学生先体验再进行典型例题的解决,最后进行归纳总结,证明一个四边形是矩形或菱形的思路,使学生的思维一下子就活跃起来。

2. 学习方式建议

有效的数学学习活动不能单纯地依赖模仿与记忆,动脑思考、自主探究是学生学习数学的重要方式。特殊平行四边形的判定复习,可以以开放的形式组织教学。通过让学生整理思维导图,建立合理的知识结构,形成四边形知识框架图。对具体问题的解决,力求学生理性思考,共同交流、探索,从而解决问题。基本思想、基本活动经验可以转化或融入基础知识和技能中。

3. 评价方式建议

把思维导图融入数学复习课,通过课上引导学生进行知识框架的构建,在课后让学生对于自己的思维导图进行修改与完善,也是对所学内容的再一次巩固。章节复习课应关注学生是否积极参与课堂活动,关注学生是否主动反思平时学习中的不足,明确错误,及时纠正;关注学生是否能在问题解决的过程中表达对概念、方法的理解。这样知识建构与数学化的过程是新课标要求的确立与落实。

【参考文献】

［1］张丽娟.思维导图在初中数学教学中的应用研究［D］.海南师范大学，2014.

［2］缪爱红.思维导图在初三数学复习课中的运用［J］.初中数学教与学,2019(6)：3-4.

［3］牛翠丽.浅析初中数学渗透"思维导图"的策略方法［J］.数学学习与研究,2019(4)：139.

［4］白妹园.初中数学核心知识与思维导图的设计与实践研究［D］.上海师范大学,2017.

如何在几何复习中提升学生结构化思维能力

——以"圆和扇形复习课"为例

上海市三泉学校　季俊超

摘　要: 本复习课是基于市级课题《利用思维导图探索初中数学复习课模式的实践研究》的一次初步实践。将思维导图融入数学几何复习课中,探究在数学几何复习课中中等生存在的问题,进行反思和总结,提升学生结构化思维的能力,同时为后续课题的研究打下基础。

关键字: 思维导图　复习课　中等生

"圆和扇形"是上海教育出版社九年义务教育课本六年级最后一章的教学内容,本章的重点是圆的周长、面积、弧长、扇形面积,难点是掌握和灵活运用公式进行计算,结合圆和扇形的整体和部分的关系解答问题。由于本章所涉及的公式较多、较杂,而学生对于公式的理解、公式的变形、公式间的联系、公式的选取及应用上存在问题,通过引入思维导图帮助学生厘清圆的周长、面积、弧长、扇形面积的关系,在复习时构建起知识框架图,提升结构化思维能力,这对于学生今后进一步学习和复习几何知识都是至关重要的。

【个案情景描述一】

师: 请大家回忆"圆和扇形"这一单元相关的知识点,你能说说如何计算圆的周长和面积吗?

生: 圆的周长公式是 $C_圆 = 2\pi r$,圆的面积公式是 $S_圆 = \pi r^2$,所以只要知道了圆的半径就能求出圆的周长和面积。

师：你回答得非常好。一定是圆的半径吗？直径可以吗？

生：可以的,知道了直径,除以 2 就可以得到半径。

师：说得没错,那么大家还记得如何求弧长和扇形的面积吗？

生：弧长的公式是 $l=\dfrac{n\pi r}{180}$,扇形面积公式是 $S_{扇}=\dfrac{n\pi r^2}{360}$,所以只要知道了扇形的圆心角和半径就能求出弧长和扇形的面积。

师：你也说得不错,但是只有这一种方法吗？比如已知圆的周长是 60π,圆的面积是 900π,你知道在该圆上圆心角是 $60°$的扇形的弧长和面积吗？你是怎么算的？

生：可以先用圆的周长得到圆的半径,然后圆心角是 $60°$,接着再用刚才同学所说的弧长和扇形面积公式进行计算。

师：的确是一种方法,大家可以试着用这种方法计算,同时感受一下计算量。还有同学有其他的做法吗？为什么同时告诉了圆的周长和面积呢？如果仅需知道半径,已知圆面积的这个条件是否多余呢？

生：……

师：大家还记得弧长、扇形面积公式是如何推导得到的？是基于谁的基础之上,依据是什么呢？

生：基于圆的周长和面积推导得到的,依据的是扇形与圆的部分与整体的关系。我知道怎么算上面的题目了,因为扇形圆心角是 $60°$,占整个圆圆心角 $360°$的 $\dfrac{1}{6}$,所以弧长也占圆周长的 $\dfrac{1}{6}$,扇形面积也占圆面积的 $\dfrac{1}{6}$,由此计算。

师：通过大家的反应,大部分同学对于本章知识之间的联系掌握得较弱。因此,请大家找到这一单元相关的知识点,尽可能详尽地、按顺序地将知识点总结整理出来,并看看它们之间有着怎样的隶属关系。(例如：① 看看本单元知识分为几大块,用大标题写清楚。② 每一大块又包括哪些细小的知识点？在各自的大标题下面一一按顺序列出。③ 哪些知识是这一单元的主要内容？要突出本单元的重难点是什么。)

这节课的重点在于帮助学生用思维导图归纳整理本单元所学知识,梳理和圆相关的基本知识,巩固有关的计算。学生在动手架构思维导图的过程中,能够回忆复习所学过的知识点,分清重点、主次,同时思维导图的分支结构使学生对公式间的联系有更加直观和清晰的认识,从而引导学生对这一章的公式进行总结和分析,灵活运用公式及其变形。

问题诊断

六年级的学生是刚刚从小学升上来重组而成的,以中等程度及中等程度以下的学生为主,思维水平还停留在形象思维的阶段,且没有将知识结构化的能力。而本章中的一大难点就在于建立圆的周长、面积、弧长和扇形面积之间的联系,以及公式和变形公式的应用。由于很多学生对于公式的变形和公式与公式之间的联系并不是十分理解,所以我设置了学生设计思维导图的环节,通过引导学生整理思维导图,对这一章的知识脉络有一个更加清晰的认识,更好地理解公式之间的联系。再根据整理出来的思维导图,分析知识点的构成与关联,并设置典型例题和巩固练习来对各个公式加以应用,从而提升学生利用思维导图进行整理复习的能力,并检测学生对本单元所学内容的掌握程度。

将思维导图引入复习课,使得六年级学生既陌生又感到新奇,引发了他们对几何复习的兴趣及对复习方法的思考和探索。而在复习课开始之前制作思维导图,不仅能让学生对这一章的内容有一个大致的了解复习,还能让学生发现自己学习的薄弱部分,便于带着问题听课复习,通过自行梳理知识点为后续形成较完整、有结构性的思维导图做好铺垫。但学生对于思维导图的认知度不是很够,思维导图绘制得较差,对本单元的主要知识点有遗漏,这也为我接下来辅导学生搭建较完善的思维导图提出了要求。

【个案情景描述二】

师:已知圆的半径是 2 厘米,求圆的周长和面积。

生:$C_圆 = 2\pi \times 2 = 4\pi$,$S_圆 = \pi \times 2^2 = 4\pi$

师:所以这个圆的周长与面积相等?

生:不相等,周长是厘米,面积是平方厘米,因为周长与面积本身表示的内容就不同,因此本质上就不相同。

师:对的,已知圆的周长,如何求圆的半径和面积?

生:将圆周长的公式变形,$r = \dfrac{C_圆}{2\pi} = \dfrac{4\pi}{2\pi} = 2$ 厘米,然后 $S_圆 = \pi \times 2^2 = 4\pi$ 平方厘米。

师:已知弧所对的圆心角是 60°,弧长为 6.28 厘米,那么该弧所在的扇形的面积是多少?($\pi = 3.14$)

生：要求扇形面积，根据公式需要知道扇形所对圆心角和扇形所在圆的半径，缺少条件。

师：根据已知条件是否能够得到扇形所在圆的半径？应用哪个公式的变形可以做到？

生：弧长公式里有三个量，只要知道其中的两个量就可以求第三个。结合本题的条件，将弧长公式变形为 $r = \dfrac{180l}{n\pi} = \dfrac{180 \times 6.28}{60\pi} = 6$，接着带入扇形面积公式计算即可。

师：大家对圆的变形公式掌握尚可，对于扇形较为欠缺。另外，观察自己的思维导图，是否构建了完善的知识体系？是否对知识点有遗漏？对公式和变形公式是否能准确知道它们之间的关联关系？

梳理基础知识，整理基本知识点，师生共同改图，留下板书，引导学生有层次地整理出本单元的知识点。汇报时注重学生之间的互动和评价。

问题诊断

对于公式和变形公式的应用学生不够熟悉，在整理思维导图的时候，学生能讲出本章节所学的知识点，但是对于思维导图还比较陌生，逻辑上思维较混乱，我在语言上没有做到很好地引导，导致学生上台并不能熟练地将知识点之间的框架和联系在黑板上整理出来。在之后复习变形公式和公式之间的联系时，以我为主讲带领学生一起整理，达到了较好的复习效果，如图 7-1。而这节课，通过在黑板上

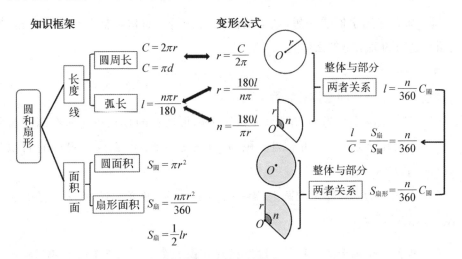

图 7-1　变形公式

整理的思维导图,展示给学生一个较完整的知识框架。在课的最后进行总结和比较,帮助学生巩固了所学知识,也对自己绘制的思维导图进行查缺补漏,看看自己做的思维导图是否完善,哪里还需要改进,使得所学内容更加完善。

一、初步设想

对第一次课上实践所暴露出来的问题,我与组内优秀老师经过思考和讨论后做了以下改进:① 在课前展示学生预习的思维导图;② 在公式复习中对例题的顺序、整体与部分关系的比重进行了修改。在第二次上课是这样呈现的:在课前展示了部分学生的思维导图,引起学生的兴趣,再引导学生进行本章知识点的思维导图梳理,有了之前同学们的初步思维导图做示范,以及同学们对其优缺点的评价分析,学生此次的梳理情况有所好转,然后再借助整理的思维导图进行公式复习。

【课堂实施描述一】

师:40°的扇形占整个圆的圆心角的几分之几?

生:$\frac{40}{360}$

师:那么这个扇形所在的弧长占它所在圆周长的几分之几? 这个扇形的面积占它所在圆面积的几分之几?

生:$\frac{40}{360}$

师:那么请同学们想一想,扇形的圆心角、弧长、面积和整个圆的圆心角、周长、面积之间的关系是怎么样的?

生:……

师:那么下面的问题你会解答了吗?

(1)有一个圆心角为 40°扇形,那么这个扇形所在的弧长占它所在圆周长的_____(填几分之几)。如果圆面积为 90 平方厘米,那么这个扇形的面积为_____平方厘米。

(2)在周长为 100 厘米的圆上,有一条弧长为 50 厘米的弧,那么这条弧所对的圆心角的度数是_____。

(3)如果一个扇形的面积是它同半径圆面积的 $\frac{2}{5}$,那么这个扇形的圆心角是

_____度。

通过这样一系列的问题,引导学生思考扇形与圆之间的关系,将之前复习的两类公式联系起来,得到整体与部分之间的关系:$\dfrac{n}{360}=\dfrac{l}{C}=\dfrac{S_{扇形}}{S_{圆}}$,在两类公式后面进行完善,完成整体的知识框架,这样起到了较好的复习效果。归纳小结:在同一个圆中,圆心角越大,扇形的弧长和面积越大;在不同圆中,圆心角相等,半径越长,扇形的弧长和面积越大。扇形是圆的一部分,强调整体和部分之间的关系。

这部分内容对应了思维导图中整体与部分关系的知识点,帮助学生理解弧长是圆周长的一部分,扇形面积是圆面积的一部分,厘清这四者之间的关系,将所学的弧长与扇形面积、圆周长、圆面积紧密连接在一起,熟练掌握用整体与部分的关系求解相关习题。

二、深入思考

在第一个流程整理完思维导图以后,对照着思维导图中的知识点进行相应的复习,我把复习内容分为了三部分:第一部分是圆的周长和面积,第二部分是扇形和圆之间的关系,第三部分是扇形的弧长和面积。

【课堂实施描述二】

师:已知扇形的半径是 3 厘米,圆心角为 120 度,这个扇形所对的弧长和扇形的面积是多少?

生:$l=\dfrac{n\pi l}{180}=\dfrac{120\pi\times 3}{180}=2\pi$ 厘米,$S_{扇}=\dfrac{n\pi r^2}{360}=\dfrac{120\pi\times 3^2}{180}=6\pi$ 平方厘米。

师:变式一下你会做吗?已知圆心角为 120 度,扇形所对的弧长是厘米,求这个扇形的半径和面积。

生:先将弧长公式变形为 $r=\dfrac{180l}{n\pi}=\dfrac{180\times 2\pi}{120\pi}=3$,$S_{扇}=\dfrac{n\pi r^2}{360}=\dfrac{120\pi\times 3^2}{360}=3\pi$ 平方厘米。

师:求扇形面积还有其他的方法吗?

生:或者根据 $S_{扇}=\dfrac{1}{2}lr=\dfrac{1}{2}\times 2\pi\times 3=3\pi$ 平方厘米。

师:下面这个应用你能同理可得吗?已知扇形的半径是 3 厘米,扇形所对的弧长是 2π 厘米,求这个扇形所对的圆心角和面积。谁能说说思路吗?

生：可以的。我将弧长公式变形为 $n = \dfrac{180l}{\pi r}$，求得圆心角，接着用扇形面积公式带入即可求得。事实上，这些都是弧长公式的变形应用，通过分析已知量，选取合适的公式就可以进行计算。

[拓展训练 1：求圆环面积]

已知一个圆形池塘，绕着它走一圈要 12.56 米，池塘周围是一条 1 米宽的水泥路，在路的外侧围了一圈的栏杆，求水泥路的面积是多少？

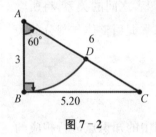

图 7 - 2

以生活中的实际问题作为背景，带学生分析其中的已知量，运用复习过的公式求解，巩固圆面积和圆周长公式的应用和变形公式的应用。小结：$S_{圆环} = S_{大圆} - S_{小圆}$。

[拓展训练 2] 已知：$AB = 3, AC = 6, BC = 5.20, \angle BAC = 60^\circ, \angle ABC = 90^\circ$，以点 A 为圆心，AB 为半径的弧 BD 交 AC 于点 D，求阴影部分的周长和面积。

三、延伸思考

圆和扇形的知识比较庞杂，假如一项一项地去记忆，容易混淆并且效率低。本节课学生在完成任务的过程中，通过教师的启发式提问，利用思维导图工具进行了知识的复习与梳理。将本课的重难点一一突破，达成了本节课的教学目标。

1. 引导思考，提升效率

本节课总共进行了三次相关知识的复习回忆，"记忆是思考的灰烬"，只有引导学生熟练地进行思考，才能加深其知识的记忆。教师再通过经典例题引导学生学以致用，激发了学生的学习兴趣，加深了学生对相关知识的掌握程度。

2. 启发式提问，高效讲述

相关的学术研究表明，思考是思维的一种探索活动，启发式提问能够帮助学生感到被尊重和自己有能力解决问题。教师在课程中的引导多以启发式提问为主，让学生学会探究和独立思考。

3. 小组合作，提高综合能力

小组合作的形式使得学生能够更加有效率地表达和交流，不仅有效地集集体智慧绘制了思维导图，还在组内进行互动，使学生变成了学习的主体，帮助学生对思维导图的运用有了更加深入的理解。

四、启示与反思

对于每位学生来说,复习是为了查漏补缺,促进自我提升。但是,不同的学生学习能力不同,存在的不足也不尽相同。在课堂教学中,教师应针对重点、难点及重点问题开展讲解活动。在本次教学实践中,我也发现了不少问题:学生刚开始接触思维导图,对其应用还不是很熟悉,对于知识点之间的把握不是很准确;其次,在思维导图的设计上还有待提高;如何让大多数的同学参与其中,还值得细细研究。并且还需要思考如何将思维导图进行常态化,让学生利用思维导图进行常态化的思维训练和整理知识框架。

在上课过程中,有几个教学环节没有设计好。在圆的周长和面积的拓展训练1中,我对于圆环的讲解过快了,对应思维导图中的知识点没有再进行匹配,对于圆环中大圆半径和小圆半径之间的关系没有在图中标出示意,部分学生还不太理解这两者之间的关系,导致在巩固练习中有学生还是出现了错误。在整体与部分之间的关系上,虽然花的时间较多,但部分学生还是存在问题,并不能完全理解,对应的思维导图中的几个公式之间的联系没有很好地串联起来。

总之,教师能够把思维导图融入数学教学,使得学生都能积极参与到课堂的教学活动中,让整节课高效、生动有趣,有更好的复习效果,这是我们的最终目标。通过这次初步的实践,也明确了之后需要改进和加强研究的地方。

【参考文献】

[1] 刘灵燕.创新初中数学预习设计,有效提升课堂教学效率[J].课程教育研究,2015(29):137.

[2] 谢志芳.思维导图引入初中数学课堂教学探究——评《初中数学课例研究与典型课评析》[J].中国教育学刊,2018(4):147.

[3] 李淑贤.初中数学单元复习课中思维导图的构建[J].数学学习与研究,2019(10):139.

[4] 冯晓音.思维导图在初中数学复习课中应用研究[D].陕西师范大学,2018.

我的复习我做主

——学生自主编题式教学模式尝试

上海市三泉学校　古小茜

摘　要：传统数学复习中都是先回顾知识点，然后教师根据知识点再给出对应的复习题，学生进行操练。这种复习往往都是学生跟着老师的复习节奏，老师让学生怎么做，学生就怎么做，这样的课堂刚开始学生注意力会比较集中，但随后学生会越来越没有积极性，对课堂没有兴趣，复习也达不到预期的效果。本文通过学生自主编题式教学模式的实践尝试，让学生在复习中进行自主编题，可以极大地调动学生的积极性，让学生成为课堂的主体，提高复习效率，提升学生的创新能力和思维能力。

关键词：自主编题　数学复习　创新思维

【个案情景描述一】

对象：六年级学生

在学习完分数的加减乘除法运算之后，我在课堂上做了 20 个速算题的随堂练习，小部分成绩不错的学生完成得很快，正确率很高，但是大部分成绩一般的学生完成的速度不够，且正确率一般，甚至个别学生出现错误率很高的现象。练习中错误的原因主要有分数加减法计算结果没有化简，整数减去分数的时候，整数不会用带分数或假分数表示，乘法运算过程中有些同学总喜欢先把分子和分母分别乘起来再约分，导致结果可能没有约尽，不是最简分数，乘除法运算中含有带分数时，有些同学忘记把带分数先化成假分数再进行计算。

问题诊断

我对随堂练习进行了分析，将平时成绩一般但随堂练习做得相对较差的学生挑出来，并且找了这些学生谈心，发现这些学生在知道自己错误的原因后，立马能自己进行改正，但是到再做的时候，这些错误仍然会犯。如果总是由我去挑出计算的毛病，他们下次还是不记得，再做的时候依旧会犯错，这样就总是不会有进步。

【个案情景描述二】

对象：六年级学生

六年级目前数学的学习主要以计算为主，复习课上讲练相结合；每次总是带着学生把一章的知识点都过一遍，每个知识点复习后用对应的练习加以巩固，学生相对来说比较被动，这时会让学生感到课堂枯燥无味，不足以调动学生的积极性，而六年级的学生相对于高年级的学生来说，学习精力并不是那么集中，很容易分散，可能在复习过程中会不断走神，一堂复习课下来，可能压根学不到什么，达不到复习的目的和效果。

问题诊断

在进行单元复习时，总是我引导学生去复习，学生被牵着鼻子走，处于被动状态，这样会让学生的积极性大打折扣，学生没有了思考和梳理的空间，课堂也相对死气沉沉，不是很活跃，同时，这种灌输式的复习，学生也不能记住这些知识点，可能当场记得，但是过了一天就忘了，并不能达到预期复习的效果，学生不能将这些所学的知识消化，变成自己的知识。

一、初步设想

如何才能进行有效的复习呢？如何才能提高学生的计算能力，可以让学生记住自己在计算中犯过的错误，而不再一而再再而三地犯错呢？我陷入了思考。首先，要在复习课时要把主动权交还给学生，在课堂上以学生为主体，让学生去积极思考，调动学生的积极主动性，让学生对数学课堂充满兴趣，让课堂活跃起来；其次，要提高学生的计算能力，让学生不要再犯一些常见的计算错误，可以让学生试着自己去编计算题，要求学生自己编的计算题要符合一些条件，比如编的题目要是这一单元所学习到的计算，同时这些计算题最好是同学们平时容易犯错的类型，还能难倒别的同学,这样学生由平时的做题者身份变成了编题者身份,会让学生尝试到新鲜感,从而在课堂上表现得积极而兴奋,可以将学生在课堂上由被动变为主动,积极思考参与课堂活动,增强了学生的学习兴趣。同时,要求学生编的题目是大家平时容易错的类型,这样学生通过编题,自己也可以记住这些计算时容易犯的错误,以确保下一次自己不会再犯这样的错误,这样就可以提高学生的计算能力,同时也提高了复习课的复习效率。

【实验实施描述一】

第一节实验课(分数的加减乘除运算复习教学实录)

师: 分数的加减运算法则是什么?

生: 同分母的分数相加减,分母不变,分子相加减;异分母的分数相加减,先通分成同分母,再进行同分母分数的加减运算。

师: 分数的加减要注意哪些呢?

生: 分数的加减结果一定要约分化简,分子分母相同时结果写 1。

师: 非常好,还有什么需要注意的呢?

生: 含有整数的分数计算,要先把整数化为假分数或者写成带分数的形式,再进行加减运算。

师: 同学们说得都非常好,这些需要注意的方面正是我们平时做分数加减运算时易错的点。

师: 下面同学们自己尝试当小老师,自己来编一些分数的计算题,要求是不能超过我们学习的范围,尽量能难倒别的同学,可以从我们平时计算的易错点出发,编一些运算时容易出错的题。给大家几分钟时间想一想,自己试着编一编。

(此时学生们积极性很高,都跃跃欲试。以下教学片段是挑选了部分具有代表性的编题。)

生: $\frac{7}{8} - \frac{1}{8}$ 等于多少?

生: 等于 $\frac{6}{8}$。

师: 这个答案对吗?

(学生马上意识到自己没有约分。)

生：应该还要约分,应该是 $\frac{3}{4}$ 。

师：很好,大家能及时发现自己的错误,我们做运算时一定要看一下自己的运算结果是不是最简的,不是最简分数一定要记得约分。还有哪位同学来出题?

生：$\frac{6}{7}+\frac{8}{7}$ 等于多少?

生：等于2。

师：很好,这道题看似简单,但有些同学容易把结果写成 $\frac{14}{7}$,最后的结果一定要记得化简。

生：$4-\frac{1}{4}$ 等于多少?

生：把4可以看作 $3\frac{4}{4}$,所以等于 $2\frac{3}{4}$ 。

师：非常正确,要学会把整数写成带分数或者假分数。

生：$7\frac{5}{12}-3\frac{11}{12}$ 等于多少?

生：可以把 $7\frac{5}{12}$ 转化成 $8\frac{17}{12}$,这样等于 $5\frac{1}{2}$ 。

师：非常好,这道题目不仅考察了带分数的借位计算,还考察了分数的化简。

生：$\frac{4}{7}+2\frac{8}{13}+1\frac{3}{7}$ 等于多少?

生：这个算起来有点麻烦,还没有算出来。

师：这个题目编得非常好,出这道题目的同学非常厉害。是的,这个题目看起来是有些麻烦的,但是有没有什么简便的方法呢? 同学们多观察一下这几个数字。

(很多学生马上有所发现。)

生：观察这个算式可以发现,第一个分数和第三个分数分母是一样的,因此,可以将它们先放在一起算,刚好加起来是整数 2 , 2 再加 $2\frac{8}{13}$ 就等于 $4\frac{8}{13}$ 。 这样不用通分计算,口算也可以得出答案。

师: 这位同学真是太棒了,相信大家已经听懂了。通过这个小题目,你能总结出什么呢?

生(刚刚没有回答出的那位同学): 多个分数相加减时,先将分母一样的分数放在一起算,这样可以简便我们的运算。

师: 这位同学总结得非常好,在多个分数进行加减混合运算时,我们要注意观察,把同分母的分数放在一起,往往可以简便我们的运算,带来意想不到的效果。

师: 刚刚同学们的题编得都非常好,编的题目都考虑到了平时加减计算中容易错的点,有的甚至还难住了别的同学。同学们为自己鼓鼓掌。

(学生很开心地为自己鼓掌。)

师: 那分数的乘除运算法则又是怎样的呢?

生: 分数的乘法应该能约分的先约分,剩下的分子乘分子,分母乘分母;分数的除法是转化成分数的乘法,除以一个数,等于乘以这个数的倒数。

师: 回答得真棒! 那分数的乘除法运算有什么要注意的呢?

生: 乘除运算当中有带分数的,要先把带分数化为假分数,再进行计算。

生: 做乘法时,约分一定要约彻底。

生: 做除法时,除法改为乘法,有两个需要变的,一个是除号改为乘号,第二个是除数变为除数的倒数。

师: 大家所说的注意点也正是老师想说的。那下面再给几分钟时间,大家自己再编一些分数乘除法计算题。和之前的要求一样,编乘除法运算时,要尽量是能约分的。

生: $60 \times \dfrac{2}{15}$ 等于多少?

生: 这里 15 和 60 可以约分,约完答案等于 8。

师: 非常好,这个题目是非常容易错的,这里 60 是和 15 进行约分,千万不要把 60 和 2 进行约分,这个题目出得非常好,具有一定的迷惑性。

生: $\dfrac{19}{20} \times \dfrac{15}{38}$ 等于多少?

生: 这里 20 和 15 可以约,19 和 38 可以约,最后等于 $\dfrac{3}{8}$。

师：这个题目考察了同学们知不知道 19 和 38 是可以约的,对于一些常见的倍数关系,同学们要非常熟悉,这是个非常好的题目。

生：$\frac{7}{11} \times 1\frac{4}{7}$ 等于多少?

生：$1\frac{4}{7}$ 化成假分数 $\frac{11}{7}$,所以答案是 1。

师：非常正确。在乘除法中出现带分数,一定先把带分数化为假分数,再进行计算,不能和带分数直接约分。

生：$\frac{9}{10} \div \frac{3}{2}$ 等于多少?

生：把除法改成乘法,就是 $\frac{9}{10} \times \frac{2}{3} = \frac{3}{5}$。

师：对的,做除法运算时,要先把除法改成乘法再计算。

生：$180 \div \frac{9}{10}$ 等于多少?

生：改写成 $180 \times \frac{10}{9}$,等于 200。

师：非常正确。同样注意改写成乘法有两个需要改变的,一个是除号变为乘号,第二个是除数变为自身的倒数。

生：$\frac{3}{4} \div 1\frac{1}{8}$ 等于多少?

生：带分数先化为假分数,所以是 $\frac{3}{4} \div \frac{9}{8}$,再除法改为乘法,改为 $\frac{3}{4} \times \frac{8}{9}$,等于 $\frac{2}{3}$。

师：过程讲得非常清楚,这里同样要注意除法运算中带分数先化为假分数。有没有同学尝试编一道乘除混合运算的题目?

生：$25 \div \frac{3}{5} \times \frac{3}{25}$ 等于多少?

生：先把除法改成乘法,就是 $25 \times \frac{5}{3} \times \frac{3}{25}$,最后约分等于 5。

师：说得很对。同学们自己尝试编的题都非常好,我们再给自己鼓鼓掌。通过自己编题和回答题目,同学们有没有觉得自己的分数计算方面有所提升呢?下面我们通过一个反馈练习来检验一下。

[反馈练习(10分钟)]

1. $6 - \dfrac{5}{8}$　　　　2. $\dfrac{4}{5} - \dfrac{3}{10}$　　　　3. $4\dfrac{3}{10} - 2\dfrac{3}{5}$

4. $\dfrac{15}{16} + 2\dfrac{4}{5} - \dfrac{13}{16}$　　5. $2\dfrac{1}{4} - 1\dfrac{1}{3} + \dfrac{2}{5}$　　6. $1\dfrac{1}{3} \times 1\dfrac{1}{2}$

7. $\dfrac{13}{2} \times \dfrac{6}{52}$　　　8. $4 \times \dfrac{2}{3}$　　　　9. $4 \div \dfrac{2}{3}$

10. $2\dfrac{2}{3} \times 9 \times 1\dfrac{5}{12}$　　11. $2\dfrac{2}{3} \times 1\dfrac{11}{16} \div 18$　　12. $1\dfrac{7}{8} \div 1\dfrac{1}{14} \times 14$

完成后,教师明确正确答案,同桌互批。通过反馈,发现学生的运算正确率有明显提高。

师: 这节课同学们有哪些收获呢? 请你们说一说。

生: 对分数的加减乘除运算的法则更清楚了。

生: 对分数运算中常见的错误更清晰了,以后在运算中会更注意这些点。

二、深入思考

　　学生通过自己编题的形式来进行运算的复习,的确带动了课堂气氛,调动了学生的积极性,但是由于学生初次尝试自己编题,在编题上缺乏经验,编的有些题目数字不是很好,运算上会很麻烦,且也达不到想要的效果。如何让学生有针对性地编题呢? 于是我想到了在复习中我们经常用的思维导图,可以带领学生一起制作思维导图,在制作的思维导图中,让学生回顾每个知识的常考题型和易错点,再让学生依据这些,有针对性地进行编题,并把自己编写的题目也对应放入思维导图中,这样学生在编题的过程中就会更加有目的性,课堂复习效率会有所提高,复习效果也会更加明显。于是,我将思维导图的内容也加入其中。

【实验实施描述二】

第二节实验课(分数这一章的复习)

　　(1) 让学生回顾分数这一章的主要知识点有哪些,每个知识点有哪些易错点和常考的题目,老师引导并带领学生共同绘制本章知识的思维导图。

　　(2) 根据共同绘制的思维导图,对知识点进行一一复习,每个知识点可由学生对照着易错点和注意点自己进行编题,再由学生解答。由于学生缺乏经验,编题时

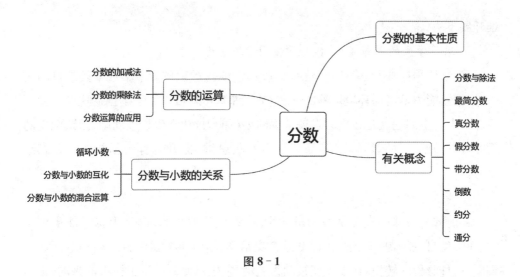

图 8 - 1

教师会进行一定的引导和帮助,确保学生自己编的题目有一定的针对性,对复习有一定的帮助,同时学生将自己编的题目也放入到绘制的思维导图中,使思维导图更加完整。

(3) 教师小结。教师对本堂课内容进行总结,并对学生进行的自主编题进行评价,对学生在复习过程中所遗漏的知识点和题型进行补充。

(4) 综合练习,及时反馈。通过本章练习反馈,大部分学生的成绩都达到了良好及以上,学生的成绩有了明显的进步,课堂效率也得到了进一步的提升。

三、启示与反思

对学生自主编题的教学模式的应用,我收获很多。

1. 对学生自主编题的思考

编题其实并不是一件很容易的事,它有一定的逻辑方法,即使是一些计算题,也绝对不是随意地给出一些数字,而六年级学生逻辑能力还不是很强,在编题方面又没有任何经验,所以对他们来说是有一定困难的,因此我认为刚开始可以让学生进行模仿式编题,即让学生课后先搜集一些做过的错题,对照着知识点将这些错题进行分类,再模仿这些题目,编一些类似的题目,这样会提高课堂效率,同时这些由学生自主编制的题目会使复习更有针对性。教师要引导学生所编题目不能太偏、太难,如果题目太偏、太难,大部分学生都不会做,这样不仅提高不了学习数学的兴趣,反而会使学生对自己编题这种做法失去兴趣,以后就很难开展下去。

2. 培养学生的创新能力，提升学生的思维能力

《数学课程标准》明确地将"逐步形成数学创新意识作为中学数学教学目的之一"。创新能力是需要环境培养的，而教师在课堂中就可以为学生创造这样一种环境。学生自主编题就是在大力发展学生的创新能力，让学生积极动脑，活跃学生的思维，这种开放式的教学，很容易让学生发散思维，提升自身的创新能力和思维能力。

3. 学生的课堂学生自己做主

之前的复习课一直都是教师讲学生练，课堂比较枯燥，学生上课不能集中精力，而学生自主编题式教学，将课堂完全交给学生，学生尝试着自己当小老师进行编题，这种身份的转换，让学生变被动为主动，学生对课堂产生了极大的兴趣，提高了学习的积极性，课堂气氛也变得更加活跃，学生在自主编题的过程中，也体会到了数学的有趣性。兴趣是最好的老师，学生产生了兴趣，才会主动去思考，才能更好地学好数学。

作为数学教师，应该不断探索，大胆创新，切实利用好自主编题来培养学生的创新能力，提升学生的思维能力。由于学生有不同的生活空间和生活经历，因此我们只要留给学生能够创新的平台，在自主编题的过程中，学生们一定能够创造出绚丽多姿的画面。

【参考文献】

［1］佟晓林.鼓励学生自主编题，培养自身创新能力[J]. 新课程研究，2010(08)：137-138.

［2］余丽.一堂散发数学思想的习题课——基于学生自主编题的课堂教学案例[J]. 课程教育研究，2016(04)：125.

［3］韩生祥.科学编题，培养学生的创新能力[J]. 初中数学教与学，2008(06)：6-8.

巧用思维导图培养小学低年级学生的数学思维能力

上海市三泉学校　徐佳云

摘　要： 在小学低年级数学的教学中，重在培养学生的数学思维能力。在如今的小学数学课堂中，新的教学理念不断出现，这对教师在教学方面也有了新的要求，教师不仅仅是知识的传授者，更是学生在知识学习过程中的引导者。结合小学数学教学的特点，在进行课堂教学时，采取思维导图可以帮助学生整理知识点，提高小学数学教学的实效性，培养学生的数学思维能力，从而提高学生的整体综合素质。

关键词： 思维导图　数学思维能力　小学数学　课堂教学

一、个案描述

在日常的教学活动中，我经常发现学生缺乏思维能力，对知识点的掌握不够扎实，学过的知识点总是容易遗忘，针对这些现象，我收集了以下两个案例。

【个案一】

教学实录片段（二年级上"长方形、正方形的初步认识"）

师：通过今天这堂课的学习，你学到了什么本领？

生：我认识了长方形和正方形。

生：我知道了正方形是特殊的长方形。

生：我知道正方形的四条边一样长。

生：我知道了长方形的四条边不一样长。

生：我知道正方形的四个角都是直角。

生：……

【个案二】

小马同学,学习能力一般,在二年级上学习完第二单元"乘法、除法(一)"后,我询问该学生通过本单元的学习学到了哪些知识,有哪些收获。她回答说学习了乘法和除法,会背乘法口诀,会乘法和除法的计算。通过她的回答能看出她掌握了本单元的主要内容,但是她一下子想不起来还具体学习了哪些重要的知识点,例如求一个数是另一个数的几倍要除法等。该同学在之后的本单元小练习中成绩也不够理想,很多学过的细小概念和知识点遗忘了,导致失分严重,整个单元的学习不够理想。

问题诊断

通过以上两个个案描述,我发现学生在日常的数学学习中普遍存在以下几点问题:

1. 学生在课堂上对知识点的学习比较零散,缺乏结构化和系统性

每一节数学新授课的最后都有课堂总结部分,但是每一次询问学生通过这节课学到了什么,学生的发言都是单独的一句知识要点,在学生们的脑海里,知识点是东一个西一个的,是很零碎的,不是互相串联着为一体的。

2. 学生对课堂上学过的知识点容易遗忘,导致学习效率低下

很多学生在学习的时候都会出现记不住知识点的情况,尤其是在学习了新的知识点或者是重要的知识点后,之前学习的知识或细小的知识点就会遗忘,在一个单元的学习中,通常是单元靠前的知识错误率较高。

3. 学生没有好的复习方法,不会自己整理知识

由于学生的年龄较小,在学习方面还处于老师说什么就做什么的状态,学生没有复习知识点的习惯,没有归纳总结知识点的习惯,有些学生有复习的意识,却没有好的复习方法,因此无法很好地归纳所学的知识点,从而导致学习成绩不够理想。

二、初步设想

如何帮助学生将所学的知识点掌握得更好? 如何帮助学生将知识点进行更好

地串联与梳理？如何帮助学生将知识点更有效地进行记忆？我决定将思维导图引入到我的课堂教学之中。思维导图作为一种可视化的工具，利用色彩、图像、分支、关键词等刺激全脑，促进发散性思维，增强记忆力、组织与逻辑思维能力，还可以起到检索知识的作用，使知识结构化、系统化。起初，我尝试将思维导图运用在一年级的课堂总结部分，我的初步设想分为以下几个步骤：

1. 课前准备

通过对教材的认真研究和分析，我决定将第一次的思维导图引入放在一年级下册第二单元"认识人民币"这一课时中，虽然学生在日常生活中可能会接触到人民币，但接触的机会还是较少，使用人民币的机会也较少，对人民币的认知还不够，特别是对人民币的换算及进率关系，学生记忆起来有点难度。我准备在课堂教学的最后课堂小结部分引入思维导图，利用思维导图对所有的知识点进行整理和归纳。我先自己将本课的知识点进行了梳理，绘成了思维导图。

2. 课中呈现

在课堂小结部分，我照例询问学生：通过本节课的学习，你学到了哪些知识？学生和往常一样，回答我的是一个个独立的知识点，而此时，我根据学生的回答，适时地将这些独立的知识点在黑板上进行了书写，根据我课前准备时画的思维导图草图，引导学生将所有的知识点都说出来，并全部呈现在黑板上之后，我让学生看着我用线将这些知识点进行串联，并在中间写上了课题，画完之后我便告诉学生这样的图叫作思维导图。学生第一次看到数学课上出现画画的形式，都觉得非常新鲜，很有兴趣。

3. 课后运用

为了让学生对思维导图有更多的了解和印象，我让学生课后照着我的样子也画一画思维导图，同时体会思维导图串联知识点的好处。希望通过思维导图进一步帮助学生更好地掌握本课的相关知识点，更好地记忆本课的重要知识点。

三、深入思考

根据学生上交的思维导图，我感觉学生只是在照着我给的样子照搬照画，没有自己想法的展示，因此我认为这样的思维导图的引入对一年级的学生来说没有意义，于是经过团队小组的探讨，我对学生绘制思维导图的要求进行了修改：根据老师画的思维导图自己画一画，要求知识点的内容不能改变，知识点之间的联系不能改变,可以添上与知识点有关的美丽图案,美化思维导图。

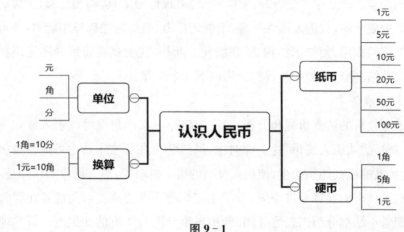

图 9 - 1

经过修改后,学生交上来的思维导图与之前的有了明显的不同,现在学生的思维导图有了自己的想法,更加可爱生动、富有活力,更能体现小学低年级学生的特点。有了前后两次思维导图的展示对比,说明我对学生画思维导图的教学要求更改是正确的,学生对思维导图的兴趣也比上一次有了明显的提升,学生更加喜欢绘画思维导图,学生的思维能力也提高了不少。通过对学生的提问,发现学生对思维导图上整理的知识点也能按顺序说出,并能详细说出知识点之间的联系,对本课重要知识点的记忆也有了明显的提高。以此,思维导图的作用在小学低年级数学的课堂教学中得到了很好的发挥,对低年级学生学习数学起到了积极作用。

因此,思维导图对我今后教学的启发是:

(1) 每一节新课教学中,把具有相关性的知识用思维导图的形式进行呈现。

(2) 在一个小单元的教学之后,利用思维导图进行总结,帮助学生形成完整的知识结构。

(3) 课后让学生自己整理知识网络图,并进行交流。

四、广泛应用

在思维导图教学得到了良好的反馈之后,我便在我所教学的一二年级班级中进行了广泛的应用:

1. 一年级下册第三单元"时间的初步认识"

由于时间和我们的生活息息相关,钟表是传载时间的重要工具,学生需要深入了解学习钟表,走进时间的世界。了解钟表的形状结构,掌握对时间的解读是本单元最重要的内容。两种基本的时间记录方式,也对表达和记录时间非常关键。我通过思维导图的形式,梳理钟表和时间相关的知识和场景,建立广泛牢固的思维连接,从而加深学生对时间的理解和掌握。

2. 二年级下册第三单元"时、分、秒"

本单元的知识点比较细小、分散,如能读出钟表时针、分针、秒针的指针信息,准确表达时钟的时刻;掌握时间之间的换算;知道1小时、1分钟、1秒钟有多长;感受时间与生活的广泛联系,培养学生珍惜时间的意识。而知识点的内容没有过于繁多,所以我在学生学习完整个单元的全部内容之后,在课堂上留出大约10分钟的时间,利用思维导图,边画边帮助学生回忆本单元的重要知识点,并将知识点进行了串联。有了老师的演示,再让学生自己绘制思维导图,可以融入学生对知识点的理解,还可以适当添加与知识点相关的图案,并配上美丽的色彩,希望以此来帮助学生更好地记住知识点及知识点之间的联系。

3. 二年级下册第五单元"克、千克的认识与计算"

学生要认识并感受质量单位克与千克,知道什么情景下用克作单位,什么情景下用千克作单位,体会1克与1千克大约是多重,知道克与千克之间的换算关系,了解日常生活中的称重工具,如电子称、体重秤、天平秤……由于克与千克的知识点比较细小、分散,我在课堂最后的课堂小结部分,利用思维导图边画边帮助学生回忆本单元的重要知识点,并将知识点进行了串联,帮助学生更好地掌握本课的教学重点,再让学生自己绘画思维导图,添加自己喜欢的图案进行美化,希望以此来帮助学生更好地记住知识点及知识点之间的联系。

五、总结反思与展望

在经过广泛的思维导图教学实践后,我看到了以下几点效果:

1. 学生的思维能力有明显提高,对知识点的学习变得有系统性、有联系性

有了思维导图的教学之后,每当我在课堂提问"通过本节课你学到了什么",学生不再是单独地说出某一个知识内容,而是会思考学习了哪些知识点,回答我的是一部分的知识要点,而后一位回答的学生也会有意识地根据前一位同学回答的内

容进行延伸。学生们心中的知识点不再是零零散散的了,而是有关联的。

2. 学生对知识点的记忆能力有了明显提高,学习效率有了明显提高

在利用思维导图教学的课或单元后,我问学生有哪些收获,那些原本总是说不出什么来的学生能跟我头头是道地说出许多知识点来,而那些原来就能说出很多知识点的学生更是能把思维导图里的内容全部背出来。由此可见,利用思维导图整理一个单元或是一节课的知识点,可以有效地帮助学生更好地记忆知识点以及知识点之间的联系,大大提高了学生的记忆能力、理解能力,也激发了学生学习数学的兴趣,提升了学生的学习效率和学习能力。

3. 学生开始利用思维导图自主复习所学知识点,开始养成复习的好习惯

学习了思维导图之后,学生对知识点的内容更加清晰,学生开始有意识地自己利用思维导图去理清一个单元的知识点,甚至在单元练习之前会自主梳理一遍所有的知识点,学生已经有了复习知识点的意识,开始逐步养成复习的好习惯。

4. 学生对思维导图有了更深的认识与了解,对思维导图产生浓厚的兴趣

在一些其他课堂上或是在课外生活中,学生再碰到思维导图时可以立马反应这是思维导图,并能看懂思维导图要表达的含义,知道思维导图梳理的知识点及知识点之间的关系。学生还会在课间与我分享在哪里看到过思维导图,学到了哪些新的知识,我在学生的脸上看到了浓厚的兴趣。由此可见,学生不仅真正学会了思维导图这一方法,还能感受到思维导图所带来的乐趣。

通过一年的实践研究,我发现思维导图在小学数学教学中的实践运用十分有意义。不仅让学生认识了一种新的学习方法,提高了学生的数学思维能力,更提高了学生的学习效率,锻炼了学生的思维,提升了学生的学习积极性。运用思维导图开展学习,促进学生自主学习能力,面对新的知识,学生也能尝试独立学习。目前,学生进行思维导图运用的实践为期一年,在今后的小学中高年级的教学中,我会逐步放手让学生自主绘制思维导图,以此来串联各个知识点,并将继续进行思维导图教学的研究。

【参考文献】

[1] 曹靖.浅谈思维导图在小学数学教学中的应用[J].中国校外教育,2016(02):54.

[2] 蒋璐.利用思维导图提高小学数学复习实效的教学策略[J].数学学习与研究,2015

（18）：113.

［3］刘濯源.思维可视化与教育教学的有效整合[J].中国信息技术教育,2015(21).

［4］闫守轩.思维导图：优化课堂教学的新路径[J].教育科学,2016,32(03).

［5］左学军.思维导图在小学数学教学中的运用途径[J].课程教育研究,2018(38).

［6］杨英.思维导图在小学数学高段教学中的应用[J].中国农村教育,2018(06).

从生活中培养数学兴趣
——小学一年级数学案例实践研究

上海市三泉学校　苏　欢

摘　要： 大部分学生学习数学的目的最终是能够具备解决生活实际问题的能力，所以面对一年级新生，他们如同一张白纸识字量不多，对题的理解应该多从生活实际举例。我作为班主任又是一名数学老师，觉得应把数学课程跟一年级新生的德育工作相结合，让学科德育发挥最大的作用，达到数学思维的进阶。

关键词： 幼小衔接　培养兴趣　进阶思维

【个案情境描述一】

我们的教室

师： 同学们，你们已经是一年级的学生了，从今天起，我将和你们一起在这个教室里学本领、长智慧。让我们先来了解一下我们的教室，来说说教室里的物品。

师： 在我们的教室里有许多物品，谁来说说你看到了什么？

生1：有桌子。

生2：有板凳。

生3：有电脑。

……

（学生在表述时，教师要注意倾听并及时加以纠正。）

师： 我们教室里有许多物品，那么你家里有些什么呢？谁愿意向大家介绍？

生1：我的房间里有一张床。

生 2：我家的客厅里有一台电视机。

生 3：我家里养了两只猫。

问题诊断

小学生刚踏入小学校园,教室是他们进行学习活动的主要场所,本课时书本上展示的是教室里的各种物品,让学生从自我出发快速进入情境,可激发学生学习数学的兴趣。"说一说我们的教室"这一课是学生进入小学学习数学的第一课,本节课的教学目的主要是让教师初步了解并纠正学生数数、读数的情况,并不是正式教学数数、读数,所以教师应以倾听与纠正为主。

教室里有哪些物品是显而易见的,学生也比较容易观察出来,但是让他们用数学语言准确地表达出来,一年级新生的表达还是比较笼统和混乱的。通过教师的示范与纠正,学生的模仿练习,学生渐渐学会了用规范的数学语言去表达,从而感受到数学语言的准确、严密、简明,初步体会到数学的魅力。如:教室里有两块黑板,教室里有 1 台电脑,课桌上有 1 本数学书。

从教室出发让学生熟悉校园、热爱校园、珍惜宝贵的学习时间,又从学校走入家庭,让学生体会家庭生活的温馨与美好,甚至可以走入厨房,让学生体会劳动的乐趣,节约粮食与蔬菜,学习垃圾分类等等,达到思维进阶。

【个案情境描述二】

比 一 比 身 高

师：今天我们来比一比身高。谁愿意来比?(请两位同学)

大家看一看,谁比谁高? 谁比谁矮? 下面请小朋友两人一组,自由组合,比一比身高,说一说比的结果。

1. 出示投影

师：图上有谁? 谁来比一比他们的身高? 说一说比的结果。

生：小丁丁比小胖矮,小胖比小丁丁高。

生：小强和小胖一样高。

生：小亚比小巧高,小巧比小亚矮。

2. 出示图 1

师：图上是谁? 她要比什么?

生：是小巧,要比较布丁和盘子哪个多,哪个少。

师：请你比一比，并将你比较的方法和结果告诉同桌。

生1：布丁比盘子多，多1个。

生2：盘子比布丁少，少1个。

3. 出示图2

师：这幅图画的是谁？他在干什么？

生：是小丁丁。他在比较杯子和吸管哪个多，哪个少。

师：请你自己比一比。

生1：杯子有6个，吸管有6根。

生2：杯子和吸管同样多。

生3：杯子和吸管的数量一样。

师：你还能举出比一比的例子吗？

生1：我有两支铅笔，红色的铅笔比蓝色的铅笔长，蓝色的铅笔比红色的铅笔短。

生2：第一排有2名女生和3名男生，男生比女生多，多1人；女生比男生少，少1人。

生3：第五排有3名女生和3名男生，男生和女生同样多。

问题诊断

"比身高"这个事件在生活当中经常发生，学生很容易能在实践活动中得出结论，但是缺乏归纳总结的能力，头脑中只存在一个比较的表象。教师通过"实践活动—图片感知—数字抽象"，让学生体会知识，达到思维进阶。根据低年级学生的年龄特点，上课一开始就以比身高的游戏形式引入，引起学生的学习兴趣，激发学生的学习积极性，体现学生的主体地位；然后转移到本节课的学习内容"比一比"，利用多层次的练习来巩固新知，最后让学生举出生活中的事例，把数学知识与生活实际联系起来，培养学生解决实际问题的能力。

【个案情境描述三】

几个与第几个

师：停车场里停了很多的车。小兔欢欢问：一共有几辆车？

（学生可以通过数一数得出结论：一共有5辆车。）

师：从左往右数，第二辆是什么车？

生：从左往右数，第二辆是货车。

师：从右往左数，第二辆是什么车？

生：从右往左数，第二辆是消防车。

（学生指着数，老师演示。）

师：从左往右数，小汽车在第几辆？

生：从左往右数，小汽车在第一辆。

师：从右往左数，警车在第几辆？

生：从右往左数，警车在第三辆。

师：从右往左数，警车后面还有几辆车？

生：从右往左数，警车后面还有两辆车。

问题诊断

学生在前面主要从基数角度学习自然数，在这里学生主要从序数角度来学习，即自然数被用来按物体的次序对物体进行编号，也就是被用来作为序数，从而进一步发展自然概念。然后在理解基数与序数的前提下，代入创设情境，在生活实例中进一步理解，达到思维进阶。

一、初步设想

"说一说"这一课是学生进入小学数学的第一课，教学中教师要注意以下几点：一是要让学生说完整，二是注意单位名称的用法，三是注意有序地观察。

【实验实施描述一】

比如一年级第一学期数学第一课时和第二课时的内容为"数一数"和"分一分"，就可以很好地从培养学生的自我管理能力入手，引导学生养成整理书包的好习惯。一年级新生老师通常会要求他们每天准备 5 支以上的 2H 铅笔，削尖并套上笔套，准备三个作业袋分别放入语文、数学、英语三门功课的作业本。但是由于家长没有经验，买了三个一模一样的袋子，家长认为孩子可以根据袋子上标明的语文、数学、英语这几个字清晰地进行分类整理。然而事实上学生并不认识这几个字，而且短时间内也记不住。所以从数学角度出发，我要求学生把各类课本按照颜色、大小、厚薄去分类，让学生学会分一分并进一步理解分一分的实际应用。在这个基础上结合数学课本所提供的学具"彩色图形片"，通过分一分彩色图形片，从具体到抽象帮助学生很好地建立量感。老师要求每一支铅笔都能套上笔套保护笔尖,在整理铅笔的过程当中我们又能发现这其实就是数学中"一一对应"的知识点,由此入手让学生再去举例,加深对知识点理解就容易多了。比如一个杯子插一根吸管,一个同学背一个书包,一个碟子放一块蛋糕,使这个知识点得到更好的习得和延伸。根据铅笔的长短有序地排列铅笔,使铅笔盒更加整齐,也是培养自我管理能力、爱劳动爱护学习用品的表现。一年级的数学不能只停留在根据课本教学,应该更多地举生活当中的例子,比如"数一数",我们就可以数一数教室里的物品,这样能让刚进入小学学习的一年级新生快速熟悉陌生的环境,还能快速进入学习数学的状态。其中对数量的表达、单位名称的使用可以训练学生用规范的数学语言去表达,让学生体会到数学语言的规范、严谨、简洁。

二、深入思考

在教学这一内容时,首先要让学生体会到"几"与"第几"的区别:"几"表示物体有多少;"第几"表示物体的排列序号。这个知识点在生活当中有非常多的实例,教师完全可以从课文发展到实际生活,使同学进一步体会几个与第几个的区别。

【实验实施描述二】

一年级新生除了上课时间,我们还要去操场做广播操,要去食堂吃饭,这些免不了都要排队。排队一般是按照从矮到高的顺序去排列的,虽然体育老师已经为学生排过了队伍,但是很多同学一开始是记不住自己位置的,包括我们去食堂就餐,它不像在教室里面学生都是有固定的座位的。那么针对这个问题,我们就可以结合课本中"几个与第几个""上中下、左中右"的知识,从教室的座位出发,从广播操的排列顺序出发,可以让学生清楚明白地记住我的左边是哪位同学,右边又是哪位同学,前面是谁,后面是谁,我在这一排的第几个。让学生掌握到横行、竖行、对角线的知识,直观地感受到前后左右位置的差异、几个与第几个的差异,这样的例子还有许多。

三、延伸思考

学生比较两堆东西的多少,会碰到两种情况:① 学生能够将每一堆的东西数完,然后通过数的大小比较;② 学生还不能够将这两堆数清楚,需要一一对应。

【实验实施描述三】

比如课前两分钟我特意准备了很多数学儿歌:"计算题,三四道,一排等号像小桥。算对了,走过桥,做错了,过不了。想一想,算一算,开开心心过了桥。"简简单单的一首儿歌,其实里面包含了很多数学知识和数学信息,有对等式的理解,有对数学精确性的要求,有对数学答案的验证,有对数学知识研究的不放弃和思考。我希望能让一年级新生包围在数学知识的海洋当中,同时又不惧怕它,潜移默化培养学生对数学学习的兴趣。

四、启示与反思

万里长城开头难。我本人是从小就很喜欢数学的,但是当我教五年级的时候,很多同学都说非常厌烦数学这门学科。一方面是由于数学计算的复杂,另外一方面是因为他们头脑里面没有数学概念,题目理解不了。题目理解不了的原因一个是他们的语言表达理解能力存在一定的问题,还有一个就是他们的思考方式,他们没有办法去把这些抽象的概念具体化,没有办法把这个数学概念在生活当中找到对应的实例。那么我想如果从一年级开始就能把数学课本当中的知识跟学生的生活一一对照起来,既能帮助他们很好理解知识点,也能让他们真正做到学以致用。还有一些同学说我为什么要学数学,学了数学有什么用,那么我希望我的每一堂数学课都能让学生感觉到学习数学是有用的,可以用在日常生活当中,可以使生活更便利,让学生有一种成就感和骄傲感,而不是机械地去学习。一年级的教育非常特殊,因为他们没有办法从文字当中理解题目,根本不认识几个字,那么让他们从做中学,边做边学能更好地培养他们动手和动脑。通过这样的实际操作以后对我的班主任工作和数学教学工作都起到了事半功倍的作用。

这样的例子在我的教学工作当中还有许许多多,一门学科应最大程度地激发学生的兴趣,数学被认为是聪明人的学科,很多同学对数学比较厌烦,学习中比较自暴自弃,我一直跟他们说数学应该要当成挑战一种解密游戏,而不是一种任务,一种负担,这样也符合如今整个教育大环境的"双减"政策的落实。让学生认识到做这道题不是因为要考大学,不是因为要升学,要排名,而是因为对数学这门学科很感兴趣,对解决数学难题感兴趣。

【参考文献】

[1] 杨庆余.小学数学课程与教学[M].高等教育出版社,2004.

［2］马云鹏.小学数学教学论［M］.人民教育出版社,2003.

［3］罗增儒等.数学教学论［M］.陕西师范大学出版社,2003.

［4］张奠宙等.数学教育学导论［M］.高等教育出版社,2003.

如何运用"数形结合"提高学生解决问题的能力

上海市三泉学校　吴雪妮

摘　要：数与形是数学中的两个最基本的研究对象，它们在某些题目的应用中经常可以通过相互转化的方式帮助学生进一步理解和答题。我认为，数形互译就是数与形之间的一一对应关系。数形结合可以把抽象的数学语言、数量关系与直观的图形结合起来，"以形助数"可以使复杂问题简单化，抽象问题具体化，可以帮助学生多角度地对题目进行理解。尤其是对于中等生而言，初读题目时，往往看似读完了、读懂了，但由于遗漏了题目中的一些关键信息从而导致解题不顺，在某些步骤卡壳，或者没有找到最简洁、最直接的解法，绕了一大圈才得到答案。而数形结合就是这样的一座桥梁，能够帮助学生更快更直接地找到较好的解题方法，提高解决问题的能力。

关键词：数形结合　中等生　抽象问题具体化

在小学数学中有许多通过图形帮助学生理解的案例，在教学中我也经常有意识地鼓励学生通过画图的方法帮助自己理解题目，从而得到解答。

一、个案情景描述

(一) 计算中的算式形象化，帮助学生理解算理

[例题 1]　28 个桃子平均分给 3 个人，每个人能分到几个，还剩几个？（28÷3）

问题诊断

这道题目对于部分同学来说是比较抽象的，他们

图 11 - 1

无法理解"平均分"的含义,有学生回答每个人能分到 5 个、7 个等答案,这是他们在头脑中想象出的可能结果,与实际结果不同,这个时候就可以借助图来帮助理解。

实施描述

首先我出示 28 个桃子的图形,然后通过动画演示"平均分"的过程,即把桃子一个一个地分进三个圈中,直到剩下的桃子不足三个,没法继续分为止。分完的结果每个圈中有 9 个桃子,还有一个桃子无法继续被分,因此答案为每人能分到 9 个,还剩下 1 个桃子。整个教学过程可以生动形象地帮助学生理解"平均分"这一概念,也可以帮助学生理解 $28 \div 3 = 9 \cdots\cdots 1$ 中各个数字的含义,即 28 为总数,3 为平均分成的份数,9 为每份的个数,1 为剩下的个数,同时余数应当是小于除数的,在本题中如果余数等于或者大于 3 则说明桃子还可以继续被分,只有当余数小于 3 时,桃子才无法继续被分。因此当有学生得到了 8 $\cdots\cdots$ 4 或者 7 $\cdots\cdots$ 10 这些答案时,我可以通过图形让他们直观地看到剩下的 4 个桃子或者更多的桃子仍然可以继续被分,还没有分完。只有经历了这一个过程,学生才能真正理解除法,并且明白为什么余数要小于除数,从而帮助他们进行算理的巩固。在数学学习的过程中,一定要有用通过理解去记忆代替死记硬背的意识。

[例题 2] 536 张手工纸平均分给 3 个班,每个班能分到几张? 还剩下几张?

（$536 \div 3 = 178 \cdots\cdots 2$）

这道题是一个一位数除三位数,用的算理与例题 1 其实是一样的,只是数字变大了,分的过程更加复杂了。这时候老师就应当放慢速度,与学生一起把这些手工纸来合理分配。（长方形代表 100,直线代表 10,点代表 1）

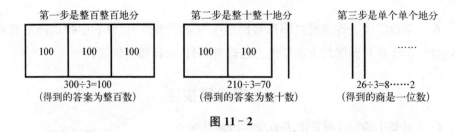

图 11 - 2

最后得到每个班分到 178 张,还剩下 2 张。

此例题同样也是通过数形结合的方式帮助学生理解一位数除三位数的计算过程和算理,同时也是为之后的竖式计算打下基础。其实竖式的计算过程用的算理和这个分法的过程是完全相同的,只不过是表达形式不同而已,通过图片的展示,可以更好地帮助学生理解除法的算理,知道为什么在除法中要从高位除起,而不是从个位算起,从而真正理解除法的算法,而不是机械性地套公式练习。

像这样把算式形象化,学生看到算式就联想到图形,看到图形能联想到算式,能更加有效地理解一位数除两、三位数的计算过程。

延伸思考

小学数学有相当部分的内容是计算问题,计算教学要引导学生理解算理。在教学时,教师应以清晰的理论指导学生理解算理,在理解算理的基础上掌握计算方法,要能够做到知其然,也知其所以然。数形结合,可使计算中的算式形象化,帮助学生在理解算理的基础上掌握算法。

(二) 把抽象的概念直观化,有助概念理解

在数学学习中,许多概念也是绕不开的学习内容。部分数学概念比较抽象,中等生可能无法理解为什么这样的概念是成立的,那么在教学中渗透数形结合的思想,可把抽象的数学概念直观化,帮助学生形成概念,理解概念的本质,适时地渗透数形结合的思想,可达到事半功倍的效果。例如:

乘法分配律概念:$(a+b) \times c = a \times c + b \times c$

乘法分配律历来都是一个难点,部分中等生无法理解乘法分配律的含义,此时数形结合又是一个非常好的手段。

[例题 3] 希望小学的操场是一个长方形,原来长 65 米,宽 32 米。扩建后,宽将增加 15 米。问扩建后操场面积有多大?

实施描述

当这道题目出现的时候,有学生对题目的含义没有理解到位导致无从下手,这时我鼓励学生根据题目的意思把相应的图形画出来,再去看看如何解答。

首先我们可以先画一个长方形,长标上 65 米,宽标上 32 米。第二步根据题目要求把长方形的两条宽分别延长 15 米,延长部分标上 15 米,最后形成如图 11 - 3 所示。

此时让学生用自己的方法做题,分别得到以下两种算式:

(1) $65 \times 32 + 65 \times 15 = 3\,055$ 平方米

(2) $65 \times (32 + 15) = 3\,055$ 平方米

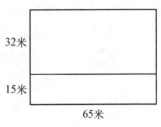

图 11 - 3

　　再让同学们观察这两个算式的联系,大部分同学都可以理解由于这两个算式算的都是改建后的面积,并且得到的答案也是相同的,因此可以得到:

$$65 \times 32 + 65 \times 15 = 65 \times (32 + 15)$$

　　之后还可以请学生模仿这个等式的样子,再写几个等式,在书写的过程中通过找规律逐步抽象出乘法分配律 $(a+b) \times c = a \times c + b \times c$ 这一运算定律,有了之前的铺垫,这一步就顺利了很多。

　　教学实践证明:在教学中运用数形结合,把抽象的数学概念直观化,找到了概念的本质特征,可以激发中等生学习数学的兴趣,帮助他们理解概念,并且在理解的基础上能够熟练运用,有助于提高其解决问题的能力。

(三)通过图形帮助学生逆向思维

　问题诊断

　　有时题目的呈现方式需要学生进行逆推才能得到答案,在五年级时学生可以通过解方程的方式进行思考解答,但四年级上学期的学生还没有接触到方程,因此能够逆向推理就是一项非常重要的数学能力,学生要能够使数量关系形象化,再根据对图形的观察、分析、联想,逐步译成算式,以达到问题的解决。但许多学生,尤其是中等生,在这个方面的能力非常薄弱,经常在脑中逆推时出现错误,这时候我就会鼓励他们一定不能懒惰,要记住用图形这一工具帮助理解和推理。

　实施描述

　[例题4]　小胖说:"我跑了500米,比小巧跑的一半少40米。"小胖跑了多少米?

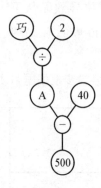

图 11 - 4

　　这道题中等生的解法往往会是 $500 \times 2 + 40 = 1040$ 米,这样的解法其实只理解了题目的一半,他们往往在逆推时会把一半推成乘2,把少40米推成加40米,这样的理解是不完整的,他们没搞清楚是应该先加40后乘2,还是先乘2再加40,也就是对于逆推的整个过程仍然是模糊不清的,因此出现了以上这一错误算式。当意识到问题所在时,我鼓励他们自行在草稿上画出树状算图,图形如图11-4。

　　此时通过对树状算图的观察、分析,大部分学生可以得出正确算式:小胖跑的距离为 $(500+40) \times 2 = 1080$ 米,应该是先加40再乘2才是正确的。得出答案后还需要引导学生进行检查,把得到的1080米代入原来的题目中,想一下1080米的一半为540米,540少40

米为 500 米,符合题意后方能结束答题。这一步也旨在帮助学生培养良好的学习习惯,减少错误的发生。

延伸思考

数形互译过程,既是解题过程,又是学生的形象思维与抽象思维协同运用、互相促进、共同发展的过程。大部分的中等生都无法直接在脑海中构建图像或者图形,但是抽象思维需要具体图形作支持,因此数形结合就是帮助进行解题的有利助手。

(四) 初步培养分类讨论的思想

[例题5]　小丁丁家、小胖家和学校在一条直线上,学校距离小丁丁家有 1 000 米,小胖与小丁丁家距离为 1 200 米,求学校距离小胖家有多远。

实施描述

这是一道非常典型的分类讨论的题目,对于小学生来说是一道易错题,根据学生反馈,大部分中等生的答案是 200 米或者 1 200 米。此时我仍然帮助学生通过画图来理解。首先我画了一条直线,在直线上画了学校的位置,当第二步要画小丁丁家时,我问学生应该在哪里画呢? 学生回答说在学校的左边,也有学生说在学校的右边,有学生说两边都可以。此时有部分学生已经明白了我的意思,于是我放手让学生自行画图。刚刚的问题其实起到了抛砖引玉的作用,在有学生回答两边都可以的时候,就有部分同学马上意识到了问题所在,原来这道题不止一种可能。当打开了思路后,就有相当一部分学生得到了两个答案,如下:

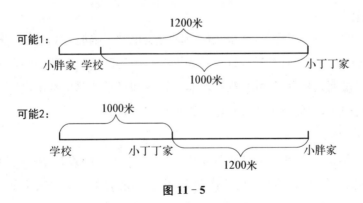

图 11 - 5

算式 1: $1\,200 - 1\,000 = 200$ 米

算式 2: $1\,200 + 1\,000 = 2\,200$ 米

此时请学生再复述一下他们的解题思路。

生：这道题有两种情况，一种为小丁丁家和小胖家在学校的两侧，此时小胖家距离学校 200 米；一种为小丁丁家和小胖家在学校的同侧，此时小胖家距离学校 2 200 米，通过画图可以发现这道题有两种可能。

延伸思考

如果不借助图形来解答，许多同学只会想到其中的一种解法，如果采用图形的方式解题，在画的时候学生就会注意到在画小胖家的时候其实是存在两种可能的，从而避免了漏解的情况发生。有了这个例子后，相信同学们对于数形结合的优势又有了进一步的认识，下次再碰到类似的题型，就会主动通过画图来解决，从而提高解决问题的能力。

（五）通过数形结合得到更优解

[例题 6]　3 瓶水和 2 瓶可乐共需要 12 元，6 瓶水和 3 瓶可乐共需要 21 元。问每瓶水和每瓶可乐分别多少元？（备注：此时学生还未进行小数的学习）

生：因为两个条件所给出的水和可乐的数量不相同，所以无法通过直接比较的方法得到答案，因此我采用了假设法来解决这一问题。首先假设一瓶水为 1 元，那么 3 瓶水为 3 元，2 瓶可乐为 9 元，求可乐时会有余数，因此假设 1 排除。假设 2：1 瓶水价格为 2 元，3 瓶水则为 6 元，2 瓶可乐为 6 元，一瓶可乐为 3 元，将此答案代入条件 2，可得 $6 \times 2 + 3 \times 3$ 等于 21 元，由此得到答案为每瓶水为 2 元，每瓶可乐为 3 元。

问题诊断

这位同学是一位中等生，在解决题目时确实也动了脑筋，用假设法得到了正确答案，但是这样的做法有其局限性。首先因为目前还没进入小数的学习，因此假设可能性的数量大大减少了，并且根据经验来说水和可乐的单价都不高，所以此题的答案数字也较小，因此通过假设法也可以很快得到答案。

实施描述

如果答案是一个小数，或者答案数字较大的话，假设法就没有那么顺利了。其实此种类型的题目涉及了代数的思想方法，用二元一次方程解决起来非常方便，但对于小学生来说明显是不可行的，而这样的题目数形结合就可以帮上忙。通过图形可以帮助学生去理解等量代换的思想，从而得到更优的解法。

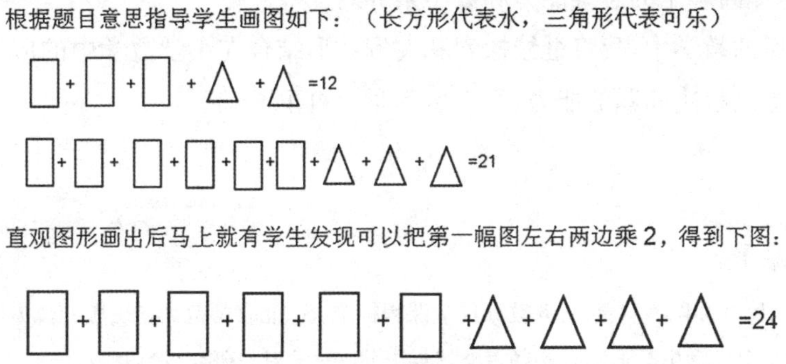

根据题目意思指导学生画图如下：（长方形代表水，三角形代表可乐）

$$\Box + \Box + \Box + \triangle + \triangle = 12$$

$$\Box + \Box + \Box + \Box + \Box + \triangle + \triangle + \triangle = 21$$

直观图形画出后马上就有学生发现可以把第一幅图左右两边乘 2，得到下图：

$$\Box + \Box + \Box + \Box + \Box + \Box + \triangle + \triangle + \triangle + \triangle = 24$$

图 11－6

第一个等式经过变式后可以直观地与第二个等式进行有机的联系，会发现第三个等式比第二个等式多了一个三角形，也就是一瓶可乐，价格多了 3 元，因为一瓶可乐为 3 元，两瓶可乐即为 6 元，从而得到三瓶水为 12－6＝6 元，一瓶水为 2 元。

这种方法的算理与二元一次方程的解法有异曲同工之妙，都有等量代换的数学思想方法蕴含其中，学会了这个方法，那么如果题目中的数字变大或者当答案为小数时，学生仍然可以通过举一反三构建出类似的模型从而进行解答，可谓是一解百解。作为小学生，尤其是中等生来说，图形就是解决问题的桥梁，通过画图可以更加直观地分析出题目各个数据之间的联系，从而得到更优的解决问题的方法。

二、启示与反思

《数学课程标准》中明确指出："通过义务教育阶段的数学学习，学生能够获得适应未来社会生活和进一步发展所必需的重要数学知识（包括数学事实、数学活动经验）及基本的数学思想方法和必要的应用技能。"

数形结合不仅是解题行之有效的好方法，而且还是促进学生的形象思维与抽象思维协同合作、和谐发展，全面提高学生的数学学习能力和提高学生解决问题的能力的重要方法之一。"数形结合"作为数学思想方法之一，可将复杂问题简单化。数形结合就是通过数与形的相互转化、相辅相成来解决数学问题的一种思想方法。在教学中渗透数形结合的思想，可把抽象的数学概念直观化，帮助学生形成概念；可使计算中的算式形象化，帮助学生在理解算理的基础上掌握算法；可将复杂问题简单化，以便学生找到所有解和最优解，更可以培养学生的逆向思维，在解决问题的过程中,提高学生的思维能力和数学素养。

　　在今后的教学中,我将继续探索和发掘数形结合在小学数学中的应用,以此来帮助学生提高解决问题的能力,为今后的学习打下基础。

【参考文献】

［1］中华人民共和国教育部.义务教育数学课程标准［S］.北京师范大学出版社,2012.

［2］李加达.引导学生数形结合解题策略浅探［J］.数学学习与研究,2019(5).

把复习课的课堂还给学生

——初中物理学业考单元复习"运动和力"课堂教学改进

上海市三泉学校　苏亮亮

摘　要：《物理课程标准》倡导学生主动参与、乐于探究、勤于动手，改变过于注重知识传授的倾向，强调形成积极主动的学习态度，形成科学的学习习惯。九年级第二学期，物理学科针对学业考试进入了复习阶段，时间紧、内容多，对于教师和学生都是不小的挑战。学业考单元复习课，正是改变传统教学模式，改变教师课堂角色，把课堂还给学生，引导学生变被动为主动的最佳时机，学业考单元复习应该注重知识技能和物理能力的双重培养。在学业考单元复习中，老师引导学生把每个知识点罗列出来，形成适合学生自己的概念框架和思维导图。

关键词：学业考　单元复习　物理能力　思维导图

上海市初中毕业物理学科统一学业考试是义务教育阶段的终结性考试，是衡量初中学生是否达到毕业标准的重要依据，也是高中阶段学校招生的重要依据。因此做好学业考复习工作是每位老师需要认真对待和考虑的一件大事，也是学生所面对的一个不可避免的环节。

力是物理学的核心概念之一，是探究压强、浮力等知识的基础，而九年级第一学期学生主要精力都放在电学的学习和操练，到了总复习阶段学生对"运动和力"的内容可能遗忘比较多，所以这部分内容是学业考单元复习的重点。

【个案情景描述一】

我一开始把本单元的复习设计成6课时完成，每课时安排有知识回顾、中考链接和分层训练课堂片段，如表12-1所示。每课时的内容量也非常大，整堂课全部是以老师为主讲的满堂灌模式。

表 12－1

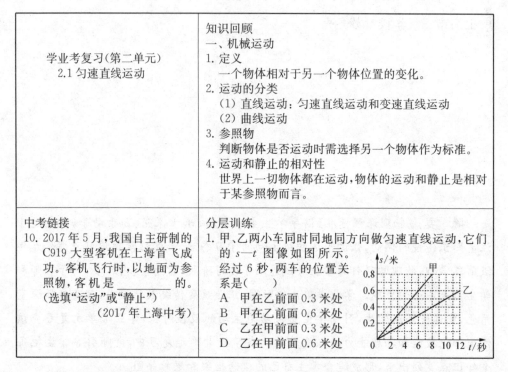

学业考复习(第二单元)
2.1 匀速直线运动
	知识回顾
	一、机械运动
	1. 定义
	  一个物体相对于另一个物体位置的变化。
	2. 运动的分类
	  (1) 直线运动：匀速直线运动和变速直线运动
	  (2) 曲线运动
	3. 参照物
	  判断物体是否运动时需选择另一个物体作为标准。
	4. 运动和静止的相对性
	  世界上一切物体都在运动,物体的运动和静止是相对于某参照物而言。

中考链接 10. 2017 年 5 月,我国自主研制的 C919 大型客机在上海首飞成功。客机飞行时,以地面为参照物,客机是 _____ 的。(选填"运动"或"静止") (2017 年上海中考)	分层训练 1. 甲、乙两小车同时同地同方向做匀速直线运动,它们的 $s-t$ 图像如图所示。经过 6 秒,两车的位置关系是(　　) A　甲在乙前面 0.3 米处 B　甲在乙前面 0.6 米处 C　乙在甲前面 0.3 米处 D　乙在甲前面 0.6 米处

这样一来,完成"运动和力"这一单元的复习得花上一周的时间,这就导致了第一轮的复习时间非常紧张,甚至在"二模考"前还没有完成第一轮复习,第二轮专题复习更是草草了事。

问题诊断

九年级第二学期基本是进入了学业考复习阶段,而学生普遍认为初中物理学科是难度比较大的科目,并且九年级第二学期的复习阶段时间紧、内容多、任务艰巨,特别是还要兼顾八年级所学的知识。如何挤出时间来,设计高效的单元复习课就成了一个很有价值的课题。

物理概念和规律,包括科学方法和科学思维一定是有着紧密联系的,在复习阶段更是要紧抓这个联系,重视一个单元的知识整体性,若在复习课中又把它分成多个课时,那么就削弱了这些联系,变成了一个个碎片化的知识,学生很难通过复习构建起一个完整的知识框架,更不要说发展学生的思维能力了。

于是我设计了"运动和力"这一单元复习的新模式来完成本单元的知识框架的整理。

【个案情景描述二】

师：同学们，关于我们所学的运动和力还记得多少呀，能不能给老师说说？

生甲：$s=vt$

生乙：重力

生丙：二力平衡

……

教师：看来大家零零散散还是记得不少，今天我们就一起来系统地整理一下这一单元的内容。请大家打开学案，跟着老师一起来完成。

（全班同学"开火车式"回忆知识点，教师补充讲解、PPT 演示，学生在学案上书写相应的知识回顾内容，如表 12 - 2 所示。）

表 12 - 2　运动与力单元复习

知识回顾
1. 物理学中，我们将物体_____的变化称为机械运动，简称运动。
2. 一切物体都在_____。因此，绝对静止的物体是_____的。物体的运动和静止都是_____的。
3. 力是_____对_____的作用。
4. 力的作用效果是_____和_____。
……

（在巡视过程中，发现学生 A 没有跟着老师的进度，已经很快地完成了学案上的所有知识要点。）

师：不急着往下做，跟着大家的进度吧！

生 A：老师这个我都会的……

　问题诊断

这堂课我抓住了单元复习的整体性，区别于新课，将碎片化的知识点整合在了一起，但是这堂课还是传统的讲授模式，还是牢牢地把控着课堂，讲授型课堂往往是面向大众的中等生，但是每个班级肯定有学习较好、自主能力较强的学生，就像学生小 A，这部分学生在传统的讲授教学模式下可能一堂课下来复习的收获并不大。对于老师来说,面对全班学习层次不一学生,想要上好一堂复习课,让不同层次的学生在一堂课上都有所收获,是一件非常不易的事情。

一、初步设想

传统的满堂灌、机械训练的复习模式,复习效率低下,不能解决复习时间不足的问题。

经过思考,我依据课程标准和教材,照顾学生学习水平,事先编写好问题式复习导学案。在开始上复习课之前,我把"运动和力"这一单元知识的网络结构根据核心——本单元主题,主干——主要物理量或物理规律,分支——各知识点的细节,整理出本单元的思维导图,课堂中将全班同学分成几个小组,每个小组都有不同学习层次的学生,让能力强的学生带动中等生、学困生在组内讨论,最后各小组准备自己的小组展示。

【实验实施描述一】

(课前将学生分成几个小组)

师:同学们,关于我们所学的运动和力还记得多少,能不能给老师说说?

生:……

师:看来大家零零散散还是记得不少,现在老师这里有张本单元的知识网络图(图 12 - 1),一起来看一下吧。

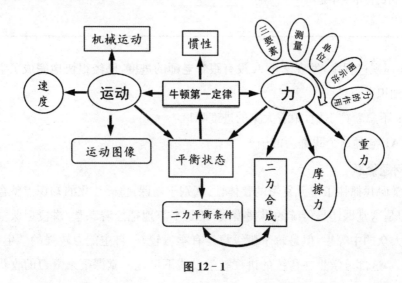

图 12 - 1

师：接下来请各小组根据老师给出的思维导图,选择其中一个或几个内容,和组内同学一起回顾一下,说说其中所学过的知识,大家开始吧。

生：……

(教师巡视,各小组同学讨论还是比较积极的。)

师：好的,下面我们请小组派出代表给大家讲讲讨论的收获,先请 A 小组的代表。

生：我们小组给大家说说运动的有关知识……

……

二、深入思考

学业考单元复习,不光是对基本知识和基本技能的复习,应该以学生学习兴趣为基础,鼓励学生主动探究,以提升学生学科核心素养和学科思维能力为目标来设计课堂教学的实践活动。在实际教学过程中,考虑到学生的认知水平和知识建构过程的实际情况,教师构建好的思维导图可能对学生来说是一个枷锁。让学生自己去试着画自己的思维导图,构建出整个单元的知识框架,就能更好地融会贯通,运用起来也更加灵活。

【实验实施描述二】

(本单元复习之前,布置学生自己画出属于自己的本单元思维导图。课前将学生分成几个小组,每个小组都分配有不同学习层次的学生。)

师：同学们,之前我们自己已经做好了关于"运动和力"的思维导图,今天都带来了吧,请你们展示一下自己的思维导图,相互欣赏一下。

生：……

师：大家都跟组内的同学说一说,自己的思维导图上有哪些项目,有哪些关键词和你的设计意图。请每组挑选一幅思维导图代表小组来交流。大家开始吧。

生：……

(教师巡视,课堂气氛活跃,学生积极交流。)

师：好的,大家停一下,我们请 A 组派代表上来和大家一起交流。

生：……

（实物投影学生自己画的思维导图并交流,如图12-2。）

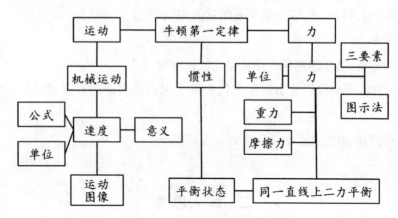

图 12-2 "运动与力"思维导图

三、启示与反思

学业考单元复习课有时候没有收到好的成效,原因何在?经过对"运动和力"这一单元复习的实践和思考,我发现相对于新课教学,复习课往往不是轻易就能上好的,它是比较难上的课。传统复习课的教学过于强调接受学习、死记硬背、机械训练,这样的教学使学生养成了被动的等待性、依靠性的学习习惯。

新的物理课程标准倡导学生主动参与、乐于探究、勤于动手,改变过于注重知识传授的倾向,强调形成积极主动的学习态度,使获得知识技能的过程成为学会学习、养成科学学习习惯的过程。学业考单元复习的教学目标,应该是注重知识技能和物理能力的双重培养。在学业考单元复习中,老师引导并唤醒学生记忆中知识的零星碎片,把每个知识点罗列出来,形成适合学生自己的概念框架和思维导图。

针对学业考的单元复习课正是改变传统教学模式、改变教师课堂角色、把课堂还给学生、引导学生变被动为主动的最佳时机。那么如何把课堂还给学生呢?让出课堂,充分相信学生,大胆地运用学生资源,形成条理清晰的自主学习模式。通过让学优生分享自己的思维导图,充分展示他们的学习成果,提升他们的学习能力。学困生在小组学习的帮助下,完成自己层次的学习任务,积极倾听同学的学习成果,这样能得到良好的学习效果。

【参考文献】

［1］中华人民共和国教育部.义务教育物理课程标准[M].北京师范大学出版社,2011.

［2］上海市教育委员会教学研究室.中学物理单元教学设计指南[M].人民教育出版社,2018.

［3］上海市教育委员会教学研究室.上海市初中物理学科教学基本要求[M].上海科学技术出版社,2017.

［4］巩李伟.思维导图在初中物理实践性教学中的应用[J].中学课程辅导,2021(6):24.

思维导图在初中物理"电阻"新授课中的实践

上海市三泉学校　李海萍

摘　要：九年级学生的思维还处于形象思维向逻辑思维发展的初级阶段,在解决物理问题时需要较高的逻辑思维能力,如果学生在遇到困难时不能及时解决,就会造成学生的学习质量出现明显差距,导致一些学生没有学习的动力。所以,教师在物理教学时要注重培养学生的思维能力,可采用思维导图可视化的教学方法提高教学效果。

关键词：思维导图　物理核心素养　电阻

一、研究背景

在人工智能时代,世界各个国家开始寻求培养创新型人才的方案,对于人的思维培养,教育担当着不可替代的重要角色。思维作为一种能力和品质,是人类智力的核心。物理教育在基础教育中占据的重要地位不言而喻。基础教育课程改革的核心是培养学生的创新精神和实践能力,这就离不开研究者与教育实践者对物理教学的探索和研究,需要一线教师和研究者尝试新的教学方式或手段,培养学生的思维能力。而由于基于思维导图的教学理念注重学生经历自主学习,发展思维品质,有效提升物理核心素养,所以受到了广泛的关注。同时,我国正处于经济转型时期,国家相当重视中学生的探索精神、创新意识和团队合作等能力的培养。

二、研究意义

思维导图是一种基于大脑自然的思考方式,因此,它赋予人的思考以最大的开放性和灵活性,而无论是传统的线性思考还是现代的非线性思考都是被包容的,特别对于表达现代非线性思考方式提供了最佳的途径。思维导图是一种高效的思维方式,是用来表示大脑发散性思维的图形工具,通常是模拟人脑的神经网络放射结构,将大脑思维图谱进行外化,通过视觉形象对认知结构进行展示。将思维导图运用到初中物理课堂教学中,为学生展现更清晰的物理概念与规律之间的逻辑关系,更加完善了自己的教学设计,让物理课堂更加丰富多彩,充满活力。初中物理教学中运用思维导图可以有效提高学生的学习效率,培养学生的发散性思维,帮助学生更好地掌握物理知识,并将物理知识运用到实践中去。

利用思维导图为学生创设一个真实的情境,特别是在物理实践环节,鼓励学生根据自己的理解,独立动手完成一些物理实验,提高学生自主学习的能力。教师可以给学生布置任务,要求学生自己收集相关资料,自己制作一个思维导图,在教师的适当指导下进行完善,加深学生对内容的理解和记忆。

三、个案情景描述

【个案情景描述一】

师: 今天的实验是比较小灯泡的亮度。在电压相同的情况下,为什么通过铜丝的电流比通过镍铬合金丝的电流大?

(无人回答)

师: 导体虽然容易导电,但是对电流有一定的阻碍作用,通过铜丝的电流比通过镍铬合金丝的电流大说明了什么?

生: 铜丝对电流的阻碍作用比镍铬合金丝的小。

师: 物理学中用"电阻"这个物理量来表示导体对电流阻碍作用的大小。

师: 不同的材料电阻不同,那么电阻的大小还与什么有关呢?

生: 与材料的颜色、体积、长度、粗细有关。

师: 根据桌子上的器材设计并进行实验。

师: 通过实验得到了什么结论?

(无人回答,老师只能自己回答。)

问题诊断

在这堂课中,首先在导入部分,老师提的问题不具有针对性,对学生的逻辑思维能力要求较高,导致学生不知如何回答。其次,老师急于得到与电阻有关的影响因素,老师自己直接说出了导体的电阻与导体的材料有关,并且当学生回答出电阻的大小与导体的颜色和体积有关时,老师并没有加以引导,而是直接让学生根据课桌上的仪器做实验。最后老师让学生回答通过实验得到的结论,无人回答。最后,老师急匆匆地讲滑动变阻器,没有给学生留出思考的时间。整堂课的过程有些混乱,思路不清晰,学生的学习效果差。针对上述问题,反思之后,决定引入思维导图,突出问题设计的层次性,设计出符合当前中等生思维水平的问题。

　　调整策略之后,在另一个班级再次讲了本节课的内容。

【个案情景描述二】

　　师:铁也是导体,为什么常见的导线是铝或铜制作的?

　　生:铝和铜的导电性比铁好。

　　师:今天是实验比较小灯泡的亮度。在电压相同的情况下,为什么通过铜丝的电流比通过镍铬合金丝的电流大?

　　生:铜的导电性比镍铬合金丝好。

　　师:导体虽然容易导电,但是对电流有一定的阻碍作用,通过铜丝的电流比通过镍铬合金丝的电流大说明了什么?

　　生:铜丝对电流的阻碍作用比镍铬合金丝的小。

　　师:物理学中用"电阻"这个物理量来表示导体对电流阻碍作用的大小。

　　师:不同的材料电阻不同,那么电阻的大小还与什么有关呢?

　　生:与导体的颜色、体积、长度、粗细有关。

　　师:电流与水流对比,像河道的构成材料、河流的长度、河流的宽度一样,都会影响水流的运动情况,再次猜想导体电阻的大小与什么有关?

　　生:导体的电阻与导体的材料、长度和横截面积有关。

　　师:同学们说得很好。我们已经学过科学探究的方法——控制变量法,根据桌子上的器材设计并进行实验,小组讨论实验的结果。

　　师:分析你们的实验数据,具体有什么关系?

　　生:当导体的材料和横截面积相同时,长度越长,电阻越大;当导体的材料和长度相同时,横截面积越小,电阻越大;当导体的长度和横截面积相同时,材料不同,电阻不同。

师：总结得很好,实际上导体的电阻还与温度有关。大多数的导体,温度越高,电阻越大。

师：如何改变一个电阻的阻值?

生：换用不同材料制成的导体。

师：改变导体的电阻,改变哪个因素最方便?

(小组实验:通过改变接入电路中铅笔芯的长度来改变。)

生：可以增大或者减小导体材料的横截面积,或增大或减小导体的长度来改变。

问题诊断

这节课,老师意识到提问问题的顺序性,首先提问不同材料制成的金属丝导电性不同,再通过演示实验,观察出小灯泡的亮度不同,进而引出了"电阻"的概念。在探究导体电阻的影响因素时,通过电流类比水流,引导学生进行合理的猜想,以及在做实验之前,提示学生要运用控制变量法来进行科学探究,使学生在做实验时有个方向,不至于在那里坐着胡乱使用实验仪器。虽然学生得出了电阻影响因素的结论,但是如何让学生自主进行合理的猜想与设计实验,在过程中并没有刻意去培养学生的高阶逻辑思维能力。

四、深入思考

九年级学生通过一年的物理学习,已经具备一定的科学探究能力,而且这个年龄段学生的思维方式也逐步从形象思维向抽象思维、理性思维过渡,因此在教学中,教师应积极引导学生应用已掌握的基础知识和科学探究的方法,借助形象直观的实验操作,发展学生的抽象思维能力,培养学生的实践能力和创新意识。如何在授新课时启发学生的逻辑思维,充分发挥学生的感悟能力与创新能力?通过翻阅书籍与文献,正如布鲁纳所言"教学理论关注如何让学生以最优的方式学习教师所教授的内容,它旨在改进学习而非描述学习"。即在教学过程中,强调教育的质量和目标。教育不仅要培养成绩优异的学生,而且要帮助每个学生获得最好的理智发展。因此,教学不仅仅是让学生会求解几道物理题,更多的是从学生的终身发展考虑,启迪学生的思维,开发学生的潜力,于是我再次思考"电阻"这一节的内容。

【实验实施描述】

首先要求学生阅读课本,完成导学案,并手工绘制思维导图,不懂的地方做标记。先小组讨论,再把共同的问题以小组的形式提问,教师有针对性地进行解答,并展示本节课的思维导图,如图 13-1 所示。

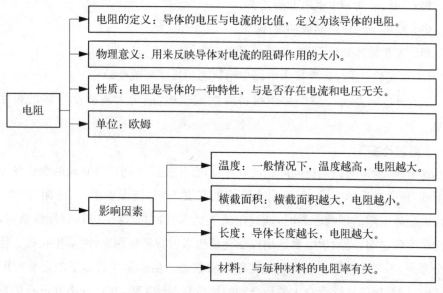

图 13-1 电阻的思维导图

五、启示与反思

(1) 东·博赞提出转化"掉队学生"的有效工具——思维导图,以图文并茂的方式构建层次框图,整合关键点与关键词,让其结构层次清晰,实现思维可视化,对物理学困生转化,捋顺其思维框架具有重要作用。基于本校中等生的学情,通过阅读课本或者网上查阅资料,让学生完成导学案,在完成导学案的过程中,学生初步感知与电阻有关的概念。这一个环节包含学生思维发展的两个阶段:第一阶段,抓住感性思维资源,培养学生形象思维;第二阶段,理性分析现象成因,锻炼学生抽象思维。

(2) 依据具体教学实际,将问题分解,逐一讲解,绘制思维导图。在教学中,根据学生的理解和掌握情况,教师可以适当将每个问题再次分解,详细地、有针对性地对重点进行讲解。比如,梳理电阻的相关概念时,为了避免因一次性讲解过多的知识点,教师可以把电阻的整个思维导图分解成一个个更具有针对性的、较小的思维导图。教师首先可以将电阻的定义、电阻的物理意义、电阻的性质和电阻的单位放在一起,绘制电阻的基本概念思维导图。然后,教师可以仅针对电阻的影响因素绘制成子思维导图。

（3）在教学过程中,注意激发和拓展学生思维。提问的教学艺术在于能否真正启动、激发学生的思维,在于是否体现了追问和启发的精神。教师不仅需要提出一些事实性和记忆性的问题,更重要的是能够提出调动和拓展学生思维的问题。在问题提出、解答,不断追问、不断明朗的过程中,学生经历了完整的思维过程。例如,在第一次讲解"电阻"这节课时,教师没有进行任何铺垫,没有逐步启发学生思维,而是直接提问:在电压相同的情况下,为什么通过铜丝的电流比通过镍铬合金丝的电流大? 导致学生不知如何回答。反思之后,老师首先从生活中的日常现象切入提问,通过提问"铁也是导体,为什么常见的导线是铝或铜制作的"? 然后再提问"在电压相同的情况下,为什么通过铜丝的电流比通过镍铬合金丝的电流大"? 由于前一个问题起到了对学生思维导向的作用,学生在回答第二个问题时就有了思考的方向。

总之,在学习新知识这个环节,教学从学生对现象的观察和分析出发,以学生对现象的已有认识为基础,让学生寻找现象背后的原因,发现新问题,逐步寻找答案,解决问题,最终得到现象的本质,获得新知识。同时,教师要注意引导学生拓展思维,深入思考。

六、结　语

将思维导图运用到初中物理课堂教学中,能为学生展现更清晰的物理概念与规律之间的逻辑关系。在整理与绘制导图的过程中,学生的科学思维得到提高,理解了模型建立等要素,还可使学生保持一种对物理学习的积极态度,并且始终充满兴趣和激情。教师运用思维导图备课,也更加完善了自己,让自己的物理课堂更加有逻辑性,更加丰富多彩、充满活力。同时教师要从学生的学习实际和个性特点出发,关注知识的生成,而不是不顾实际,为了强行画思维导图而画思维导图。

【参考文献】

[1] 陶本友.学科实践活动促进深度学习的教学策略研究[J].教育科学论坛,2021(8):44-46.

[2] 贾芦存.思维导图在初中物理教学中的应用探讨[J].基础教育论坛,2020(11):29-30.

[3] 周晓霞.思维导图——学好物理的助力工具[J].中学物理教学参考,2020(4):33-34.

[4] 牛永强.思维导图在高中物理教学中的应用研究[J].成才之路,2020(1):92-93.

[5] 陈吟梅.思维导图在初中物理教学中的应用[J].物理之友,2021(10):56-56.

提高初中物理学生实验理解效果的策略研究

——以"探究平面镜成像规律"为例

上海市三泉学校　朱煜麟

摘　要：物理学作为一门科学学科，是以实验和观察作为主要探究方式的。新的课程标准提高了培养学生核心素养的要求，在提高解题能力的同时，对于培养学生的发现探究能力和科学思维能力更为注重。同时，由于近年来中考物理实验操作内容的加入，进一步提升了实验教学在中学物理教学中的重要性。

探究平面镜成像特点是初中阶段的第一个学生实验，因此除了让学生学会动手操作的同时，也要求学生在"实验、讨论"形成规律的过程中，感受"猜想、假设、验证和归纳"的探究方法和透过现象看本质的思维方法，并体验探究的乐趣。本次实验操作简单，但让学生理解每种器材的选择、实验步骤的设计却比较困难。因此，在教学过程中，对学生的引导方式至关重要，值得反复推敲完善。

关键词：学生实验　平面镜成像　探究过程

一、案例描述

物理学是一门理论与实践相结合的学科，每一个物理概念的得出都离不开实验与观察。可以说，实验是物理学的基础。

对于教学过程而言，实验与观察也是提出一个新知识点必不可少的环节。它能够将理论知识变得直观而感性，不仅便于学生理解，更能使学生加深印象，还能激发学生对物理学的兴趣。另外，通过学生的自主观察和思考，再归纳得出物理规律,让学生自己经历探究发现的过程,有助于培养学生的科学思维和分析能力,提高学生的核心素养。本文以初中阶段第一个学生实验"探究平面镜成像特点"为例,对提高学生实验理解效果的策略展开了思考。

"探究平面镜成像特点"是本节教学的重点知识,也是初中阶段第一个学生实验。方法是按照猜想、假设、验证和归纳的步骤进行探究得出成像特点。通过生活实例分析,知道平面镜、平静水面、玻璃等都可以成像,并猜想平面镜成像的特点。通过学生自主设计实验和分析讨论,验证所猜想的平面镜成像特点。

学生对光沿直线传播比较熟悉,并且在生活经验中也获得了平面镜成像等现象的感性认识,不过对光线模型和平面镜成像等规律缺乏理性认识。所以在上课时,学生对实验过程会很感兴趣,当玻璃板后蜡烛看似被点燃时会感到很神奇,但往往是只知其然不知其所以然,在课后的反馈中,能够填出操作的步骤,但对于这样做的目的却不了解,或者是容易在一些需要理解性记忆的地方出现错误。例如实验中要得出等距的概念,必须测量物与像分别到平面镜的距离并进行比较,但学生经常会误认为是物与像之间的距离,这就反映出学生并没有理解测量距离的目的,只停留在一知半解的程度。

从长远的角度考虑,实验也是激发学生对物理产生兴趣的重要手段之一。八年级的几个学生实验比较浅显易懂,只要认真做好笔记,即使存在没有弄清楚的问题也能答对,学生之间也还不容易拉开差距。但其实在记下正确答案之前,每一次对于为什么这样做的思考,才是真正能够提高思维能力的过程,也是物理学的魅力所在。

【个案情景描述】

师:请说说看,本次实验我们要准备哪些器材?

生:平面镜,成像物体。

师:但是我如果真的用平面镜来做实验,可以吗?

(学生无人回答)

师:不可以的。因为这样的话我们只能看见像,而看不到镜后的物体了。另外,大家说要准备物体,在物体的选取上是否是任意的?

(学生意见不统一)

师:也不是的。我们要选择本身就是光源的物体,这样它成的像才会比较明显。我们本次实验就选择一根这样的蜡烛来作为成像物体。那是不是只需要一支蜡烛就可以了?

(无人回答)

师:也不是。我们还需要另一支蜡烛,利用它来找像。并且这支蜡烛的大小要与前面的蜡烛相同,这样重合后才能说明像与物体的大小是相同的。还有什么可能用的到的器材?谁能补充一下?

(无人回答)

师:我们还需要准备一把刻度尺,因为我们在研究平面镜成像特点时,并不只是研究成像大小的问题,像与物到平面镜的距离也是需要比较的。我们知道,测量距离需要刻度尺。请跟着老师一起把这些实验器材记录下来。

问题诊断

在这堂课中,教师往往急于完成实验步骤的讲解,确保自己把每个知识点都讲到,却忽略了给学生留下思考的空白,也忘记了自己面对的是刚刚开始接触物理实验的初中生,一些我们认为理所当然的知识对他们而言其实是很陌生的,甚至无从下手。如果一上来就把这些知识的框架套在学生的脑海里,那么同时也会把他们关在实验探究这座宫殿的门外了。导致一节课上完后,实验过程留在了学生的笔记本上,却没有留在他们的脑海中。因此学生在课后只能死记硬背,把实验步骤和背后的目的逐字逐句地塞在脑袋里,这就导致只要时间一长,他们就会出现遗忘或者记错的问题;或者是题目一有变化他们就不知道该怎么回答。学生对于一些需要综合分析的题目之所以难以下手,就是因为在平时的教学过程中没有得到足够的锻炼,长此以往不仅思维能力得不到锻炼,也在潜移默化中消磨了学生对于物理学习和实验探究过程的兴趣。

改进措施

首先,要注意提问前的铺垫。学生第一次接触实验,还没有形成知识体系,有些问题学生找不到突破口,骤然提出一个问题,学生的脑子会一片空白,无法思考,也就失去了提问的意义。

其次,要注意提问的方式。要站在学生的角度去引导他们,八年级的学生对物理知识的理解往往来自于生活情境,停留在一些现象上。在上述个案情景中,教师为了让学生尝试回答,试图用简单的判断来引导学生开口。但是究其本质,学生不知道背后的原因,所以也不敢轻易下判断。

因此,我认为上课时不必拘泥于实验记录的顺序。确认器材虽然是实验的准备工作,但在这之前需要对实验操作步骤有一个基本的概念,否则学生会难以理解为什么要准备这些器材。课堂的重点应该放在提出猜想和假设,并在此基础上讨论实验方案,重在引导学生经历探究的思维过程,而记录是次要的。

【实验实施描述一】

师:实验的第一步是准备器材,但是在这之前我们要对实验过程有个初步的了解。就从大家刚才提出的猜想出发,有同学认为像与物的大小是相等的,怎么验证呢? 大家请看,老师准备了一块平面镜,现在我们在前面放一个成像的物体,能够看见镜子里的像。但是怎么确定它的大小呢?

生:可以通过测量的方式。

师:确实,如果能测量出长度我们就能比较大小了。但是我们能看到像的位置在玻璃板后面,如果我要看到像,眼睛必须得在镜子前面,没有办法在看到像的同时完成动作。怎么办?

生:(思考中)

师:有没有办法能看到像,同时也能看到手?

生:用玻璃板来代替。

师:非常好! 这样一来,我们就能两者兼顾了。但是用玻璃板后,老师发现了一个新问题,成像没有使用平面镜时清楚了。针对这个问题,有没有办法来改善它?

生:(思考中)

师:请大家看一看我们的玻璃窗。它也是玻璃板,为什么现在看不到像呢? 你们观察过什么时候玻璃窗能够把人照得最清楚吗?

生:在晚上,光线比较暗的时候。

师:是的,非常好。但除了改变环境的明暗,还能有什么别的办法吗?

生:用一个本身就会发光的物体。

师:很棒的想法,我们来试试看。(点燃蜡烛)果然,这样一来烛焰的像还是很清晰的。那我们按照计划,试试看来测量它的长度。(拿起刻度尺)但是又有一个新问题:我们能看到像就在这里,但是要测量的话我的刻度尺必须找准它的位置。

这个位置又怎么找呢？请和小组的同学讨论一下。

（小组讨论）

生：再准备一支蜡烛，可以调整它的位置直到与像重合，那么这个物体的位置就是像的位置。

师：那么这支蜡烛在选用上是否要满足什么要求呢？老师这里有一长一短两支蜡烛，你认为应该用哪一支？

生：（大部分学生认为）和前面蜡烛一样长的。

师：为什么呢？

生：只有这样才能让它们重合。

师：很好，大家能想到让后面的蜡烛与像重合的办法找到位置。那找到像之后，像的大小怎么比较呢？刚才有同学提到要用刻度尺。请大家想一想，所谓的"重合"除了能帮我们找到位置，还说明了什么问题？

生：说明大小是相等的。

师：那样可以证明后面的蜡烛和像的大小相等。如果我们准备大小本身就相同的两支蜡烛的话，就能直接证明像与物的大小相等了。

问题诊断

在这堂课中，教师比较注重对学生的启发和引导。整个实验过程在讨论中就搭建出了雏形，整个探究过程是很顺畅的，在反馈上也能看出效果比直接给出解答要好，但同时也出现了新的问题。在探讨的过程中，对学生的基础还是有一定要求的，需要学生有一定的生活经验和灵活变通的思维，所以在课后反馈时出现了比较严重的两极分化：基础好的学生参与了探究实验的整个过程，完全把这个实验弄懂吃透了；但对于本身基础就差一些的同学，他们对讨论中一些比较抽象的问题可能理解不了，还是无法参与进来，所以他们很难适应这种"重过程轻结果"的教学方式，甚至有可能全程都在状况外。这也有悖于我们"面向全体学生"的宗旨。这其实非常可惜，因为对于一些稍落后的学生，物理实验是很好的激发学习兴趣的利器，如果能够好好利用，不仅能抓住他们的注意力，也可以加强他们的学习自信心和成就感。因此，需要转变他们做实验时只是"看热闹"的心态，要想办法调动起他们的思维，积极参与到整个实验过程中来。

改进措施

学生跟不上的根本原因在于他们长期以来的学习习惯，他们习惯了具象的事物和点到点的思维模式,对于看不见摸不着的抽象思维过程很容易会跟不上。另外在讨论时往往需要综合考虑几个因素,可能会同时遇到几个问题,这也会让他们感觉情况过于复杂,顾此失彼,无从下手。因此,需要有一种能够把思维过程具象化展现在他们面前的方式。所以我想到了利用思维导图的方式,把整个思维过程用简洁明了的图片展现出来。

【实验实施描述二】

整个课堂进行的过程与描述一类似,只是在讨论的时候利用多媒体把思维过程记录如下。

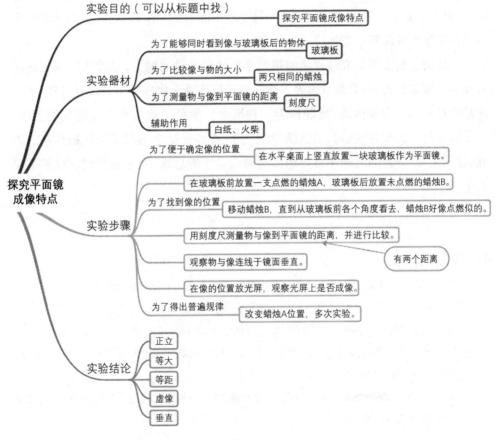

图 14-1

课堂效果

在思维导图的帮助下,在实验过程中很好地结合了理解性记忆和结构化思考。

思维导图作为一种表达发散性思维的有效图形思维工具,与物理教学重在培养学生的科学思维能力、激发学生的大脑潜力不谋而合,可以很好地体现和留存思考的轨迹。同时,思维导图在表达上脉络清晰、简洁明了,对知识点有一个精简、提炼的过程,能够直接呈现出两个问题间是递进的结构还是发散的结构,再利用思维导图把知识点串联成网,这样也能加深学生对知识点的记忆。

二、启发与反思

中考的指挥棒常常让教师太过在意知识点的传达,忽视了对学生本质的科学素养的培养。新的课程标准提高了培养学生核心素养的要求,在提高解题能力的同时,对于培养学生的发现探究能力和科学思维能力更为注重,进一步提升了实验教学在中学物理课堂中的地位。

一次精彩的实验探究过程能够帮助学生体验科学的魅力,培养学生的观察能力和科学探究能力,提升综合素养。实验不仅仅是得出物理规律的探究过程,本身还是物理教学的重要内容,更能作为一种培养学生科学观察和严谨思维的手段。一次高参与度的实验能够起到活跃课堂气氛、提高学生学习兴趣的积极作用。因此,课堂上 40 分钟的时间还是要想办法调动学生的思维,而不是只调动他们手里的笔。

【参考文献】

[1] 中华人民共和国教育部制订.义务教育物理课程标准[M].人民教育出版社,2021.

[2] 刘艳.你一学就会的思维导图[M].文化发展出版社,2017.

[3] 贾秀清.思维导图在初中物理教学中的应用研究[J].试题与研究,2022(3):100-101.

[4] 邓宗茂,赖永丰.例谈基于学科思维导图的思维可视化策略在物理问题解决中的应用[J].中学理科园地,2022(1):9-12.

[5] 杨瑞风.借助思维导图促进思维具化——"双减"背景下初中物理课堂教学的审思[J].求知导刊,2021(52):26-28.

文 科 篇

综合学科篇

文科篇

理科篇

以阅读为纲,优化中等生写作能力

上海市三泉学校　卢小樱

摘　要:提高学生的写作能力一直是语文老师的心病,在教学中我们时常发现,现代文阅读与作文写作脱节的问题非常严重。如何解决这个问题?如何将阅读与写作勾连起来,如何将所学的课内记叙文篇目,通过创造性运用,活化为自己的表达?如何在活化自己表达的同时,进一步提高理解课文的能力,最终达到以读促写、以写促读呢?

关键词:语文精读　仿写

【个案情景描述一】

在部编版语文六下第二课《腊八粥》课后练习中有这样一道题:作者笔下的腊八粥让人垂涎欲滴。模仿课文第一段文字,介绍一种你最喜欢的食物。下面是沈从文《腊八粥》课文中第一段的内容:

初学喊爸爸的小孩子,会出门叫洋车了的大孩子,嘴巴上长了许多白胡子的老孩子,提到腊八粥,谁不是嘴里就立时生一种甜甜的腻腻的感觉呢。把小米、饭豆、枣、栗、白糖、花生仁合拢来,糊糊涂涂煮成一锅,让它在锅中叹气似的沸腾着,单看它那叹气样儿,闻闻那种香味,就够咽三口以上的唾沫了,何况是,大碗大碗地装着,大匙大匙朝嘴里塞灌呢!

在练习中,一位同学出示他的仿写作品:

初学喊爸爸的小孩子,大孩子,老爷爷,提到红枣糕,谁不是嘴里就立时生一种甜甜腻腻的感觉呢。把红枣、大米、糖合拢来,蒸成一锅,让它在锅中叹气似的沸腾着,单看它那叹气样儿,闻闻那种香味,就够垂涎欲滴了,何况是,一大碗装着,大口大口朝嘴里嚼呢!

简单地替换,这样的仿写对吗?绝大部分同学都不同意这样的仿写,有些同学认为这完全是抄袭。

【个案情况描述二】

我们再来看一个片段。这则片段是出自王往的《活着的手艺》记叙文阅读。下面是这则记叙文片段:

他顺理成章地成为了木匠,而且手艺很快就超过了师傅。他锯木头,从来不用弹线;木工必备的墨斗,他没有;他加的榫子,就是不用油漆,你也看不出痕迹。他的雕刻更是活灵活现,他给出嫁的姑娘打家具,从他手底下出来的蝴蝶、鲤鱼,让那些女孩子看得目不转睛,真害怕那蝴蝶飞了,那鲤鱼游走了。最让人惊叹的是他能将木料上的瑕疵变为点睛之笔,一个树节说不定就成了蝴蝶翅翼上的花纹,一道裂纹则被他修饰成鲤鱼的眼睛……

仿写的主题是"如何从不同方面写一个人的特长"。我们同样来看一个同学的仿写作品:

他顺理成章成了剪纸人,而且手艺很快就超过了师傅。他绞纸,从来不用……剪纸人必备的刀,他没有;他剪纸从来不用样子,却剪得栩栩如生。他的那些剪纸,真是活灵活现,他给过年的邻居剪窗花,从他手底下出来的兔子、鲤鱼,让那些路过的客人看得目不转睛,真怕兔子跳了出来,鲤鱼游走了。最让人惊叹的是他能将有限的材料最大面积地利用……

问题诊断

同样的问题,学生只是简单地进行替换,这说明学生的仿写能力尚待提高。

所谓仿写,按照字面理解即是"仿照,书写"的意思。仿写就是在一定的语言环境中,对素材进行解读,换角度地表达与引申,还有一定的表达手法和格式方面的要求。它是在例文的基础上,吸取原作者文章中的行文思路、选词用句、描写手法等好的地方,并且融入学生自身的阅读积累进行的再创作。而这位同学只是将木匠相关的词语替换成了剪纸,其他一律不变。从上面两个例子来看,学生并没有理解如何是仿写,如何是正确地仿写,如何正确领会仿写的本质。从根本上来说,学生并没有学会仿写。

那么,如何让学生学会仿写? 让仿写成为降低学生写作难度的支点? 让学生通过仿写的过程,将课内的阅读在生活与写作之间搭建一座桥梁? 如何通过仿写帮助学生完成从书本理论到生活实际的过渡,培养学生运用语言的能力,提高其写作能力,进而提升学生的核心素养和养成良好的阅读习惯与写作习惯? 一连串问题的提出,引导着教师去主动思考,主动探究。

一、初步设想

有专家认为,所谓作文仿写,就是仿写某些范文的语言、立意、构思、表现手法等技巧,初学者写作,从仿写开始,并懂一点法则,是一条捷径。这是对仿写训练的一个准确的定义。那么,老师不妨从理解定义开始教起。

许多同学对于仿写的理解只留于浅表的理解,比如句式。小学阶段有仿字词、仿句子等环节的要求,对于小学生来说,这样的仿写训练能让小学生更快地掌握某个词语、某个句子的句式特点和运用的修辞手法。初中学生进行仿写训练,要求就要适当提高,在仿段落、仿篇章等训练环节,仿写就不仅是仿句式,还要去掌握这个范文的立意、构思、表现手法等,因为句子是表达情感和和体现内容的基础单位,当我们将句子放在整个段落中,那我们就必须研究句子在段落中的角色扮演,即每一个句子在段落中的不同作用,这就不仅需要对句子句型的仿写,还要去思考句子内在的含义和作用,同时,还要大胆想象,对仿写的内容进行补白。

在摸索中,老师看到有一位现代作家在她的写作理论中提到,任何一种写作本质上都离不开阅读,没有阅读的写作就如空中楼阁一样。她认为,"精读+仿写"是写作唯一正确的路。

方法是:用拆分法将段落拆成句子,先从句子入手,进行精读,分析每一个句子中的写作内容、写作思路和写作技巧点,再根据写作技巧点来进行仿写指导。

那么,我们还是以沈从文《腊八粥》中第一段的内容为例来尝试"精读+仿写"的仿写方法,将段落根据句号拆分为两句,先精读,总结句子写作规律,然后再仿写。

第一句:初学喊爸爸的小孩子,会出门叫洋车了的大孩子,嘴巴上长了许多白胡子的老孩子,提到腊八粥,谁不是嘴里就立时生一种甜甜的腻腻的感觉呢。

精读分析

其一,在这个句子里,作者写了"小孩子、大孩子、老孩子"三个年龄段的人物吃腊八粥的共同感受,虽然是写三个年龄段,实际上作者想要表达的是全部人、所有的人。

其二,用了"提到……谁不"的句式。

精读小结

人物(身份)＋食物＋感受

仿写训练

同学 A: 不论是妈妈还是爸爸,不论是爷爷还是奶奶,我们全家的人,一提到故乡美食——江西米粉,不由得啧啧称赞,垂涎三尺。

同学 B: 在中国,无论北方还是南方,无论古人还是现代人,提起毛笔,谁都认识,谁都熟悉,但是,提起做毛笔,这对于大多数人都很陌生。

仿写小结

经过精读句子,先分析精读句子的句式与内容行文特点,然后再进行仿写,学生进步明显。同学 A 仿写的对象是一家人,仿写的是江西美食,仿写的感受是"啧啧称赞,垂涎三尺",仿写的句式是"不论……还是",在仿句的基础上有了创新。而同学 B 从美食的仿写内容拓展到文房四宝的仿写,两位同学都将句式"提到……谁不"进行自己的创作,将反问句仿写为肯定句,同时,B 同学在仿写的基础上,添加了自己的创作内容,有了自己的写作想象空间。

二、延伸设想

有了第一次的仿写训练,老师将仿写的步骤整理为"精读仿写四步法",分别为精读分析、精读小结、仿写训练、仿写小结。从第一次的老师带着走,开始尝试老师放一放走,实验二就这样开始了。

实验的仿写内容依然是沈从文的《腊八粥》第二句:把小米、饭豆、枣、栗、白糖、花生仁合拢来,糊糊涂涂煮成一锅,让它在锅中叹气似的沸腾着,单看它那叹气样儿,闻闻那种香味,就够咽三口以上的唾沫了,何况是,大碗大碗地装着,大匙大匙朝嘴里塞灌呢!

老师展示了"精读仿写四步法"后,由同学们自由精读与分析。

精读分析

同学 F: 这句话是从食物的原料开始着手,将所有的食材准备好,然后下锅煮的过程。

同学 D: 在描写煮的时候,作者用了拟人如"叹气",还用了"沸腾"等动词,让煮的过程有了动态的感受,特别是作者还用了"单看它""闻闻""咽""唾沫""塞灌"这些词语,我们好像看到一位食客正在那里大口大口地品尝。这增加了美食的诱惑感。

精读小结

食材原料＋制作食材(拟人手法)＋嗅觉(闻)＋品尝食物(色香味)

仿写训练

同学 A: 江西米粉材料简单,只是由细细长长的米粉作为主要食材,米粉又是由水和大米制作而成,经过晒干成米粉干,具有嚼劲实足、爽口、辣味等特点。

将干米粉发成软软的、像面条一样的东西,等水开了,将它放入锅中,锅里有着蒸腾的热气,混着米粉的清香,满屋子都是无比诱惑的香味,特别的是将煮好的米粉放在有着浓郁调料的碗中,塞满整个口腔的感觉,那真是无与伦比。

同学 B: 将兔子背上的毛和狼尾的毛放在一起,混合苘麻,挑毛、梳毛,用绳子扎紧,让毛笔笔头在胶水中充分吸收。单看其复杂到有 108 个步骤,就让人神往了,何况这是我最喜欢的宣笔制作。

仿写小结

两位同学有了仿写内容做抓手,有了精读段落详细的分析与解读,也有了精读小结中形成的写作内容与思路,仿写的内容更加详实,更加具体,课文内容很好地结合写作训练,达到了较好的效果。

图 15‐1　"精读＋仿写"流程图一

三、拓展演练

为了进一步帮助学生明确仿写的重点,在对《活着的手艺》片段仿写时,老师规定要从不同方面写一个人的特长。要求学生自行梳理精读要点后进行仿写。

原句:

他顺理成章地成为了木匠,而且手艺很快就超过了师傅。他锯木头,从来不用弹线;木工必备的墨斗,他没有;他加的榫子,就是不用油漆,你也看不出痕迹。他的雕刻更是活灵活现,他给出嫁的姑娘打家具,从他手底下出来的蝴蝶、鲤鱼,让那些女孩子看得目不转睛,真害怕那蝴蝶飞了,那鲤鱼游走了。最让人惊叹的是他能将木料上的瑕疵变为点睛之笔,一个树节说不定就成了蝴蝶翅翼上的花纹,一道裂纹则被他修饰成鲤鱼的眼睛……

精读分析

内容:段落一共分为四句。第一句是概括,其他三句分别从锯木头、雕刻、瑕疵三个方面来写这个人手艺精湛得特别。

句式:"不仅……而且"句式,双重否定,拟人修辞手法及作者对这位手艺人技艺的感受。

此时,"精读分析"与"精读小结"合二为一,学生更加熟练地梳理一个段落最重要的写作技巧点,并进行仿写创作。

仿写训练

同学 F:他自然而然地迷上了剪纸,不光手艺与老师不相上下,而且有的时候我们还觉得超过了老师,真是青出于蓝而胜于蓝。他的剪纸栩栩如生,他给过年的邻居剪窗花,从他手底下出来的海棠,得到了来家里的客人喜欢,他们甚至想把这些窗花从窗户上摘下来带回家。我们看到他剪的牡丹,就仿佛闻到了芬芳的花香,仿佛看到清晨的露珠在花瓣上舞蹈,我们甚至还可以听到花上的小昆虫在鸣叫。最让人感叹的是他能将不小心剪错的花瓣修改一下,就能变成蝴蝶的翅膀,一片叶子可以变成一滴水,一道皱纹可以变成花的纹路……

同学 Q:老师开始示范她的剪纸技术,拿着一把红剪刀和一张橘红色的纸,不长不短的头发垂下遮住了她的脸,虽然看不清她的神情,却能看到她的纤长手指在灵活地操控着。有时不小心把凤凰的一根羽毛剪坏了,她就把原来尖锐的羽毛变成柔和圆润的羽毛。不一会儿老师就剪完了,一只活灵活现的凤凰出现在了老师的手心上。大家细细观察一番后,我不禁感叹:"这凤凰剪得真细致,练的时候一定很累吧。"老师看着我们笑着说:"练的时候累点,熟练后剪完了看到结果了就开心了呀。"

叶圣陶说"夫文无本体,必附丽于事物而后成其文",这说明了文章的内容与形式、文章与生活之间的关系。同时他也提出,只有有所思考,才能有所感悟,之后才能够写出文章。文章源自于生活,同时也必须把文章与学过的知识相结合,最后转化成文字。

图 15-2 "精读+仿写"思维流程二

下面是部分同学的仿写展示。

【名家原文一】

【开头】1927 年 4 月 28 日,我永远也忘记不了那一天。那是父亲的受难日。离现在已经十六年了。

【结尾】我又哭了,从地上捡起那张报纸,咬紧牙,又勉强看了一遍,低声对母亲说:"妈,昨天是 4 月 28 日。"

——六下李星华《十六年前的回忆》

学生仿写

【开头】那是一个秋日,我清楚地记得当时他就坐在他家的阳台上,学习如何剪纸。那年我十岁。

【结尾】现在,他转学了,从此消失在弄堂口。我从口袋里拿出一张剪纸,开始剪他的背影,我对自己说:今天是 10 月 12 日,是与他分别的日子。

【名家原文二】

春游和秋游应该吃螃蟹。想想看,世间的春游食品都是面包,充其量是午餐肉。当你坐在铺满阳光的草地上,和你的狗一起,细细地,渐渐地,吃掉一只大螃蟹。

——张春《一生里的某一刻》

学生仿写一

入冬就应该吃红烧羊肉。想想老早没有那么多选择,妈爸也没有时间烧。想想当你冒着刺骨的寒风跑进家里,桌上有奶奶烧的热腾腾的冒着暖暖热气香味的红烧羊肉,全家人一面看着电视,一面吃着羊肉,细细嚼,慢慢咽,真是暖意在心头,幸福在心头。

学生仿写二

秋游最应该做的事情就是带上一本书。想想充满喧嚣的运动场上,到处都是人山人海,有时连角落里都是人。当你悠闲自得地坐在草坪上,这时打开一本喜欢的书,和你的朋友一起聊着天,一面徜徉在书的海洋里,细细咀嚼书里感人的描写,哪怕看完了,主人公的形象和那场面还依然回荡在脑海里……这是双重的乐趣,真是难忘的美好。

四、追问思考

在对学生的日常训练中,老师渐渐发现,当我们给予学生一个支点时,他们的想象力和能力常常会超出我们的预设,这样的发现无疑是让人兴奋的。"精读+仿写"的写作训练也许不那么成熟,也许不那么严谨,但是,努力走出第一步就意义重大。是的,思考依然在进行着,课堂实践也依然在行进中,在运用"精读+仿写"写作训练的同时,我们又产生了这样的疑问:是否所有的作品都可以拿来作为仿写范文呢? 当然不是。在不断实践中,笔者认为,可以作为仿写的段落一定是适合中等生能力的,既不拔高,也不妄自菲薄。既能让学生在自主探索的过程中体会名家名篇名段的写作技巧点,也能通过精读名家名段,让中等生真正读懂文章,真正做到读写结合,陶铸心灵,这样的作品遴选无疑要严谨而慎重的,这样的遴选工作也是值得我们继续探索与思考的。

教材与名著作品等无非就是个例子,陶行知先生如此诠释教材名著作品和写作之间的关系。不错,读中品,读中思,读中悟,将文本知识转化为学生习得的知识素养,课堂不再是老师从头到尾的讲解了,课堂模式变成了一个一个环节为主的解疑互动交流的新过程,值得尝试。

【参考文献】

[1] 刘艳.你一学就会的思维导图[S].文化发展出版社,2017.

[2] (美)珍妮佛·塞拉瓦罗.美国学生写作技能训练[S].北京科学技术出版社,2019.

[3] 韦伟.记叙文写作教学的缺位与突围[J].中学语文,2019(34):21-24.

[4] 李笑非.课例研究——从规范走向常态[S].华东师范大学出版社,2018.

细品悟真情 深思提思维

——以《背影》教学为例谈散文阅读教学中深层思维能力提升

上海市三泉学校　胡　鹏

摘　要：阅读作为语文教学的重点，承担着促进学生语文学科核心素养形成的重任。散文作为部编本教材中重点学习的文类，是促进学生全面发展的必要资源，因此如何提升散文教学效能是阅读教学的重点。但在初中散文阅读教学中学生的思考、体验停留在表面而难以探索到文本的深层内蕴，思维能力的品质得不到提升。本文以《散文》教学为例，就笔者在散文阅读教学中引导学生进行深层思考，提升学生思维能力的一些做法进行思考，旨在寻找出切实有效的阅读路径，给学生深层思维能力的提升提供切实的帮助。

关键词　初中散文阅读教学　思维深层能力提升

《普通高中语文课程标准(2017年版)》将语文核心素养凝练为"语言建构与运用、思维发展与提升、审美鉴赏与创造和文化理解与传承"四个维度的素养。其中思维发展与提升是指学生在语文学习过程中，通过语言运用，获得直觉思维、形象思维、逻辑思维、辩证思维和创造思维的发展，以及深刻性、敏捷性、灵活性、批判性和独创性等思维品质的提升，是培养学生语文综合素质的重要组成部分。

在统编版初中语文教材中，现代散文的数量占课文总数的三分之一以上，可见现代散文教学是初中语文教学的重点。现代散文具有多方面的教学价值，它取材范围广，语言优美凝练，富于抒情，在提升学生的语文核心素养方面独具优势。通过现代散文的系统学习，学生可切实提高语言、思维、审美和文化四大层面的综合能力，进而促进语文核心素养的有效落实。

笔者以初中部编版八年级第四单元《背影》教学为例,谈一谈在散文教学实践中提升学生深层思维能力的一些做法和思考。

一、利用思维导图,具体抽象思维

在第一次教学中,笔者将教学重点放在感知父亲形象,尤其是"背影"的形象,体会父子间的深厚感情。

【第一次教学过程设计】

1. 导入

在课本的第 77 页有一段小短文,是写朱自清父亲读《背影》一文时的情形,请同学们读一读,体会父子间的深厚感情。

2. 作者简介

3. 写作缘由

朱自清为什么会写这篇文章呢? 由这个问题引出第 7 段朱自清父亲的来信,引出背影。

4. 聚焦背景,体会作者情感

在这一环节,以四个方面引导学生,来体会作者的情感变化。

(1) 品析第六段背影的具体描写。

(2) 思考作者为什么要写四、五两段。

(3) 思考作者为什么要写二、三两段。

(4) 思考作者对父亲的情感除了感动、愧疚和心酸,还有什么情感。

5. 全文小结

作者对父爱的感受和对父亲的理解,经历了一个发展变化的过程。这些情感在文章中交织在一起,凝聚在父亲的背影之中。从不以为意到感动;从父亲艰难的处境中感到心酸,到为自己的不以为意而感到愧疚;从不相见两年余到最后热切地想见到父亲,对父亲不舍、理解。

最后以龙应台《目送》中的语句结束。

反思调整

这是第一次教学,本次的教学重点是指导学生感知父亲形象,尤其是背影的形象,体会父子间的深厚感情。但是由于在具体品析文段前,学生对文章的整体写作思路不清晰,没有理解作者是如何围绕"背影"这一中心进行选材、组材的,所以造成学生对于父亲默默承受压力、尽其所能、事无巨细、处处关心儿子的这一特点品析不到位。于是我想,可在布置预习时,让同学们通过绘制思维导图梳理文章的脉络,提示学生按照时间发展的顺序,把文章七段所写的内容梳理清晰,并理清每段之间的逻辑关系,这样就为课堂感知形象、体会情感打下了基础。在充分预习的基础上,同学们通过讨论,绘制出了以下思维导图,理清了文章的主要内容。以下是学生绘制的思维导图。

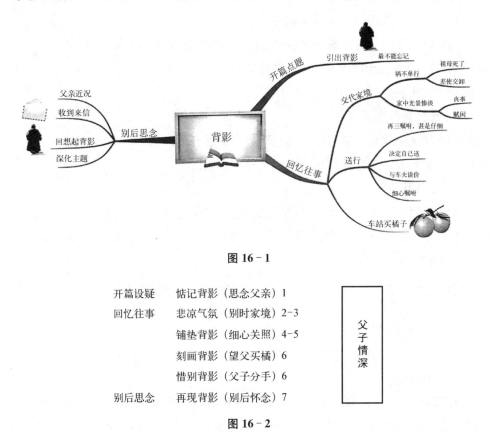

图 16 - 1

图 16 - 2

通过绘制思维导图,填补了学生整体理解文本内容与细致品析语句体会情感之间的缝隙,使抽象思维具体化,提升了学生的分析与概括能力。

二、细致品析词句,提升运用能力

第二次授课,在绘制了思维导图的基础上再去理解人物形象、体会人物情感,比之前顺利了不少,但是学生对于文中的"我"的情感变化的理解不够全面和深刻。

所以,我对教学重点进行了调整,重点放在品味文中关键语句,感知父亲形象;理解作者表达方式的转换,把握文中"我"的情感态度变化。让学生通过阅读去思考探究问题,通过细致品析语句来进行深层次的阅读。

【第二次教学设计(部分)】

......

3. 聚焦背影,感知父亲形象

(1) 品析第六段背影的具体描写。

(2) 默读四、五两段,圈划、概括父亲这一路还为我做了的事。

(3) 默读二、三两段,理解父亲的处境。

(4) 读出一位怎样的父亲。

4. 感受我的情感变化

(1) 从文中找到能够直接表达我对父亲情感态度的句子,并进行品析。

(2) 理解表达方式的转换对表情达意的作用。

5. 写作目的探究

(1) 朱自清为什么对父亲的情感会有这样的变化呢?

(2) 朱自清写这篇文章是想告诉父亲什么呢? 父亲在这篇文章里读到了什么,他为何情绪如此激动呢?

6. 全文小结

7. 作业布置

(1) 完成课后积累拓展部分第四题。

(2) 抓住生活中一个细节,仿照第六段来写写你的父亲或母亲。

反思调整

在课堂中,学生们对于文中能够直接表达我对父亲的情感态度的句子进行品析时,句子找不全,大部分学生都只能理解到我对父亲的情感从不理解、不接受到感动、愧疚,而对于第七段的内容就不能理解了。所以我将这一部分的内容做了些调整,提醒同学们关注回忆性散文里的两个我,提示学生关注当下的我。在讲到第5 段两个"聪明"之后,加了一段提示语,引导学生关注第七段。

【新设计】

1. 重点分析三句话

师:除了第五段这两句写了当下"我"的感受,其实文章还有一段也写了当下

"我"的情感。这一段就是第七段,同学们一起来读一读,感受文中"我"的情感态度。

句子1——"哪知老境却如此颓唐!"

分析:前文父亲少年出外谋生,独立支撑,做了许多大事,是一个有能耐的人。"哪知",是作者没想到之意,用上感叹句,写出了作者内心的遗憾、叹息,写出了我对父亲如此处境的不舍、心疼。结合前几段作者对自我的批判和反思,我们可以读出,作者这时已经有些理解父亲了。

句子2——"他触目伤怀,自然情不能自已。情郁于中,自然要发之于外;"

分析:"情郁于中"的意思是感情积聚在心里,不得发泄。这两句是作者联系家中境况和父亲生平发出的议论。连用两个自然,表现了我对父亲的理解和体谅。

句子3——"唉!我不知道何时再能与他相见!"

分析:从不相见到何时才能相见。一声叹息,两个感叹。两个感叹号,饱含作者想见父亲的热望。"唉"里有对父亲身体的担忧和有说不尽的愧疚,写出了我对父亲的理解与体谅。随着时间流逝,作者终于理解了父亲待自己不同往日的原因,也理解了这种不好是暂时的,而关心自己是一以贯之的。写作这篇文章时,作者对父亲充满了理解和思念。

王荣生教授在《散文教学教什么》一书中讲到:"散文阅读,即鉴赏'文学性的散文',其要领可以归纳为一句话:体味精准的语言表达,分享作者在日常生活感悟到的人生经验。"所以,散文教学时语言的品析是核心,教师要意识到语言是思维的外部表现形式,是思维的工具,应在语言建构与运用的过程中潜移默化地培养和提高学生的高阶思维能力,并促进思维品质的发展。

2. 重新设计作业

第一次教学设计中的作业已经想到了要读写结合,让学生在细致品析第6段中关于父亲背影的描写后,根据课上所学的写作方法,抓住生活中一个细节,仿照第6段来写自己的父亲或母亲。通过这样的练笔活动,使学生在学习知识的过程中,既能够打开写作思路,也能够学习到更多的写作方法,在提高写作水平的同时能更好地体会到如何运用语言文字来抒发自己内心所感悟到的美,但缺点是对于文中作者独特的情感认知关注不够,所以笔者将作业进行了调整:

(1)完成配套练习册2、3、4、5题。

(2)① 抓住生活中一个细节,仿照第六段来写写你的父亲或母亲。② 结合文章内容,请你替朱自清给他父亲回一封信。(二选一)

这样,在实现学生审美鉴赏与审美创造能力发展的同时,也提升了学生的综合运用能力,使思维品质更深刻,具有独创性。

三、效果与价值

1. 因体而教,实现有效阅读

在传统的阅读教学中,教师通常是让学生分析和归纳作者的写作意图和文章的主旨内容,这样的教学模式在一定程度上局限了学生的思维发散。阅读教学的核心方法就是如何阅读这篇文章,也就是应该读文章的哪些内容,从这些内容读出什么,这些都与文章的体式紧密相关。教师应根据文本体式特点来制订教学目标,确定教学内容,选择阅读方法,引导学生在具体语境中体会文章的写作思路,聚焦作者的个性化感受,关注文本独特的言语习惯、言语形式,建构这一类文体的阅读经验,从而提升其理解运用语言文字的能力,提升学生的思维能力和品质。

2. 德智整合,提升学生思维品质

于漪老师说:"语文之美与其他学科不同在于始终指向人,语文就是人生,伴随人的一辈子。"阅读教学作为语文教学的重要组成部分,更是如此。我们语文教材中的每一篇经典美文,文质兼美,如何才能让学生通过这些文章,不仅体会到中华语言文字之美,还能获得心灵的启迪和精神的慰藉,甚至生命体验的升华,这需要教师帮助学生找出每篇文章的个性及共性,找到最具生命活力和打动人心的部分,这样的个性挖掘恰恰能体现文本所具备的共性价值,因为它给我们每个年轻鲜活的灵魂带来的是不同的认知、启发和情感的悸动。把这样的情感体验用自己的笔写出来,在实现学生审美鉴赏与审美创造能力发展的同时,也提升了学生的综合运用能力,使自己的思维品质更深刻,具有独创性。

3. 读写结合,让"思维"成核心

语文是实用性和工具性相结合的学科,语文学习的最终目标是学以致用,要在日常的生活中学会表达。要想会用,就要通过"思",即想通、想明白。人们的思维品质是在长期的生活实践中,在运用思维方法解决现实问题的过程中,逐渐培养、锻炼出来的。洪宗礼先生说"听说读写四盏灯,'想'是一个总开关",揭示了思维训练、语言训练、语文教学、语文学习的本质。所以,我们的作业布置,要做到读写结合,根据文本内容合理设计,体现文体特点。通过从语言层面的训练到思维层面的训练,课堂就不会沿着一个平面在滑行,而是向纵深挖掘,使得学生的思维品质得

以提升,从而能读懂更有深度的文学作品,能表达自己更深层次的思考。

【参考文献】

[1] 普通高中语文课程标准(2017 年版)[M].人民教育出版社,2020.

[2] 王荣生.散文教学教什么[M].华东师范大学出版社,2014.

[3] 王荣生.阅读教学教什么[M].华东师范大学出版社,2014.

[4] 上海市语文学科德育实训基地.语文核心素养案例初探[M].上海教育出版社,2018.

探索单元教学视野下提升中等生构建整本书阅读学习任务的高阶思维
——以《红星照耀中国》为例

上海市三泉学校　周月琴

摘　要：语文学科核心素养从"语言建构与运用""思维发展与提升""审美鉴赏与创造""文化传承与理解"四个方面集中体现语文学科的育人价值。初中语文单元教学是培养学科核心素养的主要途径,"思维发展与提升"成为语文教学的重要目标,由此,笔者在单元教学视野下,以《红星照耀中国》为例,引领所执教的思维能力处于中等水平的学生通过构建整本书阅读的学习任务,进行提升高阶思维的探索。

关键词：中等生　单元教学　整本书阅读　学习任务　高阶思维

一、背景与意义

2018 年,教育部颁布了《普通高中语文课程标准》,明确提出语文学科核心素养从"语言建构与运用""思维发展与提升""审美鉴赏与创造""文化传承与理解"四个方面集中体现语文学科的育人价值。其中,"思维发展与提升"成为语文教学的重要目标,其难度在于要着力提升学生的高阶思维,即超越简单的记忆和信息检索,以高层次认知水平为主的综合性能力,如批判性地评价信息、自主学习(自我调节学习)、问题解决、创造性思维、批判性思维、信息素养及协作等一系列能力的发展。

上海市初中语文教研员曹刚老师指出,初中语文单元教学是培养学科核心素养的主要途径。单元教学设计应为学生创设必要、有效的学习经历。学习经历包括思考过程及伴随这一过程的思想方法。必要、有效的学习经历有助于学习经验的积累,学习经验的积累有助于语文知识的掌握、语文能力的形成、文化素养的提升,最终促使语文学科核心素养的提升。单元教学应聚焦单元目标,从"过程与方法"维度揭示单元目标所隐含的必要的思考过程、思想方法,以此统摄学习内容的选择、学习任务的设计、学习资源的创设等环节及这些环节之间的逻辑结构,规划学生达成单元目标所必须且有效的学习经历,促使学生得法于课内,得益于课外。

在单元教学视野下,统编教材每个单元都有三种课型,即教读课、自读课和拓展阅读。教读课是老师授之于学生必要的思考方法和问题链的路径,一步一步掌握一篇文章阅读的方法,进一步迁移到这一类文章的阅读。自读课和拓展阅读都是强调学习任务的设计,不像教读课以师生一问一答的形式推进课堂,而是把问题转换成任务,这些任务间要有一定的梯度,任务背后都隐含着一到两个问题,每个任务背后的问题链隐含着读懂这篇文章的思考方法,目的是让学生把教读课中习得的阅读路径迁移到自读课和拓展阅读中去。

整本书阅读属于拓展阅读,"任务—文本—策略"模型不断在阅读过程中巩固与发展,从而激发学生的元认知,自主内化每一步的思考都是基于解决核心问题的目的而规划出的思考过程,从而发展与提升阅读整本书的高阶思维。

笔者所执教的是以思维能力中等水平学生为主的教学班,在单元教学视野下,试以《红星照耀中国》为例,通过引导学生构建整本书阅读的学习任务,进行提升中等生高阶思维的探索。

二、探索与实践

(一) 整体说明

1. 单元教材分析

本节课是义务教育教科书(五·四学制)《语文》八年级上册教材第三单元后的《名著导读:〈红星照耀中国〉纪实作品的阅读》第一课时的内容。本课时是学生在学习本册书前三个单元"新闻(活动探究)""传记与回忆性散文"和"山川美景古诗文"的基础上,运用初步形成的新闻阅读能力和写人叙事类记叙文的阅读经验,通过板书质疑、自主规划、交流讨论、回顾总结等环节,学会规划阅读《红星照耀中国》

的思考过程。

2. 本节课教材分析

教材中除介绍《红星照耀中国》的内容和意义之外，还以该书为例，给出了阅读纪实作品的基本方法：首先，利用序言、目录等信息，迅速获得作品的整体印象；其次，在读的过程中，注意梳理作品中事实的前因后果、发展线索；再次，在把握作品中的"事实"之后，读懂作者想用事实说什么"话"；最后，从阅读纪实作品中获得启迪，并用来指导自己的学习与生活。整本书阅读的意义，在于通过以文本为例的读书方法指导，帮助学生习得相关的阅读技能，从而解决如何读好这本书和这一类书的问题，最终促成学生读书兴趣与能力的提升。

3. 学情分析

在认知水平方面，学生已经了解通讯报道的特点，具有一定的阅读新闻和写人叙事类记叙文的能力，且能调动以往的阅读经验推断作者对所写人物和事件的思想情感，但中等学生对于将已有的学习、阅读经验融入规划阅读《红星照耀中国》的思考过程并不清晰。在活动探究方面，中等学生对质疑、讨论、总结的基本过程有一定的基础，但对于规划阅读一本书的思考过程缺乏学习经历。

(二) 教学目标

(1) 探究概括采访动因、梳理主要采访经历、推断作者的思想情感的方法。

(2) 学会规划阅读《红星照耀中国》(通讯报道)的思考过程。

(三) 教学内容与过程

1. 学生质疑

学生提出阅读《红星照耀中国》一书的疑问，并在黑板上写下简要的问题，其余学生用关键词的方式记下问题。

生1：为什么要取《红星照耀中国》这个书名？

生2：为什么要写这本书？

生3：作者写这本书想表达什么？

生4：长征的意义是什么？

生5：是什么人使得作者改变了对红军的看法？

生6：在《别了，红色中国》中，作者提到过"我觉得不是在回家，而是在离家"，作者为什么会产生这种情感？

生7：当时的时代背景是怎么样的？

生8：这本书的主人公是谁？

生9：作者的采访路线是什么？

……

设计说明：

本节课期待的学习结果是中等学生学会自己阅读。换而言之，中等学生也不能是被动地接受老师所提出的一堆问题，然后在老师的规划路径中去读书、找答案，而是要进入到一个主动学习的状态，这就要求中等学生首先聚焦这本书，并唤醒以往阅读的经验，用已经初步形成的新闻阅读能力和写人叙事类记叙文的阅读经验，从问题的提出开始走进整本书。提问的过程，亦是中等学生调动已知，去寻得新的未知的过程，从已有到发现，从解决到形成新的已有。这样的经历在一次又一次的实践中发生，中等学生自主调动已有学习经历来解决新问题的能力也就能形成，这样的结果就是导向中等学生有效的自我阅读，从而培养批判性地评价信息、自主学习的能力，有效提升高阶思维。

2. 捕捉核心问题，预设核心任务

教师从学生所质疑的"这本书的主人公是谁"这一阅读小说、戏剧时所要思考的问题突破，明确《红星照耀中国》是一篇通讯报道，具有真实性、时效性、导向性的特点，而这节课则着重要读懂通讯报道中作者的导向性。结合已提出的问题，引导中等学生捕捉到核心问题"一个美国记者写一本报道红色中国的书，他想表达什么"，并在此基础上预设"代作者为书重拟一篇自序"这一核心任务。

设计说明：

规划阅读一本书，首先需要分析所面对的是一个怎样的文本。因为不同的文本，它语言的内容要素、语言的结构特征、语言的风格、言说的策略都是有差异的，这就决定了可能采用的任务和策略的差异。当知道了所要阅读的文本文体概念，随之就要启动一套与之相关的专业知识，比如这类文本它通常的内容要素、结构特征、语言风格或者言说策略……在此基础上，确定这本书阅读的目的，从已提出的疑问中捕捉核心问题，预设核心任务，这是学习经历中要关注的，从而培养中等生批判性地评价信息、自我调节学习、问题解决等能力，有效提升高阶思维。

3. 自主规划阅读《红星照耀中国》的思考过程

教师布置规划任务："从已提出的问题中思考哪些问题？并按怎样的顺序思考更有助于解决核心问题？"学生在白纸上自主规划两分钟后与同桌交流、讨论。

设计说明：

面对已提出的众多零散的问题,中等学生要有意识地去筛选、提取一些与阅读目的、文本特征相关的问题,并进行排序重组。在课堂上安排这样一个自主规划的环节,力求中等学生调动以往的阅读经验,确定阅读一个文本所要思考的问题,并进行有逻辑的顺序编排。这个环节,一方面使中等学生的阅读能够更加整体,另一方面也是对已有阅读经历的再现和强化。中等学生的自我规划,需要借助已有的阅读经历;而阅读经历在中等学生主导下的复现,又能促成中等学生独立阅读能力的形成。同时,在与同桌交流、讨论中产生共鸣和反思,初步经历这样一个规划的语言实践过程,从而培养中等学生批判性地评价信息、自主学习、问题解决、创造性思维及协作等能力,有效提升高阶思维。

4. 集中建构阅读路径和阅读任务

教师引领学生将核心问题有序地分解为四个下位问题,思考每个问题的解决路径,最终得出结论:第一,制作读书卡片明确采访动因;第二,勾勒采访轨迹,梳理采访经历;第三,分类重组取名,提炼思想情感;第四,比较书名差异,读懂评价展望。

表 17 - 1 《红星照耀中国》问题、任务对照表

问　　题	任　　务
一个美国记者写一本报道红色中国的书,他想表达什么?	代作者为书重拟一篇自序。
一、为什么探寻红色中国?	制作读书卡片: 搜集网上资料;阅读书的序言;概括第一篇的相关内容。
二、采访的主要经历有哪些?	梳理采访轨迹。 制作"采访路线表";绘制思维导图;在地图上标注等。
三、对主要采访的人物和事件的思想情感是什么?	分类重组取名: 1. 以人物或事件为标准,对章节分类并重组章节。 2. 分析相关人物或事件,推断作者的思想情感。 3. 设定合适的修饰词或限定语为该章节的人物或事件命名。 4. 结合章节内容阐释所设定的修饰词或限定语的理由。
四、书名中蕴含着作者对红色中国的评价与展望是什么?	比较书名差异: 1.《红星照耀中国》:在书中标注"红星"、"中国"、"照耀"这些概念所出现的位置,结合语境阐释它们的内涵。 2.《西行漫记》:分析"西行"所隐含的思想感情。 3. 结合时代背景,阐释这两个书名各自蕴含的思想情感。

设计说明：

面对这个特定的文本，面对一个规划阅读的学习任务，要采用的阅读策略是理清问题与问题之间的关联，形成一条问题链，并且找到解决问题的途径、资源和呈现的形式。在此过程中，将这四个具有一定逻辑关系的下位问题的研究成果有序地纳入核心任务中，即可转换成自序的四个部分内容，从而提升中等学生自主学习、问题解决、创造性思维、批判性思维、信息素养等高阶思维。

5. 课堂总结

总结规划阅读《红星照耀中国》的思考过程。

设计说明：

通过学生回顾、总结整节课的思考过程，明确除了提出问题、梳理问题、知道问题的解决路径资源和呈现形式之外，还要将整节课的学习经历进行整合与反思，指导中等学生做一个阅读规划的路径，从而形成规划阅读一本书的技能。如果这样的课堂能在日常教学中经常得到训练，且有层级地递进，中等学生就能逐步实现阅读能力的有效提升，即以后阅读一篇文章或者一本书，至少能够有一种自主探究的规划能力，并且可以不断地进行自我调整，从而培养中等学生自我调节学习、问题解决、创造性思维、批判性思维、信息素养等能力，有效提升高阶思维。

三、成效与反思

《红星照耀中国》整本书阅读学习任务的建构展现了对"关注中等生学习经历，提升高阶思维的单元教学视野下的学习任务设计"的思考、探索与实践。

从语文的核心素养来看，关注思维的发展与提升是对课程价值的认识以及落实课程价值的重要落脚点。核心素养的培养需要关注关键能力，语文学科关键能力依托必要的阅读、写作的技能训练，阅读、写作的技能训练依托一定的语言实践的学习经历从而提升高阶思维，在这种语言实践的经历中，需要关注文本、任务、策略三个要素，即在知道所面对的文本特质的基础上，从学情分析到达成课时目标之间，有一条学习过程的路线规划，可能有两到三个节点，每个节点设计一个为达成目标而相关的学习任务，这些任务之间要有一定的逻辑关系，让中等学生通过这样的一种语言的实践活动，一步一步地达到最终的目标要求。最后是策略，即为达成目标经过深思熟虑后所选择的一种手段，本节课的阅读策略表征为一串问题链。以上是训练中等学生语言能力和高阶思维的条件。

面对课改,单篇文本的精读能力是所有阅读的基础,所以要继续夯实单篇文本的精读能力,不断加强文本解读能力的训练。然而,中等学生的学习仅仅依附在某一个具体文本所学到的策略还不够,要迁移到后续更多文本的训练,这就需要有单元支架,若干有关联的文本构成有结构化的材料,在一个单元中聚焦单元的目标,对每一个学习材料的特性做并联。比如教读课,应该带着中等学生一起去探讨思考方法、策略;自读课就要将这样的方法、策略通过一些有逻辑关联的学习任务,做语言实践、内化,并且让中等学生不断地反思和梳理这种策略,到整本书阅读再做进一步地迁移。这样从教读到自读再到整本书阅读,阅读策略和写作策略的技能训练就成为架构单元学习内容的一条主线,这条主线是要不断地让中等学生通过不同的文本语言的学习去掌握这一类语言任务背后所需要的阅读技能,直至成为能力,通过语言的学习来提高、发展高阶思维,提升语文学科核心素养。

整节课,笔者在单元教学视野下,引领中等生探索规划出了阅读《红星照耀中国》这本书的思考过程。首先要分析面对的是一个怎样的文本、一个怎样的任务;其次要尽量调动自己已有的阅读、学习经验去提出、解决一些问题;最后通过质疑捕捉一个核心问题,并将核心问题有序地分解为四个下位问题来逐步解决。这节课以《红星照耀中国》为例,笔者引导中等生构建起了整本书阅读的学习任务,从而提升了中等生批判性地评价信息、自主学习(自我调节学习)、问题解决、创造性思维、批判性思维、信息素养及协作等高阶思维,相信这样的思考经历对于中等生今后对整本书阅读都是有启发的。

【参考文献】

[1] 袁爱国.高阶思维与语文深度学习[J].教育研究与评论(中学教育教学版),2017(1).

[2] 曹刚.学科核心素养视野下的初中语文单元教学设计[J].中学语文教学,2021(6).

[3] 上海市三泉学校.中等程度学生隐性流失成因分析[M].文汇出版社,2004.

如何在中心与材料的动态适配中优化学生写作思维

——借助思维导图培养学生写作选材的能力

上海市三泉学校　任怡婷

摘　要： 记叙文写作在语文教学中一直占据重要地位,是学生语文素养和思维能力的直接体现。在写作过程中,选材是很关键的一步,直接影响文章中心的明确呈现。但由于初中写作选材在教与学上还存在着很多问题,还有需要完善和更新的地方,为此,笔者试图从学生的实际写作现状入手,以记叙文评价基本标准之一"中心与材料"为切入点,借助思维导图设计适应学生所需的写作技能专项训练,加强写作的过程性指导,引导学生在自主思考、合作探讨、设疑探究的学习活动中提升写作选材的能力,从而真正实现学生写作思维的优化,提高学生的语文核心素养。

关键词： 中心与材料　选材能力　思维导图

【个案情景描述一】

师： 今天我们学习怎样围绕中心选取合适的写作材料。同学们在习作中常常出现的毛病是没有明确的中心,想到哪里写到哪里,你们觉得这样的文章像是什么?

生： 流水账。

师： 说得没错。一篇文章的中心决定了材料的取舍和详略的布局：一方面,跟中心无关的内容,舍弃不写;另一方面,与中心相关的内容也要分清主次,选取其中最能够表现中心的材料作为重点展开,其他材料则略写。游离中心选择材料,或材料详略安排不当,都会影响中心的表达。

师：回顾我们学习过的《阿长与〈山海经〉》，请一位同学简单说说这篇散文的中心是什么？

生：这篇文章主要写了"我"与阿长之间的事。阿长身上虽然有许多不讨喜、封建迷信的地方，但阿长的善良和她对"我"的关怀，是令"我"久久难忘的，是令人感动的。

师：很好。接下来，请同学们根据《阿长与〈山海经〉》的内容，思考下面的材料与文章中心关系的密切程度，以及作者相应的详略安排是否合适。

生：这几则材料与中心的关系不密切：阿长平日总是切切察察的、阿长给"我"吃福橘、阿长睡觉摆"大"字、"阿长"之名的由来。

师：那么另外几则材料呢？

生：这两则材料与中心的关系密切：一是阿长给"我"讲"长毛"的故事；二是阿长不辞辛苦帮"我"买《山海经》。

师：你的依据是什么？

生：后两则材料比前面几则材料写得更多。

师：那么请你比较阿长讲"长毛"的故事与阿长为"我"买《山海经》这两则材料的篇幅，谁更长一些呢？

生：（一眼看出）写阿长为"我"买《山海经》的篇幅更长。

师：为什么这则材料的篇幅明显更长呢？

生：因为比起长毛的故事，"我"更喜欢《山海经》。

师：请同学们再结合文章的中心思考一下，最能体现阿长对"我"的无私关怀的材料是哪一则？

生：阿长为"我"买《山海经》。

师：是的。虽然阿长讲"长毛"的故事的篇幅也比较长，但是这则材料主要是为了表现什么？

生：表现阿长的愚昧、可笑。

师：说得很对。所以作者写得最为详细的材料是阿长为"我"买《山海经》，由此可见重点展开、写得最详细的材料是因为它和中心的关系是——

生：最密切。

问题诊断

从上面的课堂实录中可以直观地发现，在判断材料与中心的密切程度时，学生主要是凭自己的感觉下判断,而没有围绕中心去选取材料以及安排详略的意识,如果教师将写作选材知识点直接口述给学生,许多学生不能够很好地理解与运用,教师教授写作知识点可能只是笼而统之地列出学生在写作中存在的问题,对此给出一些概念性较浓厚的改进建议,而未能真正有效帮助学生的具体写作实践。所以,如果没有进行围绕"中心与材料"的写作能力训练,大部分学生并不会根据文章的中心对材料进行筛选、取舍、编排和加工,致使材料与中心不适配,材料不能为中心服务。不难发现,目前的写作训练往往只是提供一个原则性的指引,缺少对学生思维的训练与提升。

【个案情景描述二】

师:(出示学生习作)请同学们为下面这篇习作拟一个标题,并说说你的依据。

每个人心中都有一个神,在你危险时帮助你,给予你希望,而他令我敬佩。

太阳还未升起,人们还在睡梦中,清洁工咽下最后一口馒头,整装出门了。他在大大小小的巷子、街边清扫着人们残留下来的垃圾。他从不抱怨什么,在他脸上一条条纹路显而易见,仿佛看见时间在他身上停留的痕迹。

清洁工十分友好,面对一个个欢快的小孩子,总会出手招呼,看到小孩子一个人过马路,会放下手中馒头,扫把紧紧地跟在身后保护着,直到见着小孩子父母才放下心来。

天气不论怎样恶劣,清洁工都会认真地做自己的工作,犹如就没有恶劣的天气,在他心中只有晴天。这种意志力令我敬佩。

每个人心中的神都会在危险时帮助你的,给予你希望,那位清洁工就是我心中的神,那个令我十分敬佩的神。

生1:因为开头和结尾都有"令我敬佩"和"神",所以我觉得是《令我敬佩的神》。

生2:文中主要写了清洁工的日常工作,所以题目应该是《令我敬佩的清洁工》。

师:(出示标题《令我敬佩的那个人》)这是给定的作文题目,你们有什么疑惑吗?

生1:文中并没有写到"令我敬佩的人",反而出现了两次"神",和题目好像不一样。

生2:文中没有写到清洁工是谁,长得怎么样,他没有抓住"那个人"来写,和题目关联不紧密。

师：观察得很仔细。他没有紧扣题目来写。除此之外,你们认为这篇习作字数不足的最大原因是什么?

生3：感觉每一则材料都很短,没有展开。

师：那么你的意思是把每则材料都展开来写就可以了吗?

生3：(犹豫地摇摇头)好像也不是,要有详略吧……

生4：我发现第三段的材料并没有表现出"我"对这位清洁工的敬佩。

师：为什么?

生4：这则材料写的是清洁工对小孩非常友好,和"我"没有直接关系,不能只是因为清洁工对小孩友好,所以"我"就敬佩他。

师：你很善于思考!因为所选材料与主题关联不紧密,因而这篇习作要表现的中心难以引起我们的共鸣。看来不是每则材料都要展开写,而是要围绕中心取舍,安排主次。

问题诊断

首先分析课堂实录中的这篇学生习作。乍一看觉得小作者观察细致,语言表达也不差,但是他所写的内容与习作的题目却有出入。给定的题目是《令我敬佩的那个人》,但小作者起笔就是"每个人心中都有一个神",结尾也是"那个令我十分敬佩的神",与题目不符。除此之外,开头点出"在危难时帮助你"这个主要的人物精神品质,但是在下文却全然没有具体的材料作为支撑,只是对清洁工的表现泛泛而谈,不仅缺乏具体素材,而且内容偏离中心,未充分地表现出"我"对这位清洁工的敬佩之情,与主题关联不大。可见,选材能力不足是初中生记叙文中的通病。

再结合实录中其他学生在分析习作时的回答,由此总结初中生的写作选材问题,具体表现有:材料泛泛而谈;材料偏离中心;材料陈旧老套;材料取舍不当;材料赘述;材料不切实际、胡编乱造。究其背后原因,是学生没能打开自己的思维,不善于将生活中的观察所得深入记叙文写作中,导致写作材料空泛、老套。而不能根据中心择取与组合适配中心的材料,是使材料游离中心、材料不切实际的原因。目前的写作训练更多只是提供一个原则性的指引,缺少对学生思维的训练与提升,因此,笔者认为写作教学应加强过程性指导,教师在进行写作选材的指导时应帮助学生打开思维,注重培养学生的思维品质。

一、初步设想

对学生来说，写作过程是思维参与并活动的过程，教师进行选材训练应注重培养学生的思维能力。有专家提出，思维导图是培养学生写作思维能力和训练写作思维能力的有效工具。它是一种表达发散性思维的图形工具，不仅能记下思考的脉络，更有利于开发新的潜能。因此，笔者尝试将思维导图应用于写作选材训练，针对学生写作选材中的常见问题，思考如何帮助学生进行发散性思维，丰富选材；如何借助思维导图引导学生将材料集中指向立意；如何利用思维导图有效合理地对文章进行谋篇布局，优化构思，并在写作选材的教学实践中收获了一些有益的经验和启示。

【实验实施描述一】

统编初中语文教材七年级下册第四单元的"怎样选材"写作专题训练，提出"要从自己的真实生活中选择素材，要学会围绕中心选择素材，并决定材料的取舍和详略安排，要注意材料的真实性和新颖性"。由此，笔者围绕"怎样选材"的能力要求，尝试以作文题《做了才无悔》进行了如下课堂写作教学设计。

笔者引导学生抓住题目的两个关键词绘制选材训练思维导图，发散思维，探求选材的思路。如下是通过师生交流，共同设计的选材训练思维导图（图 18 - 1）。

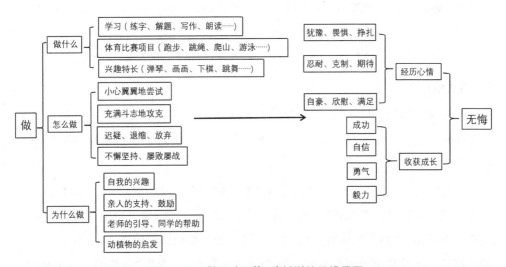

图 18 - 1　《做了才无悔》选材训练思维导图

笔者围绕此思维导图引导学生分解题目,抓住关键词进行有序思维发散。学生在探讨交流中,归纳得出以下三条有效的选材思路:

(1) 围绕关键词填补前因后果。围绕关键词"做",将其拆分为"做什么""怎么做"和"为什么做",这样一个综合性的动词"做"得以展开,动作被初步拉长,叙事的层次有了变化,学生可选用的材料也丰富起来。

(2) 从生活观察的所思所感中挖掘写作材料。写作,作为一种艺术加工,既源于生活,又高于生活。将题目中的关键词"做"进行分解,得出"怎么做"的一系列选择,或迟疑,或放弃,或坚持,都是学生已有生活经验的体现,也体现出学生对这个世界的认知、思考和对自身成长经历的反思,易于写出真情实感。

(3) 在典型的基础上,选材要新颖。当大部分学生写在亲人、老师或同学的帮助下克服困难从而收获成功,而小部分学生写受到动物或植物(大自然)的启发,从而以执着的努力克服自身的缺陷,获得自我成长,这样的习作更能体现出学生基于平凡经历的独特思考。

二、深入思考

通过分析关键词绘制思维导图的形式,学生掌握了写作的选材方法,较大程度地打开了写作思路。同时,学生也通过实践获得一个感悟,即在进行写作时,可以通过分解题目得出关键词,从而围绕关键词多角度选材。通过分析关键词,借助思维导图的梳理,发散思维,材料得以更充分地被挖掘出来,可供学生选择的角度也就多了。

借助思维导图明确了作文选材的思路,但是,材料从挖掘到选用还要经历一个筛选的过程。因此,笔者继续借助思维导图尝试明确作文的材料与中心。

【实验实施描述二】

接下来,笔者引导学生欣赏两篇题目为《做了才无悔》的学生习作,并借助思维导图梳理出两篇习作的结构图(图 18-2、图 18-3),从而更直观地比较两篇习作的选材特点。

通过对比交流,学生发现:《做了才无悔》文 1 选材较丰富,共有三则材料:第一则材料是帮助同行老人;第二则是家人为自己鼓励打气;第三则是遇到困难将其克服,并最终欣赏到山顶美景。《做了才无悔》文 2 的选材比较集中,主要将第一次游泳和第二次游泳面对困难时的态度和表现进行对比,获得"坚持做了才无悔"的

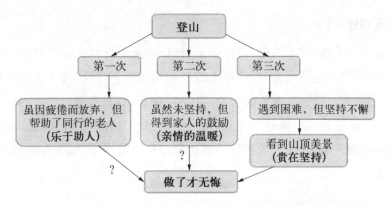

图 18‑2 《做了才无悔》文 1 结构思维导图

成长感悟。笔者由此进一步追问"材料的丰富意味着主题的明确和突出吗"？引导学生深入思考材料与材料之间的内在逻辑关系。学生在比较中发现,《做了才无悔》文 1 中的三则材料虽都和登山有关,但实则表现了三个主题:乐于助人、亲情的温暖和贵在坚持。这样看来,整篇文章给人东拉西扯、东拼西凑的感觉,中心是不明确的。《做了才无悔》文 2 的选材,虽不如文 1 丰富,但能合力表现主旨,使得文章最终呈现出一个明确的中心,可以说,文 2 的中心与材料是适配的。

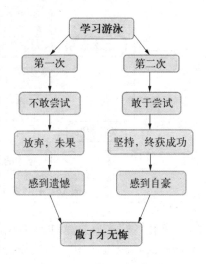

图 18‑3 《做了才无悔》文 2
结构思维导图

基于以上两文比较,笔者引导学生总结:写作一定要紧扣中心,可以借助思维导图的梳理来帮助选取与组织合适的材料。偏离中心的材料,轻者使得文章中心不够凸显,重者会使文章中心不明确,甚至毫无中心,令人不明所以。

三、延伸思考

在思维导图中,我们可以根据思维导图的层级性,围绕中心将写作材料进一步具体化。那么,在明确作文的材料与中心的基础上,是否可以进一步借助思维导图筛选与整合材料,梳理写作思路,进一步优化文章的结构呢？笔者继续进行探索。

【实验实施描述三】

以《做了才无悔》文1为例,可以舍去材料一,选用材料二和材料三:"我"在登山过程中遇到挫折想要放弃时,在家人的鼓励和支持下,"我"咬牙克服困难,最终登顶观赏到美景。最后立意落脚点为:生活就像爬山,只有鼓起勇气,只有迎难而上,只有做了才能有机会体验到成功的欣慰与自豪,只有做了才无悔。在这里,我们不妨根据"做""无悔"两个关键词绘制优化结构思维导图,以更有序地组织选材(图18-4)。

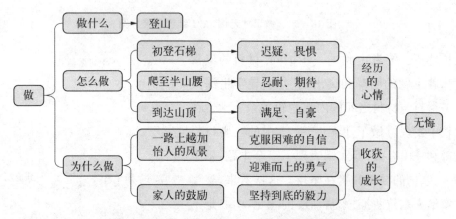

图18-4 《做了才无悔》文1结构优化思维导图

细化"做"这个关键词,将登山的过程分解为"初登石梯""爬至半山腰"和"到达山顶",即"怎么做",其中要克服的困难是对登山的畏惧;将登山的动力归纳为"一路上愈加怡人的风景"和"家人的加油打气",即"为什么做"。细化"无悔"这个关键词,将经历的心情分解为"畏惧""期待""自豪",并与"怎么做"的过程一一对应起来;将"收获的成长"明确为"自信""勇气""毅力",最后要表达的中心就是迎难而上,勇于面对,只有做了才无悔。

从思维导图中看,只有明确自己怎么做的过程和为什么做的动力,我们才能明晰文章要凸显的中心。如何选择与克服困难有关的材料是我们引导学生在写作前进行谋篇布局的关键。通过画结构优化思维导图,学生的选材能力得到提升的同时,更有意义的是,写作思维进一步发散与纵深。据此,教师就可以引导学生根据思维导图调整写作思路,并最终落实为具体的写作内容(图18-5)。

图18-5是一位学生在习作前绘制的思维导图草稿。经过前两个阶段思维的

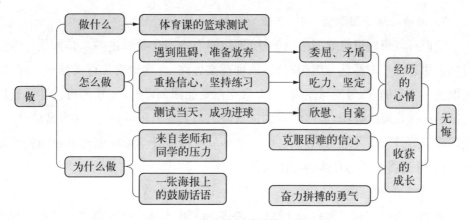

图 18-5　学生绘制的结构思维导图

拓宽与材料筛选后,在这一阶段,该生将选定的篮球测试这一写作材料展开,分解为"遇到障碍,准备放弃""重拾信心,坚持练习"和"测试当天,成功进球"三个阶段,要克服的困难为自己对于篮球的不擅长,而当无意间发现一张海报上的鼓励话语时,情节发生转折,少年重新回到练习场上,坚持努力练习,尝试突破自我,最终收获自信与勇气,获得做了才无悔的成长感悟。从图 18-5 中不难发现,材料紧扣中心展开,与中心恰切适配,情节一波三折而不失流畅,学生可以据此思维导图完成一篇中心突出且立意较有深度的习作了。

四、启示与思考

1. 借助思维导图明确作文的选材角度

通过分析关键词绘制思维导图的形式,学生掌握了写作的选材方法,较大程度地打开了写作思路。同时,学生也通过实践获得了一个感悟,即在进行写作时,可以通过分解题目得出关键词,从而围绕关键词进行多角度选材。通过分析关键词,借助思维导图的梳理,发散思维,材料被更充分地挖掘出来,可供学生选择的角度自然也就多了。

2. 借助思维导图明确作文的材料与中心

材料从挖掘到选用还要经过一个筛选的过程。写作要围绕中心选取合适的材料,偏离中心的材料往往会使得文章无法明确表达最核心的主题,或使中心不够凸显,而借助思维导图可以帮助学生开拓思维路径,围绕主题从多个角度择取适配的材料,从而明确材料与中心的内在逻辑关系。

　　3. 借助思维导图取舍材料，合理地安排结构

　　我们可以根据思维导图的层级性，围绕中心将写作材料进一步具体化。学生可以利用思维导图筛选与组织材料，梳理行文思路，合理地安排行文结构。同时，还能进一步明确、凸显文章主旨，让文章立意更加深刻，增强文章的可读性。通过绘制结构优化思维导图，能使学生的选材能力得到提升的同时，更有意义的是，可使写作思维进一步发散与纵深。据此，教师就可以引导学生根据思维导图调整写作思路，并最终落实为具体的写作内容。

　　4. 未来设想

　　笔者发现存在对于教材写作资源的挖掘和利用不够。统编语文教材中有着大量富含哲思、富于文采的文章段落，都是可转化为学生习作的好材料。未来笔者将更深入地挖掘和应用教材资源，从而更好地引导学生将阅读材料转化为写作素材，不仅可以让学生增加阅读的兴趣，还能够培养学生的迁移思维，以帮助学生和教师形成高效、寓教于乐的写作课堂。

　　我们的写作教学之路道阻且长，仍须不懈努力！

【参考文献】

［1］温儒敏主编.义务教育教科书（五·四学制）语文八年级上册［M］.人民教育出版社,2019.

［2］郑桂华.写作教学研究［M］.广西教育出版社,2018.

［3］（美）珍妮佛·塞拉瓦罗.美国学生写作技能训练［M］.北京科学技术出版社,2019.

［4］刘艳.你一学就会的思维导图［M］.文化发展出版社,2017.

［5］吴佳松.初中记叙文写作教学现状调查及策略研究［D］.渤海大学,2016.

［6］曾贵娇.初中记叙文写作的分项训练研究［D］.赣南师范大学,2018.

［7］余萍.借助思维导图,优化想象写作——基于选材与构思的写作教学实践探究［J］.新课程教学,2021(06)：15-17.

［8］韦伟.记叙文写作教学的缺位与突围［J］.中学语文,2019(34)：21-24.

新媒体：语文写作课的"眼睛"

——"沉浸式"提升学生细节观察思维能力

上海市三泉学校　陈　君

摘　要：针对学生写作"凑字数"现象，究其原因，我认为是学生缺乏细节观察思维能力。为此，我尝试借助新媒体拟真现实环境，调动学生感官对事物进行细节观察的实践，改变以往理论教学与观察实践相脱节的弊端。尝试发现，采用图片、视频的形式可以提升学生按照顺序、抓住事物特征进行细节描写的能力。这是一种借助新媒体以学生为主导的"沉浸式"写作教学方式的初探。

关键词：细节观察能力　新媒体　"沉浸式"写作教学

【个案情境描述一】

期中考试结束后，我对班级学生的作文进行质量分析。这次的作文题是《最美校园之景》，是比较简单、易写的，但大多数同学写的内容都像"说明书"一样，并没有写出景物的具体特征，也就难以体现题目中的"最美"。甚至我还发现班级里有一位同学作文就写了一两百字，于是我喊他来办公室，问他："为什么不把作文写完？"他给我的回答是："不知道写什么，实在没啥可写的。"我继续问："那你从来没有观察过校园？"他沉默不语……

而且回想起来，每次布置作文时，同学们总是唉声叹气，似乎作文就是"洪水猛兽"，让人惧怕。于是，我对班级同学做了个简单的民意调查，让他们思考自己写不出来或者没写好这篇作文的原因。大多数同学是这样认为的：虽然生活在学校，但是好像没有什么可以写的，知道有操场、食堂、教室，但是就是写不出来。总而言之,用他们的话来说:写作文就是凑字数游戏。

问题诊断

通过对相关书籍的阅读,我知道人的认知过程是感觉→知觉→记忆→想象→思维→语言。我认为写作其实就是人们认知活动的文字化表达,表达人们的所见所想。而学生在写作时感到无事可写、无话可说,这说明学生对生活的观察比较表面化,缺乏细节观察的意识和能力,所以写出来的作文总有一种"流水账"或者"说明书"的感觉。这就告诉我们,培养学生细节观察的意识和能力,能够丰富素材积累,这对写作是十分重要的。且对基础较差同学来说,最基本的要求就是能够达到字数,有话可写,这也能够弱化他们对写作的抵触情绪。

【个案情境描述二】

为了让学生理解什么是观察事物细节的意识和能力,我以写景经典篇目朱自清的《春》为例,选取其第三段内容为蓝本进行分析。通过分析,学生意识到细节描写可以让文章生动细腻且富有画面感,自然而然文章就饱满起来,并总结出了如下表的细节观察方法。

表 19-1　从细节观察角度分析《春》第三段文本内容

观察对象	观察特征/内容	观察范围	观察视角
花	① 花的数量多、种类、形态	整体	远观
	② 花的颜色		
	③ 花的味道甜		
	④ 花的数量多、香气	局部	近观
	⑤ 花的种类繁多、形态	有整体有局部	俯视
观察方法总结	1. 注意调动多个感官观察事物的细节特征。 2. 注意观察顺序:从整体到局部、从远到近、从上到下。		

为了检测学生对这种细节观察方法的实际运用情况,我以教室外同学们每天都能见到的竹子为对象,让学生仿照刚分析的文段进行简单的仿写,同学们的表现却是哀号声一片,一脸疑惑地看着我,嘴里不断念叨:"我不知道什么特征……""我没观察过啊!"于是我又带领他们重新复习了一遍表格,并提示他们从这几个角度

去回忆竹子的特征。

学生十分艰难地完成了课堂练习,学生典型答案如下:

A:竹子很多,有些是绿色,有些还是绿色,有的是粗的,有的是细的,很好看。

B:竹子有四层楼高,它是黑里透红,一节节的竹子耸立在地面上。

C:竹子硬邦邦的,有五个。一个是绿的,另一个也是绿的。

D:竹子绿绿的,有四层楼高,很坚固。

问题诊断

从学生的课堂表现来看,很明显他们观察事物细节的意识和能力还较差。虽然我已对观察方法进行了总结分析,但学生很难将这种方法进行实际运用,而是依靠自己模糊的记忆,提及到竹子在颜色、高矮这些方面比较明显的特征。"纸上得来终觉浅,绝知此事要躬行",所以我们对于细节观察方法的教学不能停留在理论层面,而是要带领学生进行实地观察,帮助他们逐步培养起细节观察的能力和意识。

一、初步设想

因为语文课堂无法实现将真实场景和事物都搬进来,所以我们就要探索能否借助其他载体再现真实环境。麦克卢汉曾在《理解媒介》中说:"媒体就是人体器官的延伸。"当前互联网的普及,给我们提供了诸多便利,学校的电脑、显示屏就可以让学生的感观延伸到世界各个角落,感受万事万物。

而且,相比于书本文字,图片、短视频具备直观的优势,深受学生们的青睐。甚至它们已逐步成为人们日常交流、分享的主要渠道,影响着人们的思维方式。借助图片和视频还原事物,能给人提供直观化、沉浸式的体验,能够刺激多重感官,制造一种"在场感"。所以,我认为图片和短视频这种主流的新媒体形式,恰可以承载带领学生相对直接观察事物细节的任务。所以,我尝试在写作课教学中运用图片或短视频调动学生的感官,去直接观察课外真实环境中的事物,通过反复观察并记录的训练,提升学生细节观察意识和能力。

【实验实施描述一】

图片是对瞬间画面的定格和记录,可以帮助我们更加细微地观察事物的细节。于是,我按照前文《春》第三段文本内容总结出的观察视角和范围为依据,以教室外的竹子为对象,拍摄图片素材供学生进行细节观察,以提高学生细节观察能力。首先以竹子为整体拍摄远观图;然后以竹叶、竹节、竹根为主体拍摄局部细节图,最后以竹子为主体,以天空为背景拍摄仰视图。如下表。

表 19-2　竹子观察图片素材的拍摄方法

文本观察视角		照片拍摄视角	
观察范围	观察视角	拍摄角度	拍摄内容
整体	远观	远观	竹子整体
局部	近观	近观	竹叶—竹节—竹根
有整体有局部	俯视	俯视	竹子及天空

在课堂实际操作中,我将学生分为六个小组,每个小组选取一张图片进行观察、描述和交流。结果是,学生对远观竹子整体图观察后的结果集中在颜色是绿色、高度有四层楼高方面。然后,他们通过观察竹叶的细节图,发现了竹叶的颜色不仅仅是绿色,还夹杂着白色,并且形状是细长的,叶子顶端是尖尖的,叶子的质感是不光滑、有纹路的。接着,学生通过对竹节的细节观察,发现竹节是凸起的,颜色有黄有白,而且表面像是覆盖了一层霜。令人惊喜的是,同学们对竹根的观察充满想象力,观察到竹根像裙摆、像八爪鱼。最后的仰视图,学生觉得在蓝色天空的映衬下,叶子显得更为青绿。

二、深入思考

通过这次实验,可以很明显地感受到学生能够按照我给定的顺序进行更加全面和细微的观察,甚至他们能够想到借助周边其他事物来衬托该事物的个性特征。分析原因,这主要是因为图片比回忆更加真实,比文字更加直观。但同时在实验中,学生的课堂表现也存在某些问题,我总结如下:学生对事物的描述都是静态的、瞬间的,缺乏动态和变化。学生回答的特征集中在颜色、形状方面,比较单调、平面化。学生的语言表述,存在语句散乱、以词为主的问题,表现出对写文段的担忧。

针对以上问题我思考将图片转成视频。因为以图片为媒介的观察主要是从视觉角度观察事物的特征,而视频可以从视听等多方面感官观察感受事物,可以让事物更加立体化、动态化。另外,针对学生回答语言散乱,很多人只能蹦出来几个词这一情况,我认为要先将观察的角度和思路形成模板提供给学生仿照参考。针对学生在文段写作时的畏难情绪,我选择将写作任务分解为从词→句→段→篇递进式的小任务,化解学生的为难情绪。

【实验实施描述二】

同样还是以竹子为观察对象,按照表格 19 - 3 的观察方法,确定视频的拍摄视角和内容,具体如下表。

表 19 - 3　竹子观察视频素材的拍摄方法

视频的分镜头	景　别	运　镜	拍 摄 内 容
镜头 1	中景	从远到近	竹子
镜头 2	近景	从上到下	竹叶—竹节—竹根
镜头 3	远景	扫视	竹子及其周边环境

针对学生对事物的观察不仔细、不全面、无从下手的问题,我将感官和特征进行联系,制作了一张思维导图,帮助学生建立系统化的观察思维,为学生观察视频提供思路。告诉学生观看视频的时候要调动这些感官去观察事物的特征,然后把这些观察结果填写在表格内(表 19 - 4)。

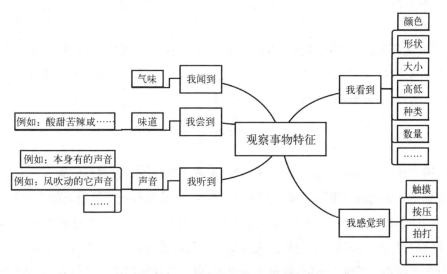

图 19 - 1　观察事物细节方法的思维导图

表 19-4 学生观察任务单

我看到	我听到	我闻到	我触摸到	我尝出来

［学生任务一］ 初次观察视频，根据思维导图的提示进行小组讨论并完成表格。

［学生任务二］ 再次观察视频，想一想，如何把特征更加生动形象地体现出来，补充文段中空白处内容：

首先，映入眼帘的是_____，

它_____，

然后，我走近看到了_____，

它_____，

还有_____，及_____。

低头，我看到_____，

抬头仰望_____。

［学生任务三］ 继续观察视频，结合生活经验对画面进行合理想象，表达自己的切身感受，独立完成段落写作。（提示：请你自己确定写作顺序；选择两种或两种以上的感官；突出该景物的代表性特征。）

三、延伸思考

很明显，视频调动了学生的多重感官，形成了"沉浸式"的观察体验。学生能够直观感受到事物的多重特征和观察顺序的变化，因此观察到了景物更加全面的、立体化的动态特征。任务单这种递进式的学习，可以让学生循序渐进地掌握观察方法，减轻对写作的畏惧感。另外从观察结果也可以看出，学生基本建立了这种调动感官观察事物的思维。所以，我进一步思考，可以将这种借助新媒体观察事物细节特征的方法运用到写人、写事之中,并且可以随意组合,完成篇章的写作练习。

另外,我认为可以让学生自己动手制作视频。因为在视频的制作过程中,学生可以真切地调动感官进行细节观察,而且可以培养学生切合题意、突出中心的意识,以及培养学生注重行文思路和结构的思维。这样的体验过程,还会进一步加深对于生活的理解和思考,深化对主旨的理解,让语言更加丰富、有深意。所以,我思考以短视频为载体,以项目学习为形式,制作描景、写人、记事的系列课程。

【实验实施描述三】

［语文项目学习一:"校园最美风景"短视频大赛］

写景作文就是将生活中观察到的美景用文字语言进行表述。我们常能看到动人之景,但用文字的表述就显得平淡乏味。这就是因为我们只是在看,而没有认真观察和记录。而短视频大赛可以作为一个我们观察世界的视角,可以把这种美用镜头语言表达出来。在这个过程中,学生不仅要观察,还要细致地观察,并思考如何呈现这种美景。如此一来,写作的时候也就能有内容可写,并且会切换不同的视角进行描述,让脑中的美景在纸上也焕发生机。

［语文项目学习二:"校园风云人物"短视频大赛］

写人作文就是要塑造典型的人物形象,要用人物的细节表现来塑造人物形象。而目前学生在写人作文中对事件的叙述多于对人物的描写,人物形象也不明晰。但短视频就需要在有限的时间内把人物最独特的特征集中体现出来,这可以让学生更加集中地去思考人物的突出形象。而且在人物描写中,视频记录可以通过反复观看去更加细节地观察人物表现,帮助学生培养观察和记录人物细节特征的思维和能力。

［语文项目学习三:"校园大事聚焦"短视频大赛］

写事作文,最重要的是要找到切入点进行写作,要有新意。而校园大事聚焦就是要集中事件最主要、最重要的一个侧面进行有序地、有详略地呈现;而这恰恰是学生在写事作文中缺少的。如果让学生制作这个栏目,首先他们会思考选择哪个事件? 这就是筛选材料的过程;其次,需要思考从哪个切入点去讨论和呈现? 也就是要确立主题和中心;最后,视频要如何制作? 这就是要在写作过程中考虑顺序、层次、结构、详略安排等问题。这样就把新课标中作文评分标准要求落实到这个语文学习项目中,形成一个系统化的作文教学活动。

四、启示与反思

1. 关于写作教学的思考

老师的教学要紧跟时代的变化,要与学生共进退,发现学生的问题。由于短视频的普及和应用,人们的思维习惯和思考方式都更加直观化,这样一来,以往的文本解读和作文训练就显得枯燥无味,让学生提不起兴趣。如果能用他们喜闻乐见的图片和短视频形式来上写作课,不仅能够吸引学生兴趣,还能运用图片和视频直观的优势,帮助学生增强对文字描述的理解。

我认为写作教学的第一步是打开学生自由表达的阀门。虽然我们使用图片和视频观察的是日常生活中的很普通的事物,但是如果他们能在课堂上体验观察的事物,并产生新的发现,就会产生交流分享的欲望,而这又会形成一个良性循环,促使新的发现产生。所以在这个过程中,学生主观表达的欲望就像开了阀的水龙头,这时记录和写作就会变得顺其自然。

这样真正做到让课堂走进生活,激发学生的情感共鸣和经验体会,我们的作文教学才能做到从学生被动接受转向主动学习!与此相适配的项目化学习方式,更是让整个过程变得系统化、可操作化,让学生的每一个学习步骤都有反馈。可以说,这是一种"沉浸式"的写作教学和学习,是一个以终为始、不断循环上升的自主学习过程。

2. 关于新媒体技术应用的思考

我所谓的新媒体技术是指媒体平台展现的可被人们广泛运用的内容呈现形式,比如公众号、H5、朋友圈、微博的短图文、抖音短视频等。它们的出现为语文教学带来了新的变革,不是简单地将课堂内容的展现形式从黑板上转化成电脑等硬件设施上,而是直接改革课堂形式。现在项目化语文学习的形式受到了诸多老师的青睐,很多老师也做了将新媒体技术与项目化学习结合的尝试,如以公众号为项目的学习方式,就是以发布公众号为形式,融入教学内容,让学生从头到位沉浸其中,作业成果也展现在公众号上,完全是一种自主的、主导的"沉浸式"学习形式。

本案例以短视频为基础的语文写作教学也是同理。因为相比较文字,图片和视频能更加真实、直观地呈现现实情境,所以学生在学习过程中可以深入地、更加细节地观察,还能够以任务为驱动将学习成果和学习目标统一起来,真正做到"沉浸"其中地自主学习。虽然目前这个设想仅呈现出这样一个有待完善的案例,期待有更多老师一起加入到将短视频技术应用到教学的研究中,尝试和研讨出新方法、新思路!

【参考文献】

［1］戴玉竹.新课标背景下初中语文微写作教学现状调查与分析——以内蒙古满洲里市第七中学为例[J].北京工业大学社会科学学报,2020(03):222-224.

［2］刘晶瑜.微视频资源对初中生自主学习过程的影响研究——以阜阳插花中学初中七年级语文写作教学为例[J].山东师范大学社会科学学报,2020(12):137-139.

［3］高志刚.群文阅读之写景技巧讲解——以统编语文七(上)第一单元散文教学为例[J].语文教学与研究,2020(12):76-79.

［4］夏雪梅.项目化学习设计:学习素养视角下的国际与本土实践[M].教育科学出版社,2018.

培养深度思维　让阅读发生

——思维导图在《水浒传》教学中的运用

上海市三泉学校　曹雪荣

摘　要： 名著阅读对初中学生的成长与发展发挥着重要作用,其不仅丰富了学生的知识,同时也增强了学生的理解力,提升了学生的人文素养,促进学生对自我、他人及社会的认识。阅读的过程也是思想升华的过程。思维导图能够让思维的思考过程可视化,并用图标的形式展现出来,从而使思维形象、可观,这一思维过程能增强学生的理解力和创造力。将较为明晰的思维导图引用到名著阅读的教学过程中,能使学生的思维过程具体客观地展现出来。实现学生与文本深层次的交流,在有效提升名著学习效果的同时,也能借助思维导图的形象、归纳、发散和创新等思维特点,进一步培养学生的深度思维,提升学生的思维品质。

关键词： 名著阅读　思维导图　深度思维

【个案情景描述一】

在《水浒传》的教学中,我首先让学生用简短的语言概括《水浒传》这部书的主要内容,让学生从整体感知书本内容。

[环节一]

师： 请同学们用简短的话概括这本书的内容。

学生： 《水浒传》通过对众多农民由压迫到反抗的道路的描写,深刻地揭露了当时政治的腐败与社会的黑暗现实,道出了"官逼民反"这一主题。

其次,我着重指导学生研读书中的故事情节。

[环节二]

师：同学们在阅读过程中会被引人入胜的故事情节所吸引,你认为哪些情节比较好? 同学们可以借助下面的语言形式来谈一谈自己的看法:我认为_____好,因为_____,比如_____。

学生：我认为《鲁提辖拳打镇关西》情节写得好,因为它故事情节读起来引人入胜,场面描写酣畅淋漓。比如通过几处细节,便勾勒出了鲁提辖胆大心细的性格特征,几个比喻的使用,使得惩恶扬善的场面尽显生动,读者如身临其境。

这样句子的书写练习既锻炼了同学们对长段文字的概括能力,也训练了学生的语言表达能力。

最后,通过引导学生研读相关片段,进行人物性格分析。

[环节三]

(1) 人物绰号分类,激起学生兴趣。

师：梁山泊有多少位英雄? 人物绰号有哪些及其特征?

学生：梁山泊英雄有 108 位,36 天罡,72 地煞。人物绰号:及时雨宋江、智多星吴用、豹子头林冲、小旋风柴进、小李广花荣、花和尚鲁智深、行者武松、双枪将董平、青面兽杨志、神行太保戴宗。根据性格特征的绰号:霹雳火、黑旋风。特殊本领武功绰号:神行太保、智多星、鼓上蚤。

借助简单明了富有个性特征的绰号,同学们能快速地记住和了解书中人物,学生们对于绰号的汇总,激起了他们探究的浓厚兴趣。

(2) 研读精彩片段,分析人物性格。

师：请同学们研析《鲁提辖拳打镇关西》。(要求:关注原著中的语言描写及其传达出的人物性格特征。)

片段摘选一："……这个腌臜泼才,投托在俺小种经略相公门下做个肉铺户,却原来这等欺负人。"回头看看李忠、史进道:"你两个且在这里,等洒家去打死了那厮便来。"

(语言描写:写出了鲁提辖"路见不平一声吼"的爽直、行侠仗义和爱打抱不平的性格特征。听了金氏父女的控诉,毫不犹豫地惩治恶人,足见他见义勇为,爱憎分明。)

片段摘选二：鲁达寻思道:"俺只指望痛打这厮一顿,不想三拳真个打死了他。洒家须吃官司,又没人送饭,不如及早撒开。"拔步便走,回头指着郑屠尸道"你诈死,洒家和你慢理会。"一头骂,一头大踏步去了。

（语言、动作、心理描写：鲁提辖只是想使恶人受惩罚，并非想把郑屠打死，面对这种突发情况，他却能够随机应变。这些刻画从另一个角度展现了鲁智深独有的勇而有谋、胆大心细的个性。）

问题诊断

这是一个中等程度及中等程度以下的班级全班 19 位同学，在读 18 位，其中女生 7 位，男生 11 位；上海生源 12 位，外来务工子弟 7 位。主要存在问题：学生小学基础阶段学习态度、学习习惯的养成缺失，在语文阅读方面较为浮躁，不能沉心阅读。当前网络时代下学生平时接触更多的是简短浅显的文字，在这样碎片化的阅读现状下，名著的深度学习和阅读显得尤为重要。从语文教学角度来说，整本书教学包含了单篇章教学所不具备的知识体系，只有挖掘出整本书教学的重要价值，才能真正调动学生阅读的主动性，使学生思维向深层发展。整本书阅读的教学，关注的重点是学生的阅读素养及思维水平的提升，学生从名著阅读中获取语言材料，积累吸收，建立自己的语言体系，提升思维层次。名著阅读的教学，也有利于语文教师的专业水平提升和教师教学宏观设计的能力。

【个案情景描述二】

基于章回的学习和人物研究，在后续的教学中，以深化学生思考、培养深度思维为目的，我设计了以下环节。

[环节一：借助比较法，分析英雄性格的异同]

问题：请你说说鲁智深、武松、李逵的异同之处。

明确：这三人都是本领高强、性格刚烈、不畏强权的英雄好汉。鲁智深急躁莽撞、嫉恶如仇，但粗中有细。李逵造反精神最强烈，真诚、豪爽、说话直率，但头脑简单。武松武功高强、嫉恶如仇、大胆果敢。

提示：

金圣叹品评人物：

（1）上上人物：武松、鲁达、李逵、林冲、吴用、花荣、阮小七、杨志、关胜 9 人。

（2）上中人物：秦明、索超、史进、呼延灼、卢俊义、柴进、朱仝、雷横 8 人。

（3）中上人物：石秀、公孙胜、李应、阮小二、阮小五、张横、张顺、燕青、刘唐、徐宁、董平 11 人。

（4）中下人物：杨雄、戴宗两人。

［环节二：《水浒传》带给我们什么启示］

幻灯片：生活篇——名著的现实意义。

《水浒传》给你的生活带来什么启示？（板书：生活）

生交流：书中英雄有哪些值得我们学习的优秀品质？

明确：向困难投降永远不会成功；足智多谋；重情重义；见义勇为。

问题诊断

通过教学发现，学生对于具有深奥意义的经典名著较为排斥，认为名著阅读起来枯燥乏味。学生在阅读方法上也存在缺失，他们在阅读《水浒传》时候，读好第一遍下来，往往停留于表面，像蜻蜓点水，不能体会到微小细节的精彩之处，也不能充分挖掘情节和笔法上的巧妙构思。初中时期是学生思维发展和认知水平提升的关键阶段，经典名著阅读能够帮助学生提升文学素养和鉴赏能力，树立正确的思想观，在拓宽阅读的思维宽度的同时，也能提升学生思维的深度，引导学生思考探究。上述在情节教授和人物性格分析的时候，知识是选取部分片段进行，我意识到这样的教学存在碎片化情况，没有给予学生充分的时间从整体结构上去了解整篇名著，只是选取教师给定的人物进行分析，没有建立这本书的整体知识框架，这样就将整本书的阅读变成了单篇的阅读。

一、初步设想

经过专家点评和听取组内教师意见，我意识到，想要达到整本书阅读教学的目的，让名著阅读教学真正实现学生深度思维的训练，必须要采取与单篇阅读不同的教学方法。在学校市级课题的熏陶下，我与思维导图相遇了，为何不能将思维导图运用到名著阅读呢？于是我开始查阅资料，发现思维导图能够高效地帮助名著的阅读和理解，学生将自己的阅读过程和阅读经验绘制成思维导图，使自己的理解和思考过程"图像化"，这种看不着听不到的阅读过程，借助思维导图，学生能调动思维，拓展大脑记忆领域，用笔记录大脑的理解和分析过程，这种在阅读的基础上进行的绘制，不仅仅是文本内容的再现，更是一种知识理解基础上的重构，学生在这样的思维训练过程中提升了分析创造能力，深化了思维水平，使思维变得深刻。

【实验实施描述一】

于是我重新调整改进教学方法，将思维导图运用到教学。首先我展示较为标准的思维导图，给予学生一定的范本，如下图 20-1。

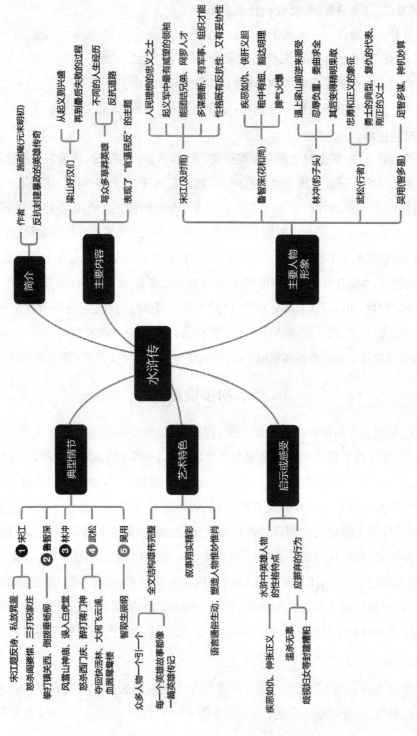

图 20 - 1

课前布置作业：在阅读的基础上画出你所阅读章回的情节思维导图。

[环节一：情节思维导图]

师：《水浒传》章节回回独具精彩，你认为哪个情节好？同学们借助思维导图来"绘制"情节。

对于名著中的人物形象，同学们可以从人物身份、人物关系等角度展开分析，并绘制思维导图。在绘制时候，可以思考故事发生发展的主脉络：开端——发展——高潮——结果，同时，注意关键的细节分支。

通过课堂的预设和思维导图基础指导环节，学生在阅读的基础上，对不同的章回进行绘制。学生绘制的思维导图如图 20－2。

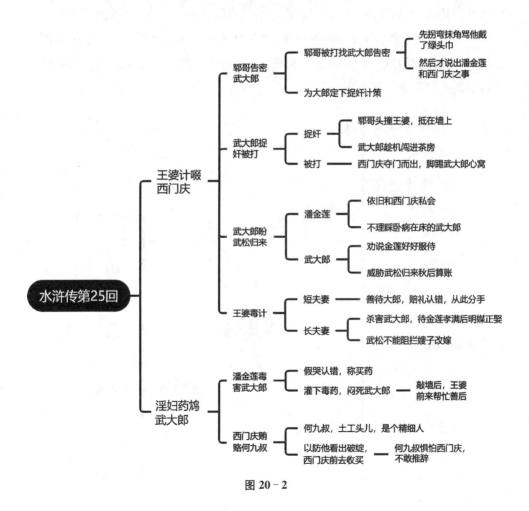

图 20－2

师：借助思维导图同学们可以将不同章回用简短的语言来概括和表达。主干：第六十一回，分支一：吴用智赚卢俊义——吴用李逵劝说卢俊义起义。吴用借算卦之名，说他会尸首异处。告知他东南千里之外可以躲难。分支二：张顺夜闹金沙渡——卢俊义执意带李固出行，在经过梁山泊时候，他有意挑衅，与多位好汉相斗，最后逃到李俊的船上，三阮和张顺便趁机将其从船上落入水中。

在对情节熟知的基础上，我指导学生绘制人物形象思维导图，深入文本，理解作者对于不同人物所寄寓的情感态度：

[环节二：人物思维导图]

师：在这些引人入胜的情节中，哪些人物让你印象深刻？为什么？同学们可以从性格特征、人物简介、主要事件、作者情感意图方面绘制人物形象思维导图。

学生在我的启发下，开始转换思维，尝试从不同的角度解读人物，感悟作者塑造这一个性人物的意图。人物思维导图的绘制使得学生全面具体地把握了书中各具特色的人物形象。如下图。

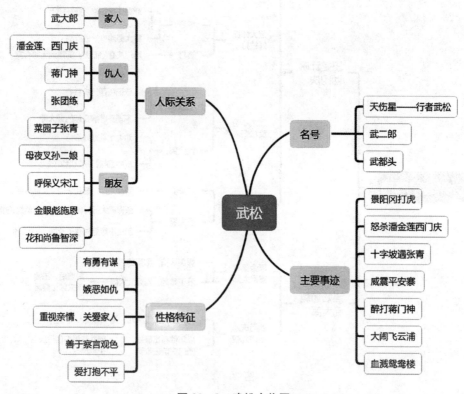

图 20-3　武松人物图

二、深入思考

思维导图的生成,是思维高速运转的过程,这一过程需要充足的时间。前面课堂为了节省时间,学生们绘制的思维导图部分是在课堂之外完成的。我意识到有些学生可能不是真的调动思维完成思维导图的制作,他们可以根据各章节目录摘取关键词,摘抄完成,或者在网络上摘抄到一些思维导图,等等,即在阅读文本的基础上,将章回情节思维导图和人物思维思维导图的绘制调整到课堂上来进行会不会效果更好些? 在课堂上我们可以直观地看到学生思维的生成过程,而且这样更能客观有效地反馈学生的学情,促进教学的改进。

【实验实施描述二】

[环节一]

师:《水浒传》情节引人入胜,请同学们思考哪些情节给你印象最深? 请根据"情节思维导图"这一主题词,进行绘制。

提示:章节之间结构非常清晰是《水浒传》的结构特征,会直接呈现出第一回写的是什么,第二回写的是什么。因为结构非常明确,所以可以直接把章节当成主干。

中心图:章回的名称——第一回:张天师祈禳瘟疫　洪太尉误走妖魔

主干:"张天师祈禳瘟疫"作为章回分支一,此分支后的小分支可以根据故事的不同设计不同的分支,如历史背景、路线、人员、经过、结局等。

[环节二]

根据文本内容,学生准备 A4 纸和彩笔,根据原著的文本及细节描写进行绘制。

整个课堂下来,学生在阅读的基础上高效地完成了绘制。

绘制思维导的过程也是深入思维的过程,这一过程中,学生在阅读的基础上将自己获取到的信息(历史背景、路线、人员、经过、结局等)进行分析和整合,不仅深化了学生对于《水浒传》文本内容的理解,真正实现阅读的发生,也提升了学生思维的深度,达到了与文本深层地沟通。

三、延伸思考

上述教学主要借助了思维导图,关注了情节发展和人物。优秀的文本往往有着与众不同的艺术魅力,这是它在历史长河中屹立不倒的原因所在。我意识到,在学生对故事的情节发展和人物形象都有了深入理解的基础上,应该指导学生围绕人物性格刻画是否丰满、环境描写是否充分等方面,以"艺术特色"为主题词进行探究和开展思维导图的绘制,这样能够更多元地启发学生的归纳思维和创作思维。同时,让学生结合作者以及文本内容,依据一定的知识,发挥能动性,写出自己所感所想,丰富思维导图,让学生的思维走向更深处。

【实验实施描述三】

师:板书"《水浒传》艺术特色思维导图",提问:《水浒传》在创作上有哪些独特之处?

学生们认为书中描写人物最具特色,因此,我便遵从学生们的思考,将"《水浒传》艺术特色思维导图"后面延伸出"善于描写人物"分支,这一分支后又延伸出了若干个小的分支:人物处于真实环境当中;故事围绕着人物的身份、经历、遭遇进行发展。这一环节之后,我充分发挥学生的主动性,带领他们思考后面的分支,并让学生思考操作实践,对艺术特色进行延伸与补充。同学们在你一言我一语的补充中,《水浒传》的艺术特色逐渐饱满起来,如分支一:善于描写人物,通过身份、遭遇、经历塑造人物;分支二:深刻反映广阔的社会生活;北宋末年以宋江为首的梁山泊农民起义的酝酿、形成和发展发展过程;分支三:情节引人入胜,多人物、精彩的场面;分支四:语言个性化,如阎婆惜语言和其性格一般刁钻泼辣,王婆也是语言中透露着老练圆滑;分支五:对比之中彰显个性特征。在武松怒杀西门庆这一章节中,不同人物的态度成为性格特征的写照,何九叔为自己找好退路,不愿惹是生非,退居其后。郓哥则是相反,他积极参与,天真善良,爱打抱不平。两两对照,人物不同的性格跃然纸上(如图 20-4)。

在学生们完成艺术特色的思维导图绘制后,我辅助以关键词的形式对思维导图进行补充与延伸。经历了这样的课堂,学生们对《水浒传》这一经典名著有了更加深刻的理解,它成功地塑造了一群超伦绝群而又个性鲜明的英雄人物,在对比中凸显人物个性特征,在环境中展示人物命运发展,这种传奇性与现实性的结合,在作者浓墨重彩的描绘下更显真实,连环式的结构层层推进,彰显艺术魅力。同学们运用思维导图获取了良好的名著阅读效果。

阅读后期,我指导学生进行绘制阅读启示图:将自己的心得、启发、疑问做好

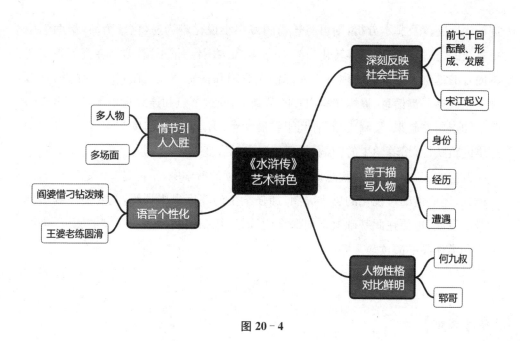

图 20 - 4

记录,绘制成阅读启示图:主干为《水浒传》阅读启示思维导图。分支一:人物启示;分支二:情节启示;分支三:写法启示。通过绘制阅读启示图,帮助学生在名著阅读中获得更多的体验。学生通过将自己的原创和启示借助思维导图,进行文字的重组和整合,使其在已有知识的基础上敢说敢想,驱动学生思维的创新,推动学生思维能力的提升和深化。

四、启示与反思

思维即能力,相比较于碎片化和浅阅读,深度思维的培养才能让学生突破自我局限,在大量信息中保持思维能力,实现质的飞跃。基于思维导图的名著阅读,学生不仅梳理了名著情节章回的发展过程,让学生真正与文本交流,从而让阅读真正发生,同时由浅层的文字表面分析走向深读的阅读分析,提高学生阅读的思辨性。思维导图,宛如一棵棵发散性的知识树,将名著的内容和知识体系进行有序地梳理和构建,有利于学生建立较为完整的文本阅读体系,提高阅读文本的速度和效率,提升深度阅读能力。

初中生面对的名著不再是简单一言概之的简短阅读,所选名著往往内容含量大、情节发展多线、涉及人物众多等特点。在阅读基础上,转变思维视角指导学生进行深度阅读及文本分析,则可将长篇的万字小说化难为易,化繁为简,帮助学生把复杂的、枯燥的文本内容转化为简单的、形象的图像,把书读"薄",在高效理解文本内容的基础上更深刻地理解作者的创作意图和情感态度。在实际操作过程中,学生在概括关键信息、提炼文本内容的基础上,通过节点和连线将主干发射出来的各个知识勾连起来,绘制成图,有利于扩展学生阅读思维的广度与深度,激发学生思维的跳跃性,培养学生的归纳、分析等深度思维能力。

课堂的实践和反馈使我意识到,在名著阅读的教学中,不再是"埋头苦读"的单一模式,还应借助可视化的思维导图,加强学生的深度思维训练,既要关注到形象思维的发展,也要在此基础上走向深度阅读,进行归纳和发散性思维的阅读,进而指导同类作品的阅读。

【参考文献】

［1］管海玲.论思维导图在初中名著阅读教学中的运用[J].中学语文,2021.

［2］刘艳.你一学就会的思维导图[M].文化发展出版社,2019.

［3］赵国庆.别说你懂思维导图[M].人民邮电出版社,2015.

［4］陈琼.将阅读变成"悦读"——思维导图在初中语文名著阅读教学中应用的实践研究[J].文理导航,2021.

［5］丁富春.思维导图在初中名著导读中的应用[J].语文教学与研究,2021(22).

［6］刘琴.语文树状思维导读助力学生思维纵横发展——树状思维阅读在初中语文名著阅读中的实践[C].2021课程教学与管理研究学术论坛论文集,2021.

［7］申海琦.思维导图在初中语文名著阅读教学中的应用研究[D].辽宁师范大学,2021.

［8］叶修.深度思维:透过复杂直抵本质的跨越式成长方法论[M].天地出版社,2018.

纲举目张，巧筑成"屋"

——例述如何在记叙文阅读中培养学生的复述思维

上海市三泉学校　凌　晨

摘　要： 小学阶段，"复述"这一语言训练点贯穿于三到五年级的语文学习中，如何有效地帮助学生掌握复述的方法，提高复述的能力，最终让学生能够将"要我说"变成"我要说"呢？我们认为单单是让学生厘清故事的"六要素"是远远不够的，近一年来，我们在记叙文阅读中为学生设计了一套复述的"五步构建法"，并在此基础上辅以表格、小标题（课堂板书）、关键词句等非连续性文本，进一步加深了学生对文本的理解，使学生能够在理解的基础上分步骤构建起复述的思维，有目标、有方法地进行复述。在复述故事的过程中，学生对文章结构、表达方法都有了潜移默化的提升。

关键词： 记叙文阅读　五步构建法　复述思维

【个案情景描述一】

四年级某一堂语文课上，老师请同学们根据要求复述《盘古开天地》的故事。（课后原题：从课文中找出你认为神奇的地方，说说盘古开天地的过程。）学生展开小组讨论后，甲同学高高举手，于是教师指名甲同学复述。甲同学片段式地说出了课文中他认为神奇的地方，但句子前后之间不连贯，没有逻辑性，没有按照故事的起因、经过和结果进行复述，经过多名学生补充、教师引导之后，勉强完成课堂复述要求。第二天上课前，教师再次指名甲同学复述《盘古开天地》的故事作为复习，甲同学仍然对复述的要求不能完全掌握，复述过程磕磕绊绊，复述不流畅。

问题诊断

《盘古开天地》是部编版语文教材四年级上册第 4 单元的第一篇课文,单元要求中明确提到:了解故事的起因、经过、结果,学习把握文章的主要内容即复述课文。但是学生在三年级时接触到的复述要求是:在理解和记忆课文的基础上,根据课后练习的要求,抓住重点词句把课文"讲"出来。简单地说,学生在三年级之前训练的复述一般有以下特点:课文内容短小,结构简单,即使讲不出也能背出来;复述以填空形式为主,学生只需要在现有的复述框架中填入词句即可;复述内容主要以段落为主,全文复述较少。进入四年级后,语文教学要求从段落逐渐过渡到全篇,填空的这种辅助形式也基本消失,因此,学生在复述课文的过程中出现了无措感,不知道怎么办才好。

【个案情景描述二】

《普罗米修斯》课堂实录(节选)

师:通过朗读与讨论,我们已经知道了课文分成了"无火——盗火——受罚——获救"这几个部分来展开描写的。现在你能根据这几个环节来讲一讲普罗米修斯盗取火种这个故事吗?

(学生小组讨论)

生 1:在很久很久以前,地面上没有火,人们只好吃生的东西,在无边的黑暗中度过一个又一个长夜。有一位名叫普罗米修斯的天神来到了人间,看到人类没有火的悲惨情景,决心到天上去盗取火种。有一天,当太阳车从天空驰过的时候,普罗米修斯跑到太阳车那里拿到了一颗火星,带到了人间。自从有了火,人类就开始用它烧熟食物,驱寒取暖,并用火来驱赶危害人类安全的猛兽……得知这个消息,众神的首领宙斯气急败坏,决定给普罗米修斯以最严厉的惩罚,吩咐火神立即执行。火神很敬佩普罗米修斯,悄悄对他说:"只要你向宙斯承认错误,归还火种,我一定请求他饶恕你。"普罗米修斯摇摇头,坚定地回答:"为人类造福有什么错?我可以忍受各种痛苦,但决不会承认错误,更不会归还火种!"火神不敢违抗宙斯的命令,只好把普罗米修斯押到高加索山上。普罗米修斯的双手和双脚戴着铁环,被死死地锁在高高的悬崖上。狠心的宙斯又派了一只凶恶的鹫鹰,每天站在普罗米修斯的双膝上,用它尖利的嘴巴啄食他的肝脏。许多年来,普罗米修斯一直被锁在那个可怕的悬崖上。有一天,著名的大力神赫拉克勒斯经过高加索山,他看到普罗米修斯被锁在悬崖上，便挽弓搭箭，射死了那只鹫鹰，接着又用石头砸碎了锁链。普罗米修斯终于获得了自由。

师：你能根据"无火——盗火——受罚——获救"这几个环节将普罗米修斯盗取火种这个故事讲出来，不过你的复述太全面了，几乎把整篇课文都读了出来。还有哪位同学能说得更简练一点吗？把主要的内容说清楚。

生 2：有一位名叫普罗米修斯的天神来到了人间，看到人类没有火的悲惨情景，决心到天上去盗取火种。有一天，当太阳车从天空驰过的时候，普罗米修斯跑到太阳车那里，从喷射着火焰的车轮上，拿到了一颗火星，带到了人间。自从有了火，人类就开始用它烧熟食物，驱寒取暖，并用火来驱赶危害人类安全的猛兽……得知这个消息，众神的首领宙斯气急败坏，决定给普罗米修斯以最严厉的惩罚，他命令火神赫淮斯托斯将普罗米修斯押到高加索山上。普罗米修斯的双手和双脚戴着铁环，被死死地锁在高高的悬崖上。有一天，著名的大力神赫拉克勒斯经过高加索山，他看到普罗米修斯被锁在悬崖上，便挽弓搭箭，射死了那只鹫鹰，接着又用石头砸碎了锁链。普罗米修斯终于获得了自由。

师：你也说出了这个故事的四个环节，比前一位同学简练了不少，不错！不过，这四个环节中哪个环节是这个故事的重点呢？你似乎还没有将重点部分突出，遗漏了重要的内容！有一些该省略的地方还可以再省略一点。

问题诊断

《普罗米修斯》是部编版语文教材四年级上册第 4 单元的第二篇课文，它的上一篇课文就是《盘古开天地》。针对上一课在复述过程中学生出现的问题，教师在本堂课中将课文中原本简单的"起因、经过、结果"分解成了"（人类）无火——（普罗米修斯）盗火——（普罗米修斯）受罚——（普罗米修斯）获救"四个环节。学生确实比之前的复述有序了不少，但是新的问题接踵出现了：学生在复述的过程中面面俱到，根本无法取舍，最后将复述课文变成了朗读课文；无法抓住重点，复述的内容重点不突出，应该省略的内容没有省略，应该重点突出的部分却遗漏了不少（课堂实录中的第二个学生在复述"普罗米修斯受罚"这个环节时，遗漏了"宙斯派凶恶的鹫鹰每天啄食他的肝脏"这一重要内容，普罗米修斯不屈不挠这一精神也没有突出。）。

一、初步设想

小学阶段，"复述"这一语言训练点贯穿于三到五年级的语文学习中，如何有效地帮助学生掌握复述的方法,提高复述的能力,最终让学生能够将"要我说"变成"我要说"呢?我觉得单单是为学生厘清故事的"六要素"是远远不够的。我们还能做些什么呢?有一次,我在家陪孩子阅读绘本故事,绘本中描绘了一只小猪造房子的过程:万丈高楼平地起,小猪第一步是选好了地基,浇筑好了地梁;接着小猪开始搭梁砌柱,搭建好了房子的框架;然后它开始在搭建好的框架中砌砖砌瓦、铺设管道等。最后,小猪又对房子进行了装修……一边读着绘本,我一边在思考:小猪造房子的这些步骤是不是可以转换成为在课堂中引导学生复述的步骤呢?合上绘本,我埋头继续思考:

　　故事中,小猪首先选择了一块平坦的地基,这就相当于我们要先选择一篇适合于孩子们复述的故事,这一点非常容易,部编版语文教材中已经有不少为我们选编好的课文,同时单元语文园地中也向我们推荐了适合学生复述的故事。选好地基之后,我们就要开始浇筑地梁了。这一步很关键。对于复述来说,浇筑地梁的这一个关键步骤我们之前一直在做,那就是帮助学生厘清故事的起因、经过、结果,只有明确故事的起因、经过、结果之后,学生才不至于出现《盘古开天地》中的这类无从下手的情况。小猪造房子中的第三步是搭梁砌柱、搭设框架,我需要在引导学生明晰起因、经过、结果之后,为学生的复述搭起框架。框架该怎么搭呢?学生在三年级至四年级一直在学习概括段意的方法,因此,在这里我就把故事每一段的段意作为复述的"梁"和"柱",这样一来,复述一个故事,既有了起因—经过—结果的顺序,也有了每一个自然段段意的串联,这样复述就变得容易上手了。随后,小猪要在搭建好的框架里砌砖砌瓦、铺设管道了,这个步骤同样也是建房子的重中之重。因为对于学生来说,段落大意的串联只能成为简单复述的要求,而要把一个故事说清楚、讲生动,还需要突出重点内容,这就需要学生能对段落中的内容进行详略取舍,关键的部分提取出来讲明白、说清楚,不重要的部分一句带过,甚至省略不说。最后,小猪还将房子进行了装修,这就如同我们复述的时候要把语言整理通顺一样。这样小猪的房子造好了,孩子们的复述也落地了。故事复述的"五步构建法"在我脑海中有了雏形。

【实验实施描述一】

第一节实验课(课堂指导)

　　还是回到《普罗米修斯》这篇课文的复述中来。这一堂课,我在引导学生梳理了课文的起因、经过、结果后,还是将课文分解成了"(人类)无火——(普罗米修斯)

盗火——（普罗米修斯）受罚——（普罗米修斯）获救"这四个环节。只是在这里我没有直接让学生讨论并复述课文，而是带着他们再回到文本中找"砖头"、铺"管道"。首先提问：你认为普罗米修斯盗火和受罚这两个环节哪个更重要？为什么？让学生自己通过文本的朗读和理解来体会出普罗米修斯"受罚"是故事的经过，而"盗火"则是故事的起因。然后再带领学生到"受罚"的这一部分来看一看：在你讲述这一部分内容的时候，哪些人物是不能少的？把他们在文中圈画出来。这个时候，学生很容易地就圈出了其中的关键人物（事物）：宙斯、火神赫淮斯托斯、普罗米修斯、鹫鹰，这就离最后的完整复述又进了一步。孩子们似乎也越来越有自信了，举手的人也越来越多了。但是其实这一部分的内容比较长，在讲述的详略处理上，学生还是不能很好地掌握。再让他们说一说：这些人物做的哪些事情是不能省略的？回答这个问题，孩子们还是不能很好地取舍，不少同学又犯了"样样都要"的毛病。

二、深入思考

看来，对于四年级的学生而言，如何对文本的重点部分进行取舍成了复述故事的瓶颈问题。偶然的一次机会，我阅读了一篇来自河南省优秀教研工作者张贵栓校长关于复述故事的一篇研究报告，他提到"复述是理解和表达之间的桥梁"。读到这里，我顿时茅塞顿开，学生为什么无法取舍文章的重点内容，表达得详略有偏差，归根结底还是理解没有到位。教师单单传授一些表达的技巧而忽视了理解的重要性，那么结果当然就会事倍功半。我又带领学生重新回到课文中，这一次，我以复述为目标，引导学生重新理解课文。这时，我又想到了"小猪造房子"的情景，小猪在搭建好的框架中砌砖砌瓦、铺设管道的时候用上了设计图纸。这张图纸可是重中之重啊，缺少了图纸的帮助，管道哪能铺得成呢？以复述（表达）为目标的理解同样需要"图纸"——首先我们可以借助圈画来锁定关键人物与事件；然后通过表格这种非连续性文本来帮助学生梳理故事的线索或是关键的环节；随后再通过小组讨论、学生互评的方式确定重点内容；最后运用课文中的或是自己添加的连接词把整理好的内容表达出来。在这个过程中，"设计表格"就成了这张"图纸"中的最关键的一环了，表格的设计需要帮助学生厘清故事的线索，将较为复杂而又关键的连续性文本中的重点内容提取出来，从而使学生在完成表格后能一目了然，这既是一个提取信息的过程，同时也是一个概括梳理的过程。

【实验实施描述二】

　　师：出示《普罗米修斯》第 3—8 自然段(普罗米修斯"受罚")。提问：这一部分出现了哪些人物(事物)? 圈画出来。然后出示表格,学生小组讨论后完成表格。

表 21‑1　普罗米修斯"受罚"

叙述顺序	(对应)自然段	人物(动物)	事件(包含关键词)	详/略
起因	1	普罗米修斯	普罗米修斯看到<u>人类</u>没有火种的<u>悲惨情景</u>,<u>决心</u>冒着生命危险,到天上去<u>盗取火种</u>。	/
	2	普罗米修斯	他从<u>太阳车</u>喷射着火焰的<u>车轮</u>上拿到了<u>一颗火星</u>,带到了人间。	/
经过	3—8 段		宙斯得知普罗米修斯从天上取走火种的<u>消息</u>后,<u>气急败坏</u>,决定给他<u>最严厉的惩罚</u>。	详
			派了一只凶恶的<u>鹫鹰</u>每天<u>啄食</u>普罗米修斯的<u>肝脏</u>。	详
		火神赫淮斯托斯	赫淮斯托斯让普罗米修斯<u>归还火种</u>并向宙斯<u>认错</u>,并答应给他<u>求情</u>。	略
			赫淮斯托斯将普罗米修斯押到<u>高加索山</u>上,并用铁环将他<u>锁</u>在<u>悬崖</u>上。	略
		普罗米修斯	普罗米修斯被锁在高加索山的<u>悬崖</u>上,日夜遭受<u>风吹雨淋</u>的痛苦。	详
			每天被鹫鹰<u>啄食</u>自己的<u>肝脏</u>,所承受的<u>痛苦没有尽头</u>。	略(重复)
			普罗米修斯<u>绝不屈服</u>。	详
		(鹫鹰)	每天<u>啄食</u>普罗米修斯的<u>肝脏</u>。	略(重复)
结果	9	大力士赫拉克勒斯	<u>挽弓搭箭射死</u>了鹫鹰,又用石头<u>砸碎了铁链</u>,让普罗米修斯<u>重获自由</u>。	/

　　出示各个小组的学生共同完成的这一份表格后,再请学生根据表格内容复述课文,学生这时只需要"装修房子"——用上一些连接词把句子整理通顺,复述的"房子"就建成了。

　　生 1：普罗米修斯看到人类没有火种的悲惨情景,决心冒着生命危险,到天上去盗取火种。于是他从太阳车喷射着火焰的车轮上拿到了一颗火星,带到了人间。

宙斯得知普罗米修斯从天上取走火种的消息后,气急败坏,决定给他最严厉的惩罚。他派火神赫淮斯托斯用铁环将普罗米修斯锁在高加索山的悬崖上,日夜遭受风吹雨淋的痛苦。他还派了一只凶恶的鹫鹰每天啄食普罗米修斯的肝脏,就这样,普罗米修斯所承受的痛苦没有尽头,但他绝不屈服。终于有一天,大力士赫拉克勒斯经过这里,他挽弓搭箭射死了鹫鹰,又用石头砸碎了铁链,让普罗米修斯重获自由。

　　生 2:很久很久以前,地面上没有火,人类过着十分悲惨的生活。普罗米修斯见此情景,决心冒着生命危险,到天上去盗取火种,于是他从太阳车的车轮上拿到了一颗火星,带到了人间。宙斯得知普罗米修斯从天上取走火种的消息后,气急败坏,决定给他最严厉的惩罚。他派火神赫淮斯托斯用铁环将普罗米修斯锁在高加索山的悬崖上,然后还派了一只凶恶的鹫鹰每天啄食普罗米修斯的肝脏,就这样,普罗米修斯的痛苦没有了尽头,但他为了人类的幸福不屈不挠。过了许多年,大力士赫拉克勒斯经过这里,他射死了鹫鹰,用石头砸碎了铁链,让普罗米修斯重新获得了自由。

三、延伸思考

　　通过表格这种非连续性文本的提取和梳理,学生很顺利地将《普罗米修斯》复述过程中"详略得当"这一难点突破了,学生的课堂复述达成率达到了 97%(全班33 名学生,32 名学生能在课堂小组内完成复述)。但是在学生课堂小组讨论的巡视过程中发现,有 9~11 名学生在表格全部完成之前已经能够梳理文章的起因——经过——结果,对关键人物、事件的圈画等也基本达到了复述要求。那么对于这一部分理解表达能力较强的学生来说,表格这张"小猪的图纸"就显得有些复杂了。是否能设计一种简略于表格的"复述图纸",让这部分学习能力较强的学生能高效而快速地完成复述呢? 这时,我留意到这 11 名学生中的一人,课堂中他一边抬头看板书,一边低头看课文中圈画的内容,一边进行复述。那么"课堂板书＋关键词句"能否成为简易版的"复述图纸"呢? 我决定再试一试。

【实验实施描述三】

《女娲补天》课堂实录(部分)

　　师:我们已经知道了女娲补天的起因与结果,但是补天可不是一个简单的活儿,它是一项巨大而又艰难的工作。我们一起来看一看课文的第 4 自然段,数一数女娲补天一共做了几件事?(出示课文第 4 自然段)

生:女娲补天一共做了 4 件事。

师:你是怎么知道的? 课文中哪些词语给了你提示?

生:我找到的词语是:先、又、接着、最后。

师:是啊,这几个连接词分别连接了女娲补天先后做的这 4 件事。下面我们来一一分析一下吧,看看"补天"究竟有何难度。

(学习、理解女娲补天做的 4 件事,并板书小标题。)

$$
经过
\begin{cases}
先——拣五彩石、炼石补天 \\
又——杀巨龟、斩四腿、立四方 \\
接着——斩杀恶龙、震慑野兽 \\
最后——烧苇成灰、堵住洪水
\end{cases}
$$

师:我们一起来看一看黑板,你能根据板书上的内容和我们刚刚在课文中圈画出的关键词,再加上我们之前学习的"起因"和"结果",来复述一下女娲补天这个故事吗?(小组说一说)

(教师巡视小组复述)

师:(指名学生复述)大家都说得不错啊,看来复述课文并不难,我们都可以说得很棒! 回去把这个故事说给你们爸爸妈妈听一听,好吗?

生:好!(学生积极性很高)

课后从各组长上交的统计数据我们可以发现,在小组复述的过程中该班级大部分同学都能在课堂完成复述,只有 6 名同学未能完成。课堂指名学生复述表达完整,复述条理清晰,内容详略得当,重点突出。

四、启示与反思

近一年的小学语文复述"五步构建法"的设计与运用,使我们有收获,更有启发。

1. 丰富语言积累,提高想象能力

课文复述并不是简单的读课文和概括段意,它可以丰富学生的语言积累,也可以训练学生的想象能力。复述的过程是一个认知、理解、记忆、推理、归纳和想象等各种因素综合作用的过程。特别是到了小学高年级的语文学习,学生在想象中复述,他们将自己置身其中,不知不觉地就将课文中优美的词句转化成为自己的语言。经过长时间的累积后,量变形成了质变,学生的语言水平和语言能力就在无形中得到了提升。

2. 梳理结构章法,促进写作提升

在复述故事的过程中,学生对文章结构、表达方法的理解都有了潜移默化的提升。最明显的就是平时学生写作有时候内容丰富但逻辑杂乱,通过一段时间复述的"五步构建法"在课堂中的反复运用,学生在复述能力提升的同时,连他们自己都很明显地感觉到写作文顺了很多,"起因"交代清晰、"经过"重点突出,"结果"首尾呼应,不少同学还能升华主旨。

3. 从"要我说"到"我敢说"

学生的语言表达能力在这段时间里有了较大的进步,他们觉得自己有方法了,所以就敢于表达了,不仅仅是课文的复述,在表达其他内容时,孩子们也知道了表达要有顺序、表达要有重点。因此学生的表达能力也在一点一点地提升,敢于表达基本做到了,乐于表达应该就在不远处了。

当然,我们也发现"复述"是一个较大的范畴,笔者的这一次实践只是其中的一小部分,部编版小学语文对不同年段学生的复述提出了不同程度的要求。今后我们可以在"复述"上下更多的功夫,做更多的研究,将"复述"这个知识点按年段要求细化落实;同时我们也可以拓展"复述"故事的外延,比如听故事复述、快速复述等等,系统性地坚持去做,相信用不了多久就能让孩子们对"复述"更有兴趣,把"我敢说"变成"我要说"!

【参考文献】

[1] 李勇.怎样让学生学会复述课文[J].读与写,2012(11):15-17.

[2] 滕秀平.复述课文的难点及对策[J].江苏教育,2005(18):27-30.

[3] 王立新.中等生教育论[M].文汇出版社,2013.

[4] 马国华,石少平.新课标下指导学生复述课文的有效尝试[J].新课程,2010(8):6-10.

玩转思维导图，实现古文悦读

——思维导图对小学生语文思维能力的有效影响

上海市三泉学校　金依婷

摘　要： 思维导图是一种实用性较强的思维工具，运用图文并重的技巧，把各级主题的关系用相互隶属与相关的层级图表现出来，把思维模式以视觉导入图表的形式展现，通过关键词、图像、颜色等建立起的知识记忆链接，根据记忆、阅读、思维发展的规律，使学习内容以形象化、生动化、系统化的形式体现，让学生在有效调动自身的思维体验和认识体验的基础上，形成对学习内容的有效认识体验过程。本文以小学语文诗文的课堂教学为例，谈谈在教学实践中思维导图的有效应用，用思维导图提高语文课堂教学效度，成为打开课堂思维的"金钥匙"。

关键词： 思维导图　古诗文阅读　课堂教学

一、案例背景

由部编版语文课程标准和要求可见，阅读是小学中高年级的语文学习重点之一。小学阶段的文章重点在于记叙，通过具体的人物、故事情节来梳理故事的发展脉络，使学生在思路清晰的学习过程中，形成对学习内容的认识体验过程。

笔者作为一线教师，发现低年级学生在较长的文章阅读中会产生焦虑、抵触情绪，因此我在低年级语文课文教学阶段将板书从简单的展现文章脉络逐渐演化成正规的思维导图，让低年级学生在理解、绘制中感受思维导图的形式和魅力，使学生面对较长篇文章时不再抵触，学会用自己的方式去概括和理解。随着学生年龄的增长，古诗文、文言文也出现在语文学习中，这类古文需要让学生了解作者、逐字解释、了解诗词大意,明确中心。如果在课堂上只是严格按照流程进行教学,难免会让好动、思维跳跃的小学生们感到枯燥,从而对古诗文失去兴趣。

思维导图能够将古诗文的各类知识点通过有趣的形式展现在学生面前。在低年级的教学中,我发现比起冗长的文字,学生更偏爱这种教学手段。因此如何运用思维导图引导学生主动构建古诗文知识体系,促进学生对知识的掌握和吸收,提升学生的古诗文课堂学习效率,提高学生对古诗文阅读的兴趣,并主动在课堂上进行思维发散是本案例的研究目的所在。

二、提高课堂教学效率

(一) 个案描述

1. 个案一

小姚同学在班级中的学习处于中等程度,但他的学习状态较差,缺乏自主学习能力,上课表现较差,特别是对于较为枯燥的课文内容,不会主动举手,被点名回答问题也显示出该生上课不专心,因此对于他来说上课的效度不高,应该采取一些其他的教学方法。

【教学实录片段一】

二年级下第一课《古诗二首》

师:请同学们跟着老师一起回忆今天所学的《村居》的诗句。

师:早春二月,小草长出了嫩绿的芽儿,黄莺在天上飞着,欢快地歌唱。

生 1:"草长莺飞二月天。"

师:杨柳披着长长的绿枝条,随风摆动,轻轻地抚摸着堤岸,它仿佛在春天里醉了。

生 2:"拂堤杨柳醉春烟。"

师:村里的孩子们放学后急忙跑回家,趁着东风把风筝放上蓝天。

小姚同学:"……东风……""……放……"我忘了。

2. 个案二

小吉同学在较为有趣的童话、叙事课文的课堂上表现较好,而在这类比较难懂的古诗教学课堂中表现不佳,往往前半节课还在认真听讲,后半节课就会开小差、不专心。

【教学实录片段二】

二年级下第一课《古诗二首》

师:请大家一起来背一背这首《咏柳》。

（全班齐背。这时发现小吉同学似乎无法完成背诵）。

师：小吉同学，请你再来背一背《咏柳》。

（小吉同学磕磕绊绊完成了背诵。）

师：我们知道诗人通过赞美柳树，也赞美了春的发明力。小A同学，你能否用自己的话来赞美一下柳树呢？

生A：柳树的枝条像仙女的丝带，让春天这个仙女变得更美妙了！

师：你可真有想象力，回答得非常好！

师：小吉同学，你能不能试着用自己的话来赞美一下柳树呢？

小吉同学：柳树……很美丽。

师：你只说出了柳树的美丽，却没有具体说出它哪里美丽，希望你能够开动脑筋，借助诗歌中的语句，用自己的话说一说。

小吉同学：柳树……绿丝绦……

师：可见你还没有完全理解古诗的意思，请你坐下，以后要认真听课。

（二）问题诊断

由此可见，对于低年级小学生而言，古诗比较枯燥，小姚同学和小吉同学由于缺乏兴趣，上课不仅没有跟着老师一起背诵，就在老师提示下都无法将古诗句说出来，而且在课堂的说话练习中，两人更是无法发散思维，借助诗歌进行口语练习。

（三）实验实施辅导

在团队的研究下，我在二年级下第十五课《古诗二首》中引入了思维导图。在课堂中留出10分钟左右带领学生进行思维导图的绘制。在带领过程中，我将大纲列给他们，让他们进行挖空填写，并且美化图片。由于这是第一次在古诗文中接触思维导图，因此我主要将能够开阔想象空间的写景句让学生进行了绘制，并引出中心。在学生绘制思维导图的过程中，我也给了范例，让他们进行参照。

【实验实施描述】

二年级下第十五课《古诗二首》第一课时

师：这"绿得远阔"和"红得明丽"给作者的视觉带来了巨大的冲击，给作者留下了深刻的印象，难怪诗人走出净慈寺就脱口称赞——

生：毕竟西湖六月中，风光不与四时同。

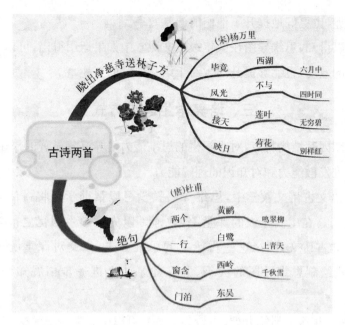

图 22 - 1

（生边回答，师边板书。）

师： 看看老师在黑板上画的莲叶与荷花，可惜黑板上没有办法很好地表现出它们的美丽，请你们拿出白纸和彩笔，根据老师写的字和画的画，完成本课的思维导图。

（生拿出白纸和笔开始绘制。）

约摸 10 分钟后，陆陆续续有学生上交思维导图。大部分学生的思维导图较为稚嫩，描画得也不够出色，但是框架都没有错，而且学生的兴趣感十足。

师： 大部分同学都已经交了，现在老师想请你们说一说古诗的大致意思。

小吉同学： 西湖的六月风光不同，莲叶绿得充满生机，非常远阔；荷花红得很明丽。

师： 你说得可真棒，进步真大！小姚同学，你来试试吧。

小姚同学： 西湖的六月风光与别的景色不同，莲叶绿得远阔，荷花红得明丽！

师： 很不错，你能够根据老师画的思维导图进行古诗的解释，真厉害！

（四）实施反思

在第二节复习课中，我再次对小姚同学和小吉同学进行了提问，发现他们不仅能够将古诗背出来，还能够大致说出对应的意思，可见思维导图提高了他们对于这类课文的兴趣,也更好地提升了他们的课堂效率。

由此可以得知,思维导图在低年级语文课堂中如果运用得当,可以大幅增加语文课堂教学的效度,也能够提升学生对于语文课堂的兴趣。

三、培养学生思维方式

思维导图因其结构特点,对小学生的思维能力培养有着显著的作用,能有效培养学生的思维发散能力和对知识的理解能力。

在小学语文古诗文教学中,思维导图教学可以帮助学生将古诗文中所学的知识串联起来。在中高年级的课堂上,教师可以先让学生回忆之前学过的具有关联性的其他古诗文,回忆这些古诗文的思维方式,以此对课堂所学古诗文进行自学,自我绘制思维导图的大纲,并在此基础上进一步拓展知识,添加其他内容。

例如,在三年级下册第九课《古诗三首》中,可以引导学生理解这三首都是写节日的古诗。在教学了《元日》和《清明》后,让学生根据教师的前两首的思维导图教学模式,自己发散思维,在教师初步讲解《九月九日忆山东兄弟》这篇古诗的大意后,自己绘制思维导图。

此外,在三年级下册第一课《古诗三首》的教学中,我将三首古诗绘制成了一张大的思维导图。

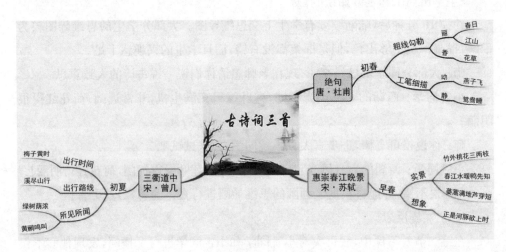

图 22-2

因此在教学第九课时,我也额外增加了一个环节:请学生根据自己上节课绘制的《九月九日忆山东兄弟》导图,将另外两首古诗的思维导图添加进去,成为整个第九课的大导图。这样不仅可以让学生对古诗文的积累和掌握更加扎实,也培养了学生的自学习惯,激发了他们的思维兴趣,提高了思维能力。

四、辅助课后总结复习

小学语文教材的古诗课文往往是在一个主题下选取具有相似性的三首诗词汇集成一课,如果能让学生在学习时明确一篇课文中的三首诗词具有关联性,可以更好地帮助学生理解古诗含义。在这一方面,教师可以利用教材的安排特点,让学生自己尝试在课后绘制思维导图,以达到更好的复习效果。

例如,在教学四年级上的古诗《暮江吟》时,教师可以将其归类成写秋天时节的古诗,以此为基础让学生在课后自主整理并绘制学过的秋季类古诗,如《山行》《枫桥夜泊》《望洞庭》《夜书所见》等。这种思维引导不仅可以根据春夏秋冬对古诗进行归类复习,也可以让学生根据思乡、送别、节日、爱国、赞美、心情等类型对所学的古诗进行分类复习,使学生的古诗文学习具有整体性,不仅做到了课后复习当堂知识,也延伸复习了其他所学的同类古诗。

五、总结反思与展望

新课程背景下的语文教学应建立在有效激发学生的学习主体性的前提和基础之上,教师在具体的教学实践中起着重要的引导作用。在此背景下,教师不再是教学实践中的主宰者,而是成为一个引导者,让学生在教学实施过程中变成具体实施者。教师应在教学实践的过程中,通过兴趣激励、方法引导等有效方式,提升课堂教学效率。同时,在兴趣激励的驱动下,引导学生进一步深入课内课外的阅读理解中。

随着多节课思维导图的辅助教学,我发现,在课堂中运用思维导图不仅提高了学生对教学内容的掌握能力,还充分激发了学生的学习兴趣。

针对逻辑关系清楚的课文,利用思维导图可以更好地让学生对课文有整体逻辑性的把握,锻炼了其整体感知能力。

而针对于较为生涩难懂的古诗类课文,思维导图可以更好地帮助学生理解古诗内容及内涵,提升学生对古诗课文的阅读、学习兴趣。

同时，在知识点明确或较多的课文教学中，利用思维导图可以更好地将知识点串联起来，让低年级学生更容易把握和牢记，并建立单元结构意识。

由此可见，思维导图对语文教学的推进十分必要。在低年级中，以教师为主体，对知识点框架进行把握和设计，到了小学中高年级，也可以逐步放手，让学生成为主体，不仅能有效地加强课本知识的灌溉，也可以锻炼学生的思维想象能力。

总之，在小学语文教学实践中，思维导图教学模式的有效运用能够使学生在图文并茂、形象生动的学习过程中形成对学习内容的认知，使学习效果在学生的思维点亮、认识丰富的过程中得到有效的发展和提升。在语文教学实践中，将思维导图模式有效地运用到教学的具体过程中去，能够帮助学生对学习内容的系统化、形象化的掌握，使学生形成具体的语文思维模式，促进学生的认识发展和能力提升。

【参考文献】

［1］高斯涛，陈蓉.思维导图在小学教学中的研究综述[J].软件导刊,2017.

［2］王雪.思维导图在小学教学中的应用研究[J].中国校外教育,2020(5).

［3］李伟群.思维导图在小学教学中的应用[J].中国校外教育,2018(37).

［4］李秀娜.小学高年级语文古诗词思维导图教学策略的研究[J].文科爱好者,2020(202).

［5］贺菊.思维导图在小学语文教学中的实践运用[J]. 甘肃教育,2017(8).

如何在说明文教学中提升学生思维

上海市三泉学校　高　莹

摘　要： 说明文是一种以说明为主要表达方式的文体,在小学语文教材中占一定的比例,也是学生需要学习掌握的重要文体。说明文作为小学语文阅读类型的一种,既不像记叙文那样情节生动,也不像诗歌那样情感丰富,说明文是对客观事物、事理进行介绍、解说的一种文体,对于学生语文素养的提高非常有帮助。说明文的基本特点是知识性、科学性、实用性。根据"阅读简单的说明性文章,了解基本的说明方法"这一语文要素,我们必须转变现有的思维方式,把说明文本作为培养学生人文素养和科学素养的重要素材,让学生在学习说明文的过程中理清说明顺序、整理说明结构、掌握说明方法、提升语言表达能力,最终达到提高学生逻辑思维能力,培养语文素养的目标。

关键词： 小学语文　说明文　思维能力

【个案情境描述一】

师： 这篇课文讲了什么内容？请同学们看一下第一自然段,边读边想,你从这个自然段中了解到了太阳的哪些知识？

（生自读第一自然段,圈画关键词句）

师： 你知道了太阳的哪些知识？能来说一说吗？

生： 我知道走路到太阳要 3 500 年,坐飞机也要 25 年。

生： 我知道了古时候天上有 10 个太阳。

师： 有同学提到关于太阳的个数,这也属于太阳的知识,那我们来看一看第一自然段中关于太阳个数内容的介绍。这属于介绍太阳的知识吗?

(无人回答)

师:我们在提取关键词时,不是所有的内容都需要进行概括。这里的内容是记录古时候关于太阳的传说,概括太阳特点时传说的内容可以忽略,这个不属于介绍太阳的知识。那我们再看看后面的内容,这是介绍太阳的什么呢?你能用一句话来概括吗?

(生交流)

生:太阳离我们很远。

师:你的概括能力很强,能把较长的句子用简短的话来概括。那我们再提高难度,你能不能用一个字来概括太阳的特点?

生:远。

师:请同学们在第一自然段的旁边写上"远"。

师:刚才我们在第一自然段中提取了关键语句,把长句缩成短句,甚至用一个字来概括太阳的特点,用这样的方式我们可以很快抓住段落的重点,更好地帮助我们理解文章的内容,这是非常好的一个方法。那么我们在学习第二、三自然段时能不能也用上这样的方式来快速归纳太阳的其他特点?

(生讨论交流)

生:温度很高,太阳很大。

师:你已经初步掌握了概括的要点,那么老师再提高一些要求:你能不能分别用一个字来概括太阳的另外两个特点呢?

生:大。

师:我们在回答问题的时候要回答完整,请你说清楚这是第几自然段里写的关于太阳的特点?

生:第二自然段。

师:很好,那第三自然段呢?

生:第三自然段是热。

师:连起来说,远、大、热概括起来就是介绍了太阳的什么?

生:介绍太阳的特点。

师:这就是课文第一部分的内容。运用相同的方法我们可以找到太阳的特点。

问题诊断

五年级学生对说明文已经有一定的了解,对于中高年级的学生而言,"抓住关键词句,体会句子表情达意的作用"是阅读教学的一个难点。《太阳》第一部分内容要求学生从一段话中提取关键语句,从关键语句中提取关键词,这是有一定难度的。在教学时,我以为学生都能快速找到对应的句子,但是有些学生会被开头关于太阳传说的内容误导,误以为只要是段落中出现的句子都属于关键语句,做不到无用信息的剔除,说明学生并没有完全理解概括提炼信息的诀窍。教师在设计提问时,需要有步骤地启发学生多思、会思、深思,根据学生阅读心理的过程和特点去提出启发学生思考的问题,来激发学生动脑的兴趣,激活学生的思维能力,避免产生"舍不得,丢不掉"的情况。

【个案情境描述二】

师:老师现在请一位同学来读一下课文第二自然段,其他同学边听边想:这一自然段介绍了什么内容?

(生朗读)

师:谁来说一说?

生 1:这一自然段写了鸵鸟奔跑的速度比人在奋力奔跑时的速度快很多。

生 2:在两条腿的动物里,鸵鸟应该算是奔跑的世界冠军。

师:通过信息整理,同学们已经掌握了在阅读文章时要抓住关键词句进行信息的提炼。我们能够观察到,作者为了说明鸵鸟的奔跑速度很快,采用了人奔跑的速度与鸵鸟奔跑的速度进行对比,这是什么样的说明方法?

生:作比较。

师:非常好。同学们已经能准确找到作者写说明文时使用的说明方法。除此之外,我们再来阅读这一自然段,找找作者还运用了什么说明方法。

生:列数字。

师:你是从哪里看出来的?

生:"24 千米每小时"和"72 千米每小时"。

师:请同学们把这两组数字圈出来。这种借用数学方面知识,列举相关的数据来说明问题的说明方法称之为"列数字"。这一自然段我们学习了两种说明方法,那么接下来,请同学们快速默读课文,找一找后文里还有哪些地方也运用到了说明方法?

（生讨论）

生1："但是游隼向下俯冲时的速度更快,超过320千米每小时。"

生2："不过,游隼还是没有飞机飞行的速度快。"

生3："但是,如果你想到月球上去,就需要搭乘速度更快的工具。对! 我们需要一枚火箭。"

生4："看! 前面呼啸而过的东西是什么? 跟它的速度一比,火箭就好像是静止了一样,那是流星体!"

生5："光的速度是惊人的,大约是30万千米每秒,比流星体的速度要快几千倍!"

……

师:同学们已经能按照运动速度的快慢找到文章中列举的其他事物以及对应的句子,你们发现这些句子有什么共同的地方吗?

（生讨论,没有得出较好的答案。）

师:看来这个问题比较有难度。老师给同学们一定的提示:你们是否发现每一自然段中有出现一些转折词?

生:有"不过""但是"。

师:这些句子依次介绍了比猎豹速度更快的是游隼、飞机、火箭、流星体、光这几种事物,这些转折词让段落之间形成了层层递进的转折关系,最终可以让我们得出"光的速度是最快的"这样的结论。所以,文章向我们介绍的就是事物运动速度规律这一事理。

师:同学们能不能在这些句子中找到对应的说明方法?

（生交流。）

生:举例子、列数字、作比较。

师:同学们已经掌握了说明方法的使用,能自主探究并从文章中发现作者运用的说明方法。

问题诊断

《什么比猎豹的速度更快》这一说明文没有在题目中直接写明说明对象,而是通过问题引发读者兴趣,需要同学从每个自然段中的转折词找到对应的事物并进行相应的排序整理。这些事物在文章中分散出现,要按照它们的速度进行排序,确定速度最快的事物是谁,就必须逐段细读,先概括出每个自然段中在拿什么事物和什么事物作比较,经过梳理后再进行信息整理。但学生在这一部分的学习时很难找到转折词并理解转折词在段落与段落之间的作用。作为教师,我静下心来反思,我感到这个问题的理解对于学生来说是有一定的难度的,之所以没有达到理想效果,是因为在前期没有做一些铺垫和引导,导致冷场,学生的思维能力也没有得到一定的提升。

一、初步设想

语文课程标准明确指出:"现代社会要求公民具备良好的人文素养和科学素养,具备创新精神、合作意识和开放的视野,具备包括阅读理解与表达交流在内的多方面的基本能力,以及运用现代技术搜集和处理信息的能力。"五年级说明文阅读需要学生能准确判断文章的说明对象,并且能够根据提示,概括说明对象的特点,在能准确判断列数字、举例子、作比较、大部分等说明方法的基础上,进一步说出这些说明方法的表达效果。怎么才能让学生更好掌握说明文的学习方法,提升他们的思维能力呢? 在反复思考及摸索后,我的结论是:教师在进行说明文教学时,应对教学细节精雕细琢,从作者的写作对象、写作意图、说明方法以及寓言特点这几个方面入手,依托文本,活化语言,在授课中除了让学生尽可能地自己提问自己解答,还可以加入一些听说读写的训练,让学生通过实践来感知作者遣词用句的精准性,让学生对于说明文的科学性有更深刻的认识,也能培养学生学科学、爱科学的精神。

【实验实施描述一】

师: 通过上节课的学习,我们知道太阳的三大特点分别是远、大、热。这三个特点决定了后羿是无法把太阳射下来的,那么作者是通过什么样的方式把这三个特点写具体的呢? 你能根据提示完成填空吗?

PPT: 太阳离我们有(　　)……如果日夜不停地步行,差不多要走(　　);就是坐飞机也要飞(　　)。

(生填空。)

师: 请同学们交流。

(生交流。)

　　师：作者在这一部分运用了什么说明方法把这一特点写具体的？

　　生：列数字。

　　师：我们现在来看看下面这句话，你觉得哪句话更好？为什么？

　　PPT：太阳离我们很远，如果日夜不停地步行，要走很久；就是坐飞机也要飞很长时间。

　　生：原文的句子更好。运用列数字的说明方法把句子的意思表达得清楚具体，更准确。

　　师：你回答得很好。现在我们来分小组讨论，完成以下两道填空题。

　　PPT：① 我们看太阳，觉得它并不大，实际上它大得很，（　　）才能抵得上一个太阳。（这里把太阳和什么放一块比较？这样比有什么好处？）② 太阳的温度很高，表面温度有（　　），就是钢铁碰到它，也会变成汽；中心温度估计是表面温度的（　　）。（作者在这句话中采用了什么说明方法？这样写的好处是什么？）

　　（生讨论，交流。）

　　师：同学们现在已经明白了说明方法的使用可以帮助我们具体且准确地找到所描写事物的特点。那么在我们这篇课文中，太阳的这些特点到底与我们居住的地球和地球上生活的人类有什么关系呢？请同学们继续阅读课文，圈画关键词句。

　　（生阅读，圈画。）

　　师：同学们已经快速找到了太阳和植物、动物、天气、煤炭、细菌以及人类生活的关系，由此看来，太阳对于我们来说实在是太重要了。那么，如果有一天我们失去了太阳，世界将会变成什么样子呢？文章有没有告诉我们答案？

　　生：答案在课文最后一个自然段。

　　师：请你来读一读你找到的句子。

　　生："如果没有太阳，地球上将到处是黑暗，到处是寒冷，没有风、雪、雨、露，没有草、木、鸟、兽，自然也不会有人。"

　　师：用一句话概括。

　　生：没有太阳，就没有我们这个美丽可爱的世界。

　　师：通过学习这篇课文，同学们已经了解到了太阳的知识以及太阳和人类的密切关系。

二、深入思考

在教师的指导和启发下,学生已经能准确判断文章的说明对象,也能根据提示概括说明对象的特点,并能准确判断作者使用的说明方法。讨论时不再出现冷场的情况,学生思路拓宽,能进行有针对性、有目的性的讨论,结合教师的提示和自己已掌握的知识迁移到说明文的分析中,激发了学生对说明文的阅读兴趣,增强了讨论效果。五年级上册《太阳》一文,题目是"太阳"这一具体事物,但是文章中除了对太阳的"远、大、热"这三个特点进行介绍以外,还就太阳与动植物的生长、能源形成、自然气候变化、预防和治疗疾病等方面进行了论述,最终得出太阳和地球关系密切的结论。在教学时教师充分调动了学生的积极性,学生在深刻把握说明文的写作顺序后,对文中最后引出太阳与地球的关系非常密切,没有太阳就没有我们这个美丽的世界这一结论的理解也水到渠成。在调整教学流程后,学生对本课课文也掌握得更好,达到了良好的教学效果。

【实验实施描述二】

师:请同学们打开课本,自由读课文,想一想:今天我们要学习的这两篇课文分别讲了什么? 对文中介绍的两种事物,你都有哪些了解?

(生阅读,讨论,交流。)

生1:《鲸》这篇文章分别从鲸的形体特点、进化过程、种类和生活习性等方面进行介绍。

生2:《风向袋的制作》介绍了风向袋的作用、制作步骤、辨别风向的方法,重点介绍了制作步骤。

师:这两篇文章都是说明文,那么作者在介绍时使用了哪些说明方法来把每一个方面写具体的呢?

(生讨论交流。)

生1:在写鲸的体重时,作者采用了列数字的说明方法。如"近四十吨""约十八米长"等,强调了准确性。

生2:风向袋的制作过程作者用了"第一、第二、第三、第四"来介绍制作的步骤,清晰明了,让读者一目了然。

师:我发现同学们在进行内容整合的时候,有些观点和文中的批注有异曲同工之妙,那么现在请同学们再阅读这两篇文章,并重点关注文章中出现的批注,想一想这些批注在文章中的作用是什么。

生3:每一处批注的指向各不相同。《鲸》这篇课文中的四处批注分别从用词准确、运用多种说明方法的好处、分类介绍、形象描写等角度来进行介绍的。

生4:《风向袋的制作》中的三处批注指向也不一样。第一处提示我们介绍流程时要先介绍准备工作。第二处提示我们可以运用序数词把步骤、流程等写得更具体。第三处提示我们在说明文中要选择恰当的说明方法进行运用。

师:通过阅读这两篇文章,我们可以知道,恰当使用列数字的说明方法,更能体现准确性;使用打比方的说明方法,可以使事物的特点更加鲜明;使用举例子的说明方法,可以使事物的特点更具体化。在说明文中,为了增强逻辑性,我们也可以用上"第一、第二、第三……"这样的顺序去写。

三、启示与反思

1. 对小学说明文教学方法的思考

说明文是用说明这种表达方法解说事物或阐明事理的文章。为了使人们对客观事物有更多的认识,或者对抽象事理有更深的理解,区分了不同的说明对象。说明性文章能帮助学生认识事物,获取知识,并且在说明文中运用恰当的说明方法可以将抽象复杂的事物介绍得通俗易懂,也可以说说明文具有条理清楚、结构严谨的特点。教学时,教师首先要指导学生理清课文的层次结构,解析课型,帮助学生感知文体,进而达到教学目的。一般说来,说明某一事物作用的文章,常常按照先主后次的顺序组织内容;说明某一事物发展过程的文章,则按照时间的先后顺序组织内容;说明比较复杂事物的文章,通常要先将事物分成几个部分,然后再分别对每个部分进行说明。教师可以按照这样的规律帮助学生快速了解课文的大致内容,更快进入文本的学习。

2. 关于说明文在课堂教学流程的思考

在确定了教学方法和内容后,教师应该面对学生,面对课堂,面对文本,帮助学生梳理文章结构,探索说明方法,理解表达作用。说明文的语言具有很强的实用性,遣词用句要求准确无误,并且具有逻辑性,给人一种科学的认识。在教学时,教师可引导学生仔细品读文中语言的精准,使学生对说明文的语言风格有更深刻的认识。从操作策略看,课堂教学以学生的合作交流为主,交流的任务有两个:一是资料共享；二是初读课文的收获。在课堂上教师组织、引导好学生的合作交流，并通过检查、纠错、讨论、引导等方式为下一步的教学做准备。这样能一方面引导学生在学习过程中对课文中出现的科学术语、专有名词、新鲜事物等进行资料的搜集与整理，另一方面，通过课外阅读学生对自己感兴趣的问题可以进行深入的阅读学习，更好地掌握相关知识。不同的说明文语言风格不同，把不同风格的说明文放在一起，引导学生进行对比学习，可以扩大学生的认知范围，给学生更丰富的阅读体验，也能加深学生对不同风格说明文的认知，为日后的学习做铺垫。

说明文教学是小学高年级语文教学中的重点和难点，教师要根据学生的知识水平和认知特点，对说明文的写法、特点进行总结和归纳，教给学生分析和写说明文的技巧，也可利用多媒体手段让学生更深入地理解说明文的内容。要学好说明文不是一朝一夕的事情，要让学生在平时的学习中不断积累语言，也只有这样他们才能逐步掌握说明文的写作方法，为未来的学习打好坚实的基础，形成自己的思维方式，进而在学习的过程中逐步提升自己的思维能力，更好理解文章的语言，提高语文核心素养。

【参考文献】

［1］王立新.中等生教育论［C］.上海市三泉学校，2013.

［2］姚秀萍.教育教学论坛［C］.河北省报刊发行局，2011.

［3］张习鹏.谈语文教学中学生质疑能力的培养［J］.学周刊，2017.

思维导图对初中英语阅读理解的正向作用

上海市三泉学校　刘雅洁

摘　要：授人以鱼不如授人以渔,英语课程标准提出:"学生的发展是英语课程的出发点和归宿,英语课程在目标设定、教学过程、课程评价和教学资源的开发等方面都突出以学生为主体的思想。"我校是静安区一所九年一贯制学校,主要以中等生为主。基于这样的学情和校情,我们认为提升学生的核心素养的重要抓手就是帮助学生提升思维品质。于是我尝试在九年级所任教的 3 班进行思维能力的训练。

关键词：思维导图　初中英语　阅读理解　思维训练

【个案情景描述一】

[教学实录片段]

九年级上第六单元 Protecting the innocent,九年级 3 班,年龄：15 岁,成绩：中等生。

师：请同学根据所示的关键字寻找出相对应的细节。

(有的同学提笔就写,部分同学思索了片刻迟疑地写下部分信息,少部分归纳总结能力较强的学生在片刻地思索后整理出来较多的细节信息。)

师：请同学们开展小组讨论,分享自己的细节。

(在课上,少数学生整理出的信息不完整且琐碎、凌乱,同时显得焦躁不安;另有部分同学写出部分关键信息;少部分归纳总结能力较强的学生在片刻地思索后整理出来较多较为全面的信息。)

问题诊断

教师在教授阅读课时要求学生理清文章细节。英语阅读教学中,学生需要阅读两次文章。第一次阅读要求了解文章大致的框架和结构,第二次阅读要求理解文章的细节信息。教师仔细阅读学生写下的信息,从中发现大部分学生都找到了容易找到的知识点。在与学生交流后发现,大部分同学整理能力较弱,只能找到一部分重点信息,无法将其串联在一起。需要给学生设定框架引导学生处理文章内容。初中英语学习中琐碎的知识点较多,理解和记忆本身对学生就有一定的要求。学习能力较强的同学能够很快掌握,而中等生的特点在于原有基础能力和学习能力较为平均,为了掌握相关知识需要结合一定的学习能力来辅助学习。文科学习中逻辑思维能力能够让学生对于文本进行观察、比较、分析等。因此一定的英语思维能力和记忆能力对初中学生来说是不可或缺的。

【个案情景描述二】

[教学实录片段]

九年级上第六单元 Protecting the innocent,九年级 3 班,年龄:15 岁,成绩:中等生。

师:在大致浏览文章后,请同学们仔细阅读文章并且寻找相关细节信息。

(阅读文章速度差异明显,部分学生落笔迟疑,搜索不到相应的信息;部分学生能够搜索到一定信息但涉及逻辑思维问题开始犹豫,总体效果不佳。)

问题诊断

九年级上学期中后期,教师教授完阅读课(对话型)后要求学生根据文本中的对话找出相关的信息和推理。这一次考虑到个案一出现的问题,教师设置问题链引导学生思考和推理。其中大部分学生能说出问题的答案,但是在后续的复述环节不能得当处理信息,甚至少部分的学生"推翻"原先的正确结论,陷入死循环。

学生词汇和语法的基础薄弱,词汇量不足导致学生无法正确理解文章大意,不能理清其逻辑关系。另有部分学生不够自信,在书写的时候踌躇犹豫无从落笔;还有少部分同学对文章的整体把控不足,对文章理解片面。

一、初步设想

在与学生的交谈中,我得知他们的困难在于词汇和思维结构。词汇倒是不难,不积跬步无以至千里,多积累能拓宽词汇量,但是思维结构上的问题怎么解决呢?如何让大篇幅的文章"显出原形"让学生找到关键的部分呢? 如何让一个个关键点点点相连? 这时我想到可以尝试用思维导图。思维导图,又名心智导图,是表达发散性思维的有效图形思维工具,简单、一目了然,并且可以高效梳理文章线索。在初中英语阅读中可以将细节点点相连,用简洁的文字还原长篇幅文章。我尝试将思维导图融入课堂设计中。

思维导图的运用改善了传统单一枯燥的教学形式,它甚至可以合理地通过图像和颜色的变化来增加学生对英语阅读的兴趣,有效地提升学习趣味。

尽管设计的过程是困难的,但结果收获满满。我先将课文中的关键点一一罗列出来,自己尝试着完成一个导图。在此过程中,我设想了学生完成导图可能遇到的难关,如生词、文章层次、逻辑关系等。在完成思维导图的过程中,强调"抓大放小""先整体再局部",即重点关注最主要的信息,细枝末节等零碎信息待稍后处理。思维导图遵循的是对文章重点部分的梳理,遵循的是学生认知能力发展,致力于培养学生自主学习能力和思维建构能力。思维导图是一种新型的教学模式,将其应用到英语教学中,学生会有一种新鲜感。思维导图还可以使英语知识结构更加直观化,学生在学习的时候会更加容易,这就在很大程度上激发了学生学习英语的积极性。

初中英语学习最重要的是学会对文章的理解和分析,思维导图可以将文章中的知识点紧密相联,帮助学生对英语文章整体把控。与此同时,还能提升学生的归纳整理能力,学生也可以按照导图的知识框架更快地掌握知识。除此之外,思维导图的运用还可以进一步提高学生的思维活跃度。使用思维导图进行英语教学的时候,老师只是一个引领者,具体的学习任务需要学生自己去独立分析并完成。学生可以根据英语学习情况进行学习体系和架构的建立,最终达到掌握英语知识的目的,这也能体现学生在课堂中占据主体地位。

【实验实施描述一】

第一节实验课

以上的教学显示,基于个案一的改进后,课堂得到了较好的反馈。有了教师的指导和引领,有了方向的学生不再原地转圈做无用功,提升了学习效率。向学生们展示思维导图的样式和特点,学生们很惊奇,有些跃跃欲试。为了让学生加深印象,在学生了解思维导图之后,让他们试着先小组讨论出关键信息,然后画一幅导图,选代表上台交流。整体的课堂讨论氛围浓厚,学生也踊跃发言,显然他们对思维导图的接受度较高。虽然九年级的学生有一定的分析能力,但在一些小细节上仍有不足,如抓不准重点、思维导图格式不够规范、时间管控能力不足等,但大致方向是准确的。学生参与度高,课堂有效程度约为 80%,这使我备受鼓舞。

二、深入思考

根据学生在第一节实验课上的表现,考虑到学生目前已经是九年级,有能力自主地对文章进行深层次地剖析之后,我决定对思维导图进行进一步的优化,让学生尝试多元化的思维导图。第一节实验课上学生的表现让我对在阅读中运用思维导图这一方法进行不断的反思和推敲。学生上手快,后续效果较好且能做到一定程度上发散性思维,有助于学生思维的提升。但是对于学生而言,要将全文的内容用完整的思维导图进行梳理显得有些难度,于是我决定将导图分解开来,让学生分支去完成。没有问题链的设计会让学生无从下手,为了更好地引导学生,我决定给予学生一定的提示,让他们独立地搜索文章中的有效信息。

【实验实施描述二】

第二节实验课

我在第六单元的阅读中再次融入思维导图的设计。第六单元的阅读是一篇篇幅较长的对话式文章,学生需要在对话中提取出有效的关键信息完成我设计的流程图。为了使课堂效率最大化,我将流程图分解为两个分支,要求学生分别完成,最后再进行整合。

师:请同学们独立完成流程图。

(一部分学生只能找出零碎的关键字,一部分学生能够较为完整地写出全部内容,少数学生能够较为准确地写出全部内容。书面作业中体现了学生在有限时间内获取到的信息量和不同的思考角度。看到学生们积极思考,让我备受鼓舞。在第二节实验课的基础上,学生将两个分支导图汇总成一个较为全面的流程图。整个过程由学生独立完成,可见他们对文章的理解全面,达到了教师的预期效果,如图 24 - 1。)

课堂反馈表现

在绘制导图的过程中,学生遇到一些问题,教师针对性地进行解释,加强学生

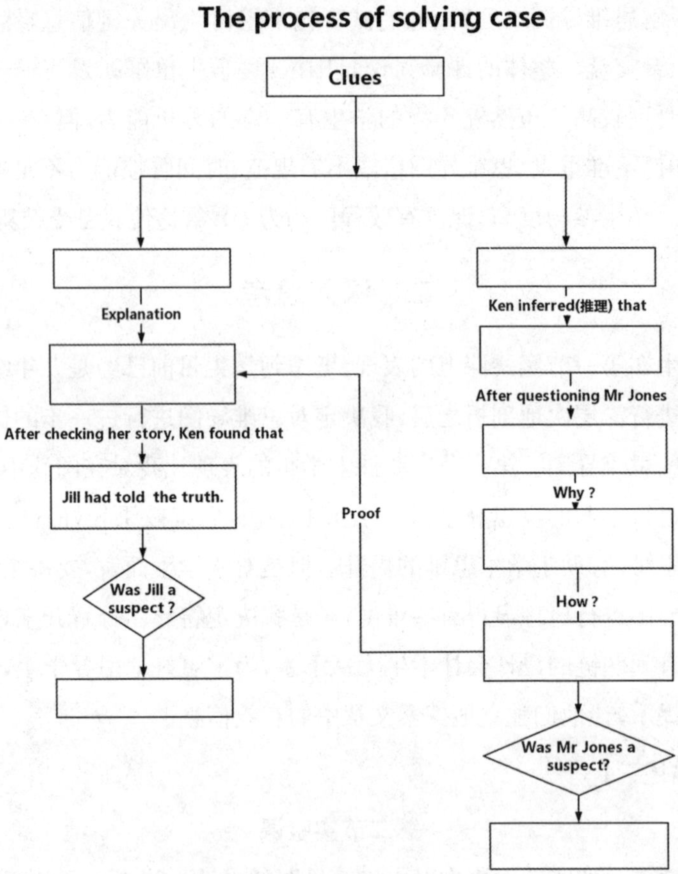

The process of solving case

图 24 - 1 教师完整版思维导图

对英语知识的把控。思维导图为学生构建了一个完整的知识体系,让学生在阅读理解中提高自身的学习能力和思考能力,学生的自主学习能力有了明显提高。尤其体现在课堂上,学生自己分析文本的能力增强了,保留了学生在课堂上的主体地位。

三、总结与展望

在这次思维导图的设计和运用中,我收获颇丰。

(一) 思维导图可以培养学生能力

1. 提高了学生的总结能力

为什么我们记不住听过和看过的内容呢? 因为产生记忆的方式是通过神经元

和神经元之间联系。没有与之相关联的内容,就难以产生联系。如果我们想要产生记忆就要自己建构联系,而思维导图能有效地把信息和信息联系在一起进行结构化的过程。在每节课中,相关性的知识以思维导图的方式联系起来让学生更快地掌握文本特征。思维导图还能将文章中的语言文字运用以及场景语境更好地联系起来,给学生提供直观的方式加深对文章的理解,有利于总结。在每节课后,学生用导图进行总结和完善知识结构后也能达到复习和巩固的效果。

2. 拓宽了学生思维方式

初中英语阅读对学生思维能力的运用有更高的要求,而思维能力实际上是拓宽学生的思维方式。在学生绘制思维导图的过程中,需要理解文章、分解任务、整理框架、理清逻辑、理解记忆、发散思维甚至在一定程度上还需要激发学生想象力。

特别是在课堂上阅读完文章后,学生根据文章进行一系列深入语篇的活动,进行推理分析、批判、评价、想象等一系列超越文章阅读本身的活动,促进了学生对于知识的内化、运用与迁移发展批判性思维和创新性思维,提高语言的输出和实际运用的质量。

因此,思维导图的运用能够活化学生的思辨能力,整理思维,开发学生的潜在能力和提升老师和学生之间的交流互动,促进学生自我提高。

3. 提升了学生思维自主

思维导图改善了传统的教学形式,唤起了学生对英语的阅读兴趣,有效地提升学生学习自主性。通过几次的课堂表现和课后作业来看,学生对文本内容的掌握有了很大的进步,有些同学甚至能够自己独立绘制思维导图,用自己独到的见解给导图锦上添花。可见学生对思维导图产生浓厚兴趣后,主动斟酌问题和探究深入理解,化被动思考为主动探索。

(二) 思维导图可以提高教师能力

作为职初教师,思维导图的运用使我的课堂更加高效且充满趣味性。

第一九年级教学中广泛运用思维导图的教学丰富了我的教学经历。

第二图像再现学生大脑中的知识结构,有利于我全面了解学生对于英语阅读资料的掌握程度。这也在一定程度上提升我对学生的评价分析能力。

第三在教学技能上,我常在回家作业中渗透导图思想,一定程度上激发了学生的想象力。这也让我能在看到学生潜在的思维创造力和理解能力后对自己的教学反复推敲和改进,可以针对性地教学,做到有的放矢,让教学过程更加细致和灵活。

思维导图还能提升我的思维品质。阅读过程确定文章的中心主题和提炼关键字，所以这也要求教学者有一定的独立思考、深入分析和概括能力。导图展现要求主干清晰，这需要绘制者进行发散思维和聚合思维，要求较高的思维广阔性和灵活性。通过大量练习与制作思维导图可训练与促进思维品质。可见，思维导图在工作中能增强教师逻辑性，思路更清晰，而且思考问题的广度也在进一步地提升。

总之，思维导图在阅读中的教学与运用，不但可以改变教学方式、提高工作效率和教育教学水平，还能对教学反思、写作能力、总结提炼水平和综合素养等有着正向效果。

(三) 展望未来

对九年级学生的详细分析英语教学和学生学习时的相关因素，让我在后续的教学中深入总结原先的教学经验和研究教学规律，为自己六年级英语优化阅读教学奠定基础。希望在未来的教学中可以给中等生和学困生更多的关注和个性化的指导，使学生能基于思维导图的辅助功能实现自己的阅读学习效率的提高，实现真正意义上的因材施教。

相较老师一味地"讲"，学生机械地"听"，不如让学生自己自主思考，用思维的双桨在阅读的海洋里航行。

【参考文献】

[1] 闻金霞. 初中英语教学中思维导图的应用实践[J].学周刊,2021(34)：2.

[2] 刘红英. 思维导图在高中英语语篇教学中的作用研究[J].校园英语,2019(19)：1.

[3] 赵子慧. 思维导图在初中英语阅读教学中的应用[J].学周刊,2017(11)：2.

[4] 魏彩丽. 基于思维导图在初中英语教学中的实践分析[J].科技资讯,2020,18(25)：3.

[5] 张永洁. 谈初中英语阅读教学中思维导图的应用[J].青海教育,2017(3)：2.

综合学科篇

理科篇

文科篇

综合学科篇

小生姜,大创意

——如何在低年级美术创意单元中培养学生的创意思维

上海市三泉学校　葛幼婧

　　摘　要: 在《上海市小学美术学科教学基本要求》"造型·表现"模块中对于一年级这个单元的具体要求是:能通过观察、发现物体的结构和外形,将物体的结构画完整(基础要求)。能通过观察,发现物体的细节特征,初步学会用变化的线条表现对象(高层次要求)。初步学会构思创作,能收集与主题有关、感兴趣的素材(基础要求)。能根据主题结合生活经验进行联想和想象,大胆表现形象和画面内容(高层次要求)。初步学会用借形联想、同形异构的方法表现画面(高层次要求)。所以教师在进行课堂设计时,更需要思考怎么达到教学基本要求。通过每个学期的创意单元尝试和练习,让学生在创新能力和高阶思维上有所提高。一年级身心有如下特点:很天马行空的想象力,但因为他们在生活中的经验不丰富,促进联想的资源不够,造型写实能力及概括能力无法达到自己想表达的内容,所以通常不足以画出心中所想,他们很多时候以简单的点和线去添加,绘画比较稚拙。

　　关键词: 高阶思维　创新能力　美术课程设计

【案例情景描述一】

　　教学年级:一年级

　　教学实践目标:让同学随机用线条画在纸上,只要不杂乱即可。两个同桌互换画完的线条纸,由老师引导寻找线条中的造型,让其添加几笔可以变成某个造型。

（学生多以模仿老师的想法为主。）

问题诊断

一年级学生容易思维定式去模仿老师的范画或者涂鸦式地添加线条,虽然少部分学生能在不规则线条里寻找到可以产生创意的造型进行添加,但大部分学生绘制的想象物依旧是老师教学所进行的范画。

【案例情景描述二】

教学年级：一年级

教学实践目标：让学生对随机产生的水迹造型进行想象,培养学生的想象力和创新思维。

师：把带颜色的水倒在纸上,并适当地流淌,形成不规则图形。

（学生根据水迹添加几笔变成某个物体。）

问题诊断

一年级学生对于借形联想有所欠缺,而水迹如果不刻意去让其流淌,随机产生的效果会有些类似。学生对于水迹产生的随机图形容易脑子一片空白,想不出能添加什么,很多时候因为想不出其他就添加一些五官,变成小怪物造型。

【案例情景描述三】

教学年级：一年级

教学实践目标：把阿拉伯数字随它的形状进行想象,添加变成某个事物。

师：1像火柴、棒棒糖等,2—9可以像什么？大家动动脑子。

（学生根据数字1—9进行添加。）

问题诊断

数字的联想比水迹的联想更容易进行发散性思维,小朋友可以根据造型进行添加,但是因为小时候学数字歌,容易局限住小朋友的想法,很多同学容易画出一样的东西。

一、初步设想

在一年级的"奇思妙想"单元中,通过难度的逐渐递进,在《水迹的联想》《数字的联想》这两课的启发与铺垫后,我们可以在单元教学内容上不断进行想象力培养探索。

【实验实施描述一】

教学班级:一(3)班

师:给出香蕉、叶子、草莓的图片,请同学们天马行空想象一下,你觉得它们像什么?

(同学们说像小船、像月亮、像舟、像笑脸、像子弹、像鼻子、像鱼的身体……)

师:同学们的联想真是太棒了!请大家看看老师能联想到的东西吧。

　深入思考一

低年龄儿童会比高年龄儿童更具有天马行空的想象力,是想象力和创造力非常丰富和活跃的时期,但因为他们生活中的经验不丰富,促进联想的资源不够,造型写实能力及概括能力不足,所以低年级学生通常是说得出画不出,因为对于绘画技巧的累积还非常不够,所以他们通常更多地是模仿学习;而高年级容易形成思维定势,画得出但想不出,所以《生姜的联想》这节课的一开始,我的内容设计是只用"说"来表达自己能联想到的事物,引导学生发散性思维,展开想象的翅膀。发散性思维是一种推测、想象和创造的思维过程,它不仅是一种思维,也是一种能力,起着非常重要的作用。所以课程设计让学生通过草莓、香蕉、叶子等常见物来进行联想,最后老师用 PPT 演示,对学生联想进行补充与肯定。

【实验实施描述二】

师:第二个挑战来了。老师出示了一个不规则图形,请你添加一些线条,让这个不规则图形变成另外一个大家都能看懂的物体。请一位同学到投影仪来演示。

(其他同学在座位上添加,完成后,展示学生作品,并播放空中课堂视频中的教师教学方法,可以旋转纸张去寻找创意线索。学生通过添加几笔画了蝴蝶、猫、狗、冰激凌、海豹等动物或物品。)

　深入思考二

不规则图形虽然不规则,但是也是经过精心挑选过的,有足够造型空间可以供学生展开想象,所以大部分学生可以通过添加线条来达成老师的要求,不需要太多绘画技巧。当然也有想象力匮乏的学生,无从下手,这个时候老师就利用空中课堂的教学视频指导学生,可以通过旋转画面来利用不同角度展开联想,也许转到某个角度学生就突然获得了灵感。同时也可以局部想象,比如用纸张遮住部分再进行联想,从局部到整体,从正面到翻转,都可以让学生尝试着联想。低年级的同学不可能通过一两节课就培养拥有了高阶思维,而是为培养良好的思考方式打基础。

【实验实施描述三】

师:我们闯过了第一关的联想和第二关的添加,接下来就要迎接最高挑战了:生姜!(教师出示生姜图片,让学生看一看、说一说,上投影仪来试一试。有些比较难的可以经过提醒进行局部想象。给学生一些发散空间,尝试添加。同时给一些物品参考图,让同学寻找相似的形状与造型。教师首先出示三幅生姜图,并举例说了老师的思路与设计灵感,引导学生展开形状的联想。)

(学生画了狗狗、恐龙、鱼、螃蟹、爪子等很多不同的物体。)

深入思考三

生姜的造型每一个都不同,教师彩色打印出生姜的形状,可以让学生利用生姜的独特外形,在外部及内部都能进行添加联想。当完整的想象不出时,可以局部想象,并且利用刚学习到的旋转画布寻找灵感。老师的范画是引导,但老师的范画不能太多,不然学生形成思维定势容易"借鉴",反而可能限制住他们的创意。但是也不能不举例子,举例是为了更好地开拓学生借形联想的思路。

【实验实施描述四】

师:同学们的想象力真是太棒了,让我们利用投影,欣赏一下同学们的创意火花吧!

(有信心的同学上台用投影展示自己的作品,并介绍自己是如何想象的。)

深入思考四

个别同学可能因为幼儿园时期对造型添加等有关想象力的训练不太多,所以会一片茫然或者什么也想不出,这时多看看别的同学的创意作品也是一种学习。创意的火花是碰撞出来的,可以看到全班其他同学的创意是很好的学习方式,而自我评价也是高阶思维中自我评判的一种能力。

【实验实施描述五】

师:刚才同学们通过了最终闯关,大家都棒极了。接下来让我们一起来看看大师们的联想。我先把联想添加的线去除,看看同学们能不能比大师更厉害呢。

生:(通过观看照片进行联想口述,有创意的想法老师加以表扬。)

深入思考五

教师要引导学生善于发现生活的美,利用大师想象丰富的图片,进一步开拓学生的思维,告诉学生要善于观察生活,学会去拥有寻找美的眼睛。

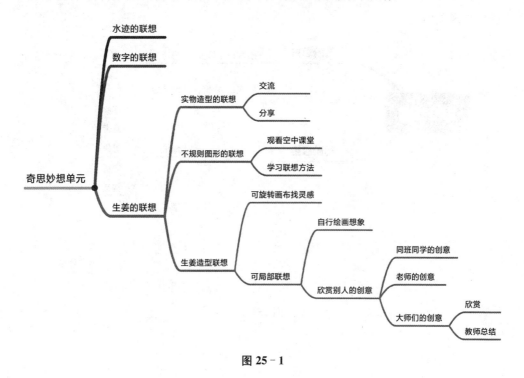

图 25-1

二、反思与研究

高阶思维是低阶思维的进一步发展与提高,它以低阶思维为基础,是发生在较高水平上的心理认知。创新思维对于人的一生都非常重要,它属于高阶思维中的四个能力之一。7—12岁年龄阶段的孩子正是各种能力发展的高速阶段,他们的语言与独立思考的能力在家庭与学校中逐渐培养起来,这个年龄的学生喜欢模仿。模仿并不是直接抄袭,它其实也是一种借鉴、一种学习,但它属于低阶思维的一种学习方式。所以在美术课堂中,特别是小学美术课堂,要更加关注学生高阶思维的培养。帮助学生学会运用美术的方法，将创意转化为具体成果。通过综合学习和探究学习，引导学生在课堂中探究与发现，寻找各种不同知识点之间的关联，发展综合实践能力，创造性地解决问题。

美术学习活动方式分为"造型＊表现""设计＊应用""欣赏＊评述""综合＊探索"四个学习领域，创作活动分为"造型＊表现"和"设计＊应用"。生姜的联想学习方式就是"造型＊表现"，生活中可见的造型通过添加联想，发展学生的艺术感知与造型表现能力。

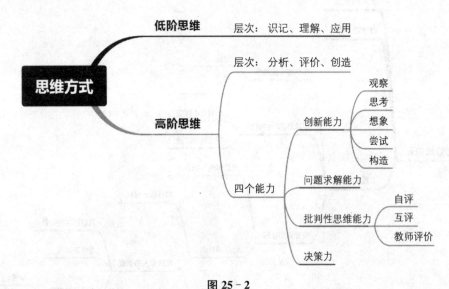

图 25－2

【参考文献】

［1］杜继成.小学美术教育中高阶思维能力培养探究［G］.社会科学Ⅱ辑，2012(6).

［2］马书宇.浅谈小学美术教育中创新能力培养的重要性［G］.社会科学Ⅱ辑，2017(6).

［3］周琼燕.让创新驰骋小学美术课堂——浅探小学美术教学中对学生创新能力的培养［G］.新教师，2021(5).

从改变爱指责他人的习惯入手

——错误认知引发人际冲突的辅导案例

上海市三泉学校   徐媛媛

摘　要：青春期的孩子正处于社会化至关重要的阶段，良好的人际关系对他们的身心健康发展尤为重要。紧张的人际关系可能会造成青少年适应不良，对他们的学习和生活等方面会造成一系列影响。通过分析学生紧张人际关系背后的原因，探讨如何通过心理辅导有效帮助学生走出自我中心思维的困局，学习换位思考，建立和谐的人际关系，完善人格，促进他们身心健康发展。

关键词：自我中心思维　心理辅导　初中生　人际交往

自我中心思维，是皮亚杰通过"三山实验"研究儿童智力发展所发现，是指从自己的立场和观点去认识事物，不能从客观的、他人的立场和观点去认识事物。自我中心思维阻碍了批判思维的发展。青少年正处于抽象逻辑思维发展的关键时期，帮助他们看见自己的自我中心倾向，有助于发展他们的批判思维、抽象逻辑思维等。

一、个案背景

学生小Y有一天心事重重地来到心理咨询室，向我讲述了最近让她烦恼的一件事：她最好的朋友小A在班里交了一个新朋友小C，她无法接受自己最好的朋友有除自己之外的新朋友。于是她多次找到小A同学，向她表达了自己的这个想法，希望小A只跟自己做朋友。她的这一不合理要求遭到了小A的拒绝，并导致二人关系破裂。她对小C强烈不满，认为是小C导致了自己和小A关系决裂。同时,小 Y 自述无法融入班级其他团体,交不到新朋友,感到很孤独,并且在谈话中表现出了对未来的消极态度。

小 Y 不仅在学校人际关系紧张,与家人的关系也比较紧张。小 Y 在家排行老二,有一个姐姐和一个弟弟。她认为父母凡事都偏向姐姐和弟弟,自己一直受到忽视。她认为弟弟从出生起就抢了原本属于她的东西(比如父母的爱和关注),因此对弟弟一直抱有敌意,常常与弟弟起争执。每次与弟弟产生矛盾,父母总会批评责怪她,这又加深了她对弟弟的敌意。当她在学校遇到人际关系问题时,父母没有给她足够的支持,反而常常责备她要做自我反省。在家得不到父母的认可,在学校人际关系受挫,导致小 Y 承受着巨大的心理压力并最终来到咨询室。

二、问题诊断

通过两次心理辅导,我了解了她的基本情况。她在人际关系中的这些行为,例如对朋友的控制欲、干涉好友的交友权利、对关系的敏感等是她缺爱、缺安全感的一种表现。她没能正确理解朋友的概念,在与朋友相处的过程中不能保持恰当的界限。导致她在人际关系中屡次受挫的原因,可能是她以自我为中心的思维方式,以及遇到问题总把责任归于外部的错误归因方式。因此,后续的辅导方案将集中于帮助她走出自我中心思维的困境,通过建立良好的人际关系,培养人际交往的信心。

三、辅导过程

(一) 耐心倾听,收集有用信息

小 Y 同时面临着学校和家庭人际关系紧张。我们通过沟通协商,决定首先处理校内与朋友关系破裂的问题,然后再着手处理她在家中与父母姐弟的关系。之后几次她通过写信的方式与我联系。基于对她当前关系困境的分析,在回信中我向她提了几个问题:什么是朋友? 你怎么看待我们与朋友之间的界限? 她在回信中告诉我,朋友是排他的、是只属于她一人的,别的同学抢了原本属于她的朋友。关于和朋友之间的界限,她承认自己非常依赖好朋友,因此紧紧抓住这段关系,非常害怕失去这个朋友。但现实情况是,这样做反而把朋友越推越远,她不知道应该保持怎样的距离。

几次书信辅导,我了解到她的父母由于忙于工作,对她疏于关心和陪伴,情感交流较少。在缺爱、缺关注的家庭环境中成长的孩子,性格容易敏感、多疑。她曾经被同学嘲笑长得不好看,被同学孤立,所以她性格中有些自卑,缺乏安全感。在与班级同学交往时过于敏感,看待问题较为主观。在关系中,这些特质不利于她与周围人建立友好的关系,且容易破坏与他人已经建立的关系。可能由于她与父母情感交流较少,内心对情感具有匮乏感,所以她在人际交往中表现出了自我为中心的特征,在人际关系中过度索取,给身边的人带来困扰和压力。自我中心的人在人际交往中往往过于关注自己的需求和利益,忽视他人的需求、利益和感受。如果个体的自我倾向停滞在自我中心阶段,这种思维方式就会使得学生的人际关系紧张,可能因为缺乏同理心、缺乏协作精神等遭到同伴反感。若不及时处理,这种糟糕的人际关系未来可能会给学生带来更严重的影响。

(二) 调整认知,培养良好的思维方式

通过咨询了解了小 Y 的想法后,之后几次咨询以调整她的认知、发掘内在力量为主要目标。

针对她对朋友概念的错误认知,首先帮她厘清朋友这个概念。每个人都是独立而不同的个体,朋友不是我们的附属品,我们也不是任何人的附属品。在与朋友相处的过程中,要抱有恰当的人际交往态度,例如尊重、理解、宽容和关心。理解并尊重朋友的想法和意愿,适度表达自己对朋友的关心,也要宽容对待朋友。朋友之间的友谊并不具有排他性,同学之间的各种友情可以并存。其次,要与朋友保持适当的距离。什么是最恰当的距离? 让彼此感觉舒适和放松的距离就是恰当的距离。

皮亚杰认为,与同伴发生作用,可以帮助孩子从自我中心思维中解放出来。与其同伴的思想产生矛盾时,儿童在不断解决冲突的过程,学习站在他人视角考虑问题,自我中心思维慢慢开始消失。因此,同伴和团体的相互影响是消除自我中心思维的主要因素。要帮助以自我为中心的来访者,可以从多角度思考相应的解决策略。所以,我认为小 Y 应该多和同龄人交流自己对一些问题的看法,了解同龄人与她不同的观点,也许有助于让她看到自己的问题所在。有一次小 Y 和同学一起来找我,我问了两人同样的问题,两人回答截然不同。通过这种直观的比较,帮助小 Y 看见自己思维方式与他人的不同之处,启发她尝试换位思考,考虑别人的实际需要、权利和他人要求的合理性等。之后的咨询,我鼓励小 Y 遇到让她苦恼的事情时可以多问问同伴们的想法,学会从多角度认识和理解事物,慢慢摆脱自我中心思维的桎梏。

(三) 行动起来,改进状态

咨询到这里时,我认为对于当前的小 Y 来说,迫在眉睫的事是满足她的情感需求——建立一段安全的友谊关系,这有助于改善她的一般人际关系模式,帮她建立起自信。

对于这个问题,小 Y 持消极态度,她认为班里没人愿意跟她做朋友,她无法融入任何一个圈子。我让她回忆平时班里有没有比较关心她的同学,她想了想说没有。但是根据平时我的观察,班里其实有几位同学还是比较关心她的,只是她没有发现。我将自己注意到的这几位同学以及她们对她的关心告诉她,并建议她主动和这些同学交朋友,尝试建立一段新的友谊。一段时间后,小 Y 来到咨询室告诉我她交到了一个好朋友。咨询过程中,她对以前的事做了自我反思,现在她拥有一段满意的友谊,对过去的事也不再耿耿于怀。对她来说,这是值得欣喜的事情。由此可见,心理老师要有意识地帮助来访者发掘自己的内在力量,去满足来访者当前的合理需求。当来访者的需求得到满足后,就能从匮乏感中走出来,用更积极的心态去面对真实的自己,也更有勇气去积极地探索未来。

小 Y 与同学的人际关系缓解之后,我开始尝试改善她与家人的关系。在咨询中,小 Y 用“苦难”一词形容家庭带给她的感受,“父母很偏心,我感觉他们对姐姐和弟弟都很好,唯独把我当成外人。”小 Y 讲述了和弟弟之间发生的一件事:姑妈分别给了她和弟弟零花钱,她认为弟弟会把钱弄丢,强行把弟弟的钱要过来自己保管。弟弟告诉爸妈后,她将弟弟定性为“恶人先告状”。于是我追问如果换成其他人,你会这么反感吗? 小 Y 认为不会。继续追问她和弟弟不和的根本原因是什么,小 Y 觉得有两方面的原因:弟弟爱告状、爸妈偏爱弟弟。

针对她所描述的情况,我让小 Y 情景重现,我扮演当时的她,她扮演弟弟。通过角色扮演,让小 Y 体会弟弟当时的感受是否与她预设的一样,强调换位思考在人际关系中的重要性。在和弟弟相处时,她仅从自己的角度出发考虑问题,却忽视了弟弟的想法和意愿,于是两个人就产生了矛盾冲突。同时,将这件事与她和小 a 的事件关联起来,启发她思考两件事背后的共同点:其一,遇到问题她往往从自己的角度出发考虑问题,却忽视了当事人的想法,因此和朋友、弟弟产生矛盾;其二,当人际关系紧张时,她倾向于将原因推给他人,而不是反思自己,这是一种典型的归因偏差。总是将错误的原因归于他人,久而久之就形成了指责他人的习惯,这不利于良好人际关系的建立。最后,以通俗的方式向她介绍舒兹的人际交往的三种基本需要,帮她理解良好的人际关系让我们有归属感和安全感,过强的控制欲则会让对方不舒服,甚至导致关系破裂。改善人际关系从改变自己开始,保持积极情绪、充满活力、多为对方考虑,人际关系自然就会得到改善。

经过多次咨询和角色扮演,小 Y 逐渐认识到了自己在思维方式上及归因方式上的一些偏差,表示愿意在生活中主动改变自己,关心他人,遇事考虑他人的感受,改善自己的人际关系。

四、事件跟踪

目前,小 Y 和班里同学相处得比较好,相比于刚来咨询室时的愁眉苦脸,现在的小 Y 更有活力,情绪更稳定,也更积极。从她最近几次的反馈中得知,当她跟其他同学建立良好的关系后,她的心态更放松,现在她和小 a 两人也已经恢复了朋友关系。后续的咨询主要集中在亲子关系上,目前正在跟进她与家庭成员之间的关系。她告诉我一个好消息,假期发生了一些事,她和爸爸终于有了一次有效的沟通。这次沟通让她看到了爸爸多年打拼的辛苦,也非常心疼爸爸。一年多来,这是第一次在咨询室听到她不再抱怨父母的偏心,这是一个好现象。小 Y 在改变自己的同时,我会继续陪着她,期待看到她的成长和蜕变。

五、反思与总结

心理咨询中,有一种观点认为,来访者的心理出现问题,一般都是因为关系出现了问题。通过对来访者的观察,我觉得这一点在学生身上体现得比较明显。这个案例中的来访者人际关系出现问题,主要因为她的自我中心思维方式。一般来说,儿童青少年会在克服自我中心倾向的过程中社会化。社会化过程中有一些因素起到重要作用,进入学龄期后,相较于家庭,学校对学龄期儿童的社会化影响越来越大,逐渐成为青少年儿童社会化最重要的社会环境因素。同龄群体如同学、朋友、同伴等,他们成长的社会环境、价值观会相互影响,情绪容易相互传染,行为容易相互模仿,而且强调团体内成员的平等一致,也是青少年社会化的重要客观因素。因此,本案例的个案辅导中,我鼓励她与同伴多交流,交新朋友,同时教她掌握一些在集体中与他人交往的行为规范,发展亲社会行为,如合作、分享和帮助他人等,帮助她在同辈群体中建立良好的人际关系。

从与小 Y 的互动中,我也初步归纳了一些解决同类问题的经验。

首先,耐心特别重要。咨询过程中,发现问题比解决问题更具有挑战性。来访者的问题不会一次就完全暴露,往往需要经过多次接触才能发现导致问题背后的核心原因。因此,不急于下结论,多些耐心,认真倾听来访者的倾诉,找到真正的问题所在,才能对症下药。

其次,要调动学生的内在动机与力量。只有当学生认识到自己的思维方式或者某种认知是不恰当的,她才有改变自己的动力,也才有可能主动改变自己。因此,心理老师在处理类似的案例时,首先要帮助学生认识到问题所在,激发来访者的内在动机,调动他们的内在力量改变自己。

第三,要积极关注该学生,并根据实际情况随时调整咨询方案。通过关注该生之后的人际关系,预估当前咨询方案的有效性以及怎样调整咨询方案。结合以往的经验,老师积极关注学生,这种行为本身对学生来说就是一种有力的社会支持。

第四,自我中心思维是青少年阶段易出现的较普遍的问题。青少年正处于思维能力快速发展的阶段,人际交往经验不足,凡事容易从自我出发,出现以自我为中心的思维特点。这种思维方式有时会让他们在人际关系中受到挫折,要及时调整他们这种不恰当的思维方式与归因方式,养成换位思考的习惯,促进身心健康成长。同时我还发现,角色扮演可以很好地让来访者站在他人视角,体会自己的言行对他人的影响,有助于培养学生的共情能力,帮助他们逐渐消除自我中心思维。在今后的教学过程中,我将开展类似的课程,比如心理剧等,帮助学生发展自己的思维,包容和理解他人,更好地维系人际关系。其次,鼓励学生多与同伴沟通和交流对问题的看法,在思想的碰撞中学习接纳与自己不同的观点,学会理解和体谅别人。同时,体会误解带给他人的痛楚,考虑对方的感受,增强共情能力。

【参考文献】

[1] 桑标.学校心理咨询基础理论[M].上海人民出版社,2015.

[2] 王立新.中等生教育论——中等程度学生隐性流失成因分析及对策研究案例集[M].文汇出版社,2013.

[3] 郭玲.初中生自我中心沟通模式及应对策略[J].中学课程辅导(教师通讯),2021(11):99-100.

打造高效课堂，培养学生思维能力

——情景教学法和思维导图在初中道德与法治教学中的运用

上海市三泉学校   张艺冉

摘　要：在新课程改革不断深化的背景下，对初中道德与法治的教育内容和教学质量也提出了更高的要求。思维能力的提升是学生全面发展的重要内容，注重学生思维能力的培养已经成为当前我国初中道德与法治课推进课程改革、落实素质教育的重要途径与核心目标。在道德与法治教学中使用情景教学法和思维导图，能够使学生对教材内容的理解可视化、具象化，可以转换学生与教材之间沟通交流的方式，促使学生深度思考、梳理重构知识框架，形成系统的知识体系，在有效提高课堂质量与效率的同时也有利于学生发现思维、创造思维和逻辑思维的培养。

关键词：情景教学　思维导图　思维能力培养　高效课堂

【个案情景描述一】

在七年级《法律为我们护航》的教学中，课前导入我用一个贴近学生生活的问题进行提问：作为未成年人，在日常生活中你享受到了哪些法律提供的特殊保护和关爱？用简单、生活化的问题吸引学生注意力，引导学生学习本节课内容。但大部分学生只能回答"九年义务教育，让我们每个学生都可以上学"。我又继续提问，没有学生能回答出别的答案，全班同学只知道这一个法律常识。通过提问我了解到他们的法律知识非常贫乏，只知道这个最普遍的与他们上学息息相关的法律知识，而其他法律知识却一无所知。

问题诊断

我所在学校的学生大部分由中等生组成,他们平时课余时间主要花费在主课学习上,或者虚度在手机游戏上,对一些生活中的法律知识并不了解也不关心,更不会主动学习,班级中也没有形成关注时事政治的学习氛围。所以,虽然他们每天都受法律保护,但对于身边的这些法律知识却是一问三不知。此外,七年级学生由于年纪较小、生活经验不足,自身的法治观念比较薄弱,如果仅靠教师理论讲解,学生无法真正理解法制知识,法治观念也难以提高。因此在教学中,我运用贴近学生生活的具体案例,或者把发生在学生身边的真人真事当作教学材料,给学生创设出一个生活化的法治情景,引导学生积极参与到道德与法治学习中。

【个案情景描述二】

师:(出示材料)你如何看待小强的父母和网吧老板的行为?

生:他们的行为违法了。

师:结合我们所学知识,他们的行为违反了哪些法律?

(没有同学能够回答出问题,一片沉默。)

问题诊断

课后我找几位中等生交谈,问他们知识点明明刚刚讲过,但做题时怎么回答不出来呢?通过谈话得知,他们只是根据我的讲解简单机械地知道了未成年人拥有哪些法律保护,但不会活学活用,遇到材料分析题就不知道该回答哪些知识点。看来问题的主要原因是:纯理论教授知识无法被学生深刻理解并运用,更无法让学生形成知识体系,学生只是肤浅地理解课本知识,到做题时既读不懂题意,又不会做题,浪费时间精力,最后达不到学习效果。如此多次反复,学生学习成绩无法提高,学习积极性不断下降,也就谈不上学习的有效性了。如何让学生深度思考,彻底理解运用所学知识,特别是增强对问题举一反三的能力,这就需要我在课堂中引导学生形成属于自己的知识体系,培养他们的逻辑思维能力。

【个案情景描述三】

在讲完《法律为我们护航》这节课后,我布置当堂作业:根据今天所学内容,制作出本节课的思维导图。

问题诊断

通过批改作业发现(图27-1),学生对于这节课的学习只停留在教材表面,蜻蜻点水,未能挖掘到各个知识点之间的内在联系,也未能深入思考知识点顺序安排的背后逻辑和巧妙构思。所以学生制作的思维导图只是书本内容的大标题,是"点"和"线",是片面的、孤立的,而真正的思维导图是"面"和"画",各个知识点是相互联系、相互统一的。学生的思维导图让我意识到我在教学中存在碎片化教学的问题,因为我在分析讲解几个案例时并没有把这些案例中的问题联系起来,那么这节课的讲解就变成单个问题的讲解,而不是整条知识链的讲解,把相互联系的整体内容分割开来了,所以学生无法从整体上掌握整框内容,理顺其背后蕴含的逻辑,从整体来说这节课是失败的。

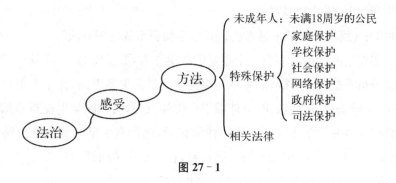

图 27 - 1

一、初步设想

素质教育背景下,教师的职责不再局限于书本知识的传授,更重要的是培养学生思维能力,开发学生的发现思维、创造思维和逻辑思维。教师的角色除了扮演传授知识的教书匠外,还要逐渐向生活情境再现师、思维引导者的角色发展。基于情景式教学方法,我在后续教学过程中,在案例选择和问题设计上以深化学生思考、引导学生主动探究为重点。

其次,由于教材中相关法律知识较少,我在充分挖掘教材中的资源后还进行了课外补充,将《未成年人保护法》《预防未成年人犯罪法》《民法典》等部分法律条文补充到课堂教学中,学生遇到不会的问题可以查找资料、相互讨论交流等,最终找到有效的解决办法。让学生接触大量的法制知识,提高学生法治观念与综合素养。

【实验实施描述一】

在《法律为我们护航》教学中,我选择《今日说法》节目中一段关于校园欺凌的视频作为导入。视频的主人公也是一名初中生,他在受到侵害后国家司法部门和学校主动为他提供法律帮助,让他重新拥有一个快乐幸福的校园生活。看完视频后我提问:结合视频中主人公的故事,具体谈谈国家为未成年人保驾护航专门颁布了哪些法律?

学生A:《关于开展校园欺凌专项治理的通知》对校园欺凌现象进行专项治理,从惩戒、教育、应对三个方面规范学生行为。

学生B:《未成年人保护法》。学校应当建立未成年学生保护工作制度,健全学生行为规范,培养未成年学生遵纪守法的良好行为习惯。

学生C:《未成年人保护法》。对实施欺凌的未成年学生,学校应当根据欺凌行为的性质和程度,依法加强管教。

学生D:《预防未成年人犯罪法》和《学生伤害事故处理办法》。

用真实发生的法治故事是一个很好的教学导入,更重要的是,视频最后有权威法律专家分析普法,他们独特的见地可以给学生提供更多思路,让学生更加全面地了解法律、掌握法律、运用法律,既能吸引学生注意力,又开阔学生视野和思维。学生通过分析视频并简单了解了一些法律常识后,已经有了基础的解题思路和答题方向,我又趁热打铁向学生展示另一则材料,让他们思考问题。

师:你如何看待小强的父母和网吧老板的行为?

生:他们的行为违反了未成年人保护法。

师:请大家仔细查找法律条款,他们的行为具体违反了哪条法律?

学生A:我国未成年人保护法第五十八条规定:"学校、幼儿园周边不得设置营业性娱乐场所……对难以判明是否是未成年人的,应当要求其出示身份证件。"

学生B:未成年人保护法第一百二十三条规定:"拒不改正或者情节严重的,责令停业整顿或者吊销营业执照、吊销相关许可证,可以并处五万元以上五十万元以下罚款。"

学生C:未成年人保护法第十条规定:"父母或者其他监护人应当创造良好、和睦的家庭环境,依法履行对未成年人的监护职责和抚养义务……"

学生通过查找相关法律资料,不仅能增强对家庭保护、社会保护的了解,而且还懂得违反法律规定的行为应承担相应的法律责任。一开始用视频导入吸引学生兴趣,让学生初步了解相关法律知识,以视频中主人公的事例为解题模板,再用另一则不同的材料让学生分析思考问题,独立查阅法律条文,深入理解并学会运用所学知识,形成属于自己的解题思路,增强举一反三能力。最后布置了课堂作业:根据今天所学内容,制作出这节课的思维导图。

二、深入思考

根据学生在课堂上的优秀表现,我以为学生已经从整体上掌握了所学内容和知识点之间的内在联系。但出人意料的是,作业却差强人意(图 27-2)。

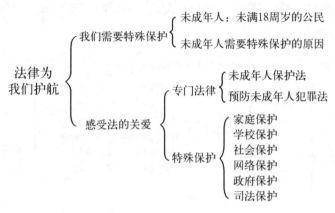

图 27-2

第二个班级学生制作的思维导图比第一个班级好一点,但也没能把整节课的知识点和逻辑链呈现清楚。后来我与上课积极回答问题的几位学生交流,得知他们只能在上课时跟着老师的思路走,在课堂上能运用所学知识进行分析解题,但让他们自己独立整理、归纳知识点并把这些知识点形成知识链,学生就无从下手了,所以作业完成情况并不好。为进一步提高学生的深度思考能力,培养学生的发现思维、逻辑思维和创造思维,我在教学中增加“现实问题解决”这一新环节,让学生在实践中掌握法治知识,培养法治观念。

【实验实施描述二】

师: 小组讨论交流,结合日常生活中的具体事例,为更好地实施家庭保护、学校保护、社会保护、网络保护、政府保护、司法保护提出建议。

A组: 家庭保护,父母不仅要在物质上关心照顾孩子,还要在心理上体谅呵护孩子,既不能过分溺爱孩子,也不能过于严格苛求孩子的学习成绩。

B组: 学校保护,老师不应该在班级公开公布学生成绩,不能以学生成绩排座位,学校应更关心学生,防止校园欺凌事件发生……

C组:司法保护,发挥法律对保护未成年人的重要作用,当我们遇到困难时,司法机关要依法履行职责,对我们实施专门保护。

D组:社会保护,相关部门加大对学校附近环境治理,禁止学生进入网吧、KTV等场所,应多举办一些社会实践活动,让我们有更多的参与机会。

最后5分钟我依旧让学生根据今天所学内容,制作出本节课的思维导图。整堂课下来,在情景化教学课堂中,学生在发现问题、探究问题、解决问题的基础上高效率地完成了绘制(图27-3)。

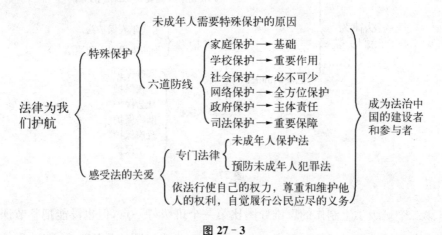

图 27-3

全班同学的思维导图都清晰直观,富有条理逻辑。学生绘制思维导图的过程是知识点深入思维的过程,也是再一次加深对知识的理解与运用,真正培养了学生的发现思维、创造思维和逻辑思维。

三、延伸思考

在《法律为我们护航》的教学中,我通过对社会热点现象,如校园欺凌问题进行正确的讲解,把学生的思维从发生在校园里现实问题的探讨上升到法律层面的分析。但由于我只是把这个情景视频作为新课导入,所以只设计了一个问题:国家为未成年人保驾护航专门颁布了哪些法律? 学生回答完这个问题后我并没有对学生继续追问下去,也让学生的思考戛然而止,或许我可以继续提问:如果你遭受了校园欺凌应该怎样保护自己? 从而引发学生对问题的进一步思考,如让其思考校园欺凌现象产生的原因有哪些？这种现象对学生会产生什么危害？作为学生应该怎样制止校园欺凌再次发生？等等。同时因为七年级学生年纪小，法治观念较为薄弱，未能形成正确的价值观，所以在回答问题时应对他们进行正向的引导，重点将学生的思维引向法治层面，使之向好向善方向发展，切勿让学生产生以暴制暴的错误想法，要教会他们如果遭受欺凌，应及时向老师和家长反映，通过合理合法的手段制止欺凌事件的发生。

教师引导学生认识到这种遭遇也可能发生在自己身上，让学生对这种社会现象进行深入思考，并在思考过程中主动发现问题、寻找原因、提出解决问题的方法，培养他们的发现思维、创造思维和逻辑思维能力。同时也能培养学生的法治意识，引导其形成正确的价值观与人生观，让他们在未来的学习和生活中做一名遵纪守法的良好公民，实现道德与法治课的基本教学目标。

四、启示与反思

从这节课的不断实践、反复修改中，我反思与收获很多。

1. 在教学中教师应创设生活化的教学情景

在初中道德与法治教材中，法治知识的内容虽然不算晦涩难懂，但也具有一定抽象性和逻辑性。法治知识虽然与学生生活密切相关，但在日常生活中却鲜少提起，好像离他们很遥远，因此学生在学习理解时具有一定难度，再加上枯燥的理论知识会极大地压制学生学习的积极性与主动性，从而使学生丧失对道德与法治课的兴趣。所以在教学过程中，教师应根据教材内容创设贴近学生生活的教学情景来吸引学生的兴趣和注意，把情景案例当作教学主线，这样的教学方式既可以让学生发现道德与法治知识与生活的联系，还可以将抽象复杂的知识形象直观地呈现在学生面前。

2. 思维导图能帮助学生培养思维能力

教师要认识到思维导图在初中道德和法治教学中的重要性，在日常教学中要鼓励学生充分利用思维导图对学过的知识进行巩固。学生绘制思维导图的过程就是再次回顾知识、串联知识的过程，是不断加强对知识理解和记忆的过程，能帮助学生形成更加完善的、系统的知识体系，使学生的发现思维、创造思维和逻辑思维能力得到提升。此外，学生利用思维导图进行知识重构时，可以从旧的思维模式产生出新的思维模式，从而获得新的见解。

3. 思维导图让教学成果可视化

学生绘制的思维导图可以作为教师在教学活动中进行教学反思的工具。教师通过批改学生的思维导图,能够发现学生的知识结构是否完善,知道学生对自己所教授知识的理解和认识程度,找到学生在思维过程中所犯的错误,从而找出自己在教学过程中存在的问题,并根据问题对教学方案进行调整、改进,在完善教学的过程中不断更新知识和提高教学能力,这进一步提高了道德与法治课的效率和质量,打造出高效课堂。

【参考文献】

[1] 张维平,孔吉鹏.核心素养视域下的初中政治教学策略[J].西部素质教育,2020(9):
　　 48-49.

[2] 陈丽杰.初中政治教学中学生思维能力的培养[J].赤子(上中旬),2015(2):310.

[3] 陈亮.情境教学在初中道德与法治教学中的应用[J].启迪与智慧(中),2021(2):9.

[4] 林业仲.思维导图在七年级道德与法治教学中的应用[J].新课程(中学),2018(1):138.

"我终于有好朋友啦"

——帮助学生获得良好同伴关系的心理实践案例

上海市三泉学校　宣晓云

　　摘　要：作为学校心理老师,通过这几年学生来访,咨询个案数的不断累计,我发现有同伴关系问题困扰的学生在咨询个案中占的比例不小。确实,同伴关系在儿童青少年的发展和社会适应中具有成人无法替代的独特作用,可以说生命中没有哪个阶段的同伴关系会像青少年阶段那么重要。如果没有获得良好的同伴关系,青少年就会感到孤独和自卑,甚至会产生各种各样的心理和情绪问题。于是帮助困扰学生改善及获取同伴关系是我需要长期探索和实践的重要方向。

　　关键词：同伴关系　儿童　青少年　帮助

一、个案背景

　　小王,转学生,五年级转来我校。上海本地人,全家都不工作,全靠拆迁的房屋补助款过日子。平时和外婆外公一起住,双休日回到父母家。该同学成绩中等,爱好动漫和珠宝设计,交不到朋友,爱抱怨。

【个案情境描述一】

　　那是几年前的学校义卖活动前夕,每班都要出一份宣传海报,用作义卖活动当天的宣传。当时我任教五年级美术学科,正在指导学生设计宣传海报。"老师,我图画得还不错,这份海报由我来设计和制作吧。"一个女生的声音响起。我回头一看："你是……""老师，我是新转来的学生王××，特别喜欢画画。""喔，这样啊，那你试试吧，给你双休日的时间可以完成这份海报吗？""可以，没问题。"之后，星期一小王呈现的海报内容让我惊喜，同时也展开了我们之间的对话。

"老师，你觉得我是一个可爱的女生吗？"

"当然是呀，你不但长得可爱，性格活泼，又多才多艺，老师就很喜欢你呀。"

"可我在老学校过得很不好。同学们都孤立我，我都不知道我错在哪儿。"

"这样啊，那你就是因为这个原因转到我们学校的吗？"

"是的，老师。"

"那你能说说你在老学校做了什么，同学又是怎么孤立你的呢？"

"我什么都没做呀，我是一个乖孩子，可能就是不太合群，不喜欢说话，所以大家都不喜欢我吧。"

"这是你自己的猜测是吧。"

"是的。"

"嗯，你能举几个同学孤立你的例子吗？"

"是这样的。我其实对同龄人喜欢的那些事并不感兴趣，比如追星，比如恋爱，比如八卦，但是有时我也想融入女孩子的小群体，所以我会装作很有兴趣的样子问她们在聊什么话题，是不是可以带上我。试了几次，每次都被拒绝了。"

"你是怎么问的呢？"

"我问她们在说哪个明星。"

"她们会说什么话来拒绝你？"

"她们会说她们在聊什么不关我什么事。"

"嗯，老师知道这种时候你会特别难过，觉得同学不喜欢你。时间长了，你就不愿意和她们再相处下去了，选择转学到我们这里是不是？"

"是的，老师。"

"那你现在跟我说的目的是什么？要解决什么问题呢？"

"我希望改变原来被孤立的状态，我希望在新学校能交到朋友，希望同学之间的关系融洽。"

"好的，老师知道了你的诉求和希望。不过现在看来你和我都并不清楚以前在你身上到底发生了什么。过去就让它过去吧，接下来我们一起用时间来慢慢发现你身上到底存在一些什么样的问题，然后解决这些问题来达成我们的心愿，好不好?"

"好的,老师。"

"那这样,我们约好如果你再次体验到和同学之间的不愉快时,你就来找我,我们一起看一看问题究竟出在哪里。行吗?"

"好的,老师。谢谢老师。"

问题诊断

该女生的问题很明显的就是缺乏同伴关系,有迫切需要建立健康的同伴关系的诉求。虽然我问了很多问题,但第一次打交道我并没有从她身上发现什么影响她获取同伴关系的不利因素,所以我打算用更多的时间来给到彼此,希望随着时间的推移会有所发现。

【个案情境描述二】

"老师老师,我来了,气死我了……"已经是六年级的小王怒气冲冲地来到我办公室。

"怎么了?"

"今天拓展课,有女生扎推讨论追星的事,我觉得学生就该好好学习,追星什么都是不对的,于是就上前指出了她们的错误,她们就生气了,接下来的半节课就没人再搭理我,我觉得我被孤立了。"

"喔,这样啊。你是如何指出她们错误的呢?"

"我就说,学生的职责就是好好学习,追什么星,这是不对的。她们就生气了。"

"那平时有谁常常这么对你说话?"

"妈妈爸爸爷爷奶奶平时在家都是这样说话的呀,我的确觉得追星是不好的嘛。"

"那我们来做个实验吧。这样,你把老师当作拓展课上谈论追星的那些女生,你用当时的语气再来指责我一次,一边指责一边体验你说话时的语气语调。"

体验完了,她愣愣地看着我,于是我说:"再来一次,这回把我当作那位打耳洞的同学。"

两次体验之后,我继续说:"换我啦,你现在是追星的同学和打耳洞的同学,我来指责你。你再用心体验一下。"

通过两次体验,她若有所思。

"那你再想想,平时在家听到爸爸妈妈这样对你说话,你有什么感觉?"

"烦人,不想理他们!"

"所以呢?"

"喔!哈哈哈,我知道了,因为我说话的语气有点教训人的意思,所以她们觉得我很烦人,不想理我。"

"你真聪明,自己找到了原因,对不对?"

"那你再回忆一下,还有没有类似的例子导致你和同学之间不愉快的?"

"好像还真的有。现在回想起来,在老学校的时候,可能我装作很有兴趣想融入某些团体的时候,说出的话也不是那么自然,说不定也带着嘲笑和指责的语气,被她们听出来,感觉不愉快,所以就不想理我了。"

"然后呢?"

"我大概知道了,可能就是我说话的语气里常常带有不屑、指责、嘲讽的情绪,所以导致了同学们都不喜欢和我接近。"

"是的。你很厉害呀,自己发现了问题,那你再想一想可以怎么解决这个问题呢?"

"那肯定是要注意平时和同学说话的语气语调啊。可是老师,在家里爸爸妈妈爷爷奶奶都是这样说话的,我在这样的氛围里也就这个样子了,很难改的呀,可怎么办呢?"

"是的,你知道了原因,也知道了如何改善存在的问题,不过因为客观原因,改善问题有难度,对吧,这是很正常的呀,毕竟环境在那里呢。该怎么办呢?"

"那也得改呀,否则我就得忍受继续被孤立了。"

"对呀,那怎么改呢,毕竟你家里环境就是那样。"

"嗯……至少我现在知道了怎么改,我会自己注意,慢慢改,只能这样啦。"

"是呀,即使环境使我们改变有困难,但是只要自己想要改变,就一定会有办法。接下来就是自己慢慢调整说话的语气,这个过程并不简单,可能短时期内不能完全调整过来,但我们要有信心,要相信不断努力,终归会慢慢改善直至最后完全解决问题。"

"好的,老师,我会努力改善自己说话的语气语调的。"

"嗯嗯,好,加油喔,期待!有问题继续找我。"

"好的，老师再见!"

问题诊断

同伴关系产生障碍的原因有很多，研究表明，同伴接受性差的儿童，其家庭功能通常也存在问题，表现为家庭成员的亲密性与适应性较差，家庭问题解决、沟通、情感反应、行为控制等能力及总体的家庭功能显著落后于一般家庭。的确，从五年级到六年级，这一年期间小王来我这里很多次了，彼此之间也聊了许多，她的家庭是上海的低保户家庭，爸爸妈妈都不工作，靠低保过日子，言谈间也是各种负能量，家庭成员之间彼此指责的语言不断。不过幸好孩子还是非常不错的，她主动表示并不愿意变成爸爸妈妈那样的人，她要努力改变，将来可以成为让人喜欢的人，拥有优良品质的人。所以这次拓展课事件的发生使得她再一次清楚地看见了家庭的局限和自身的问题，促使她下定决心愿意付出努力做出改变，向她自己心中的目标不断靠拢。

【个案情境描述三】

"老师，老师，昨天我和我闺蜜还有另外两个朋友一起去肯德基消费了。"小王兴奋地跟我说。

时间过得真快，离上次拓展课事件过去一年了，小王七年级了，依然常常来我这里坐坐。当然现在的她不但有了闺蜜——一个可爱的胖姑娘，还有了两三个要好的朋友。

"是吗? 昨天过得挺开心的吧。"

"喔，还行吧，就是发生了一件不开心的事。"

"是吗? 啥事呀，说来听听。"

"闺蜜的事。你说我们才七年级，能吃饱穿暖就不错了，好好学习才是真理，整天研究怎么打扮怎么漂亮，我实在看不惯。"

"闺蜜她干什么啦?"

"她要打耳洞，你说吓人吧。"

"打耳洞呀。"

"是的呢，还要我陪她去打，特烦，特讨厌。"

"那你觉得七年级学生就不应该有这样的爱好，对吧?"

"当然。我觉得耳洞特别丑。"

"我有个问题呢。我觉得很好奇，为什么你对同龄人拥有的某些爱好不但很讨厌，而且很排斥。"

"我们学生的任务不就是学习嘛，除学习之外的爱好不是多余的吗，也是不正确的和没必要的!"

"那每个同学多多少少都有自己的爱好呀，这也是年龄特点所决定的，比如追星，比如爱美，都是很正常的呀，对此你怎么看待呢?"

"所以她们在我心里都是幼稚的，且愚蠢。"

"那你的闺蜜呢，你的朋友呢?"

"都是。我只是迫于现实，选择和她们表面上做朋友，不让别人以为我没有朋友，是个怪人。其实心里吧，觉得她们就不是我的同类，都不配做我的朋友。"

"那你的爱好是什么呢?"

"学习最重要，有时间再画画动漫，别的没什么了。"

"那你的意思是和你一样只关心学习，并且爱好也是画动漫的人，才是做朋友的最佳选择?"

"那当然。"

"那你到现在有没有发现这样的人呢?"

"没有。"

"你们班的李××和徐××不是学习成绩很好又爱画画的吗?"

"讲不到一块去，不是一个圈子的人。再说围着她们转的人多了去了，我都插不进，都是马屁精。"

"喔，一样的人也不行呀，那怎么办呢?"

"继续寻找呗。或者说人生就是这样，每个人注定都是孤独的。"

"每个人注定都是孤独的，这句话很有意思，你是从哪里听来的，又是怎么理解这句话的?"

"是我爸妈总说的话。朋友之间没有真情，都是表面文章，背后一切都是利益在维系。他们说只要维系好表面关系，让人觉得你还算是一个好相处的人就可以了。我试了，的确如此，每次和朋友吵架、翻脸，只要花点钱买点零食，什么矛盾都没有了，的确都是利益。"

"看来你很相信爸爸妈妈的这番话了。"

"因为实践下来的确是这样的呀。"

"你有没有思考过为何零食能让朋友与你和好？"

"利益驱使呗。"

"有没有可能她的理解是：你买零食代表了你愿意和好的诚意，她吃了零食代表愿意接受你和好的诚意？"

"额……仔细想了想，似乎好像也有可能呢。"

"所以你发现了什么？"

"事情可能不是我想的那么绝对？说不定别人的想法和我的不一样？"

"对呀，你还是那么聪明，当我们过于执着一个想法时，要么就会认为别人也是这么想这么做的，同时还不给别人解释的机会；要么就是固执地认为别人都是错的，只有我是对的。千千万万的误会就是这么产生的。况且这个执着的想法到底对不对，它有没有经过验证呢？"

"这么说我的想法可能是错的？"

"你现在觉得你的哪些想法有待于推翻和验证？"

"貌似可以试着和不同爱好的人交往交往，也可以尝试着不要把别人想得那么势利，都是冲钱来的。"

"哇！你真的太有悟性了，我太开心了！你又一次发现了自身可以提升的部分。老师还要告诉你：你是什么样的人，就会遇到什么样的人，你是宽容的人，你就会吸引宽容大度的人；你觉得凡事都有利益在其中，你就会吸引追求利益的人；如果你觉得真心可以换到真心，那你也能吸引到同样想法的人。"

"这么厉害。"

"是呀，这是心理学中神奇的吸引力法则。老师亲身体验过，很管用，很神奇。"

"那我也试试看。"

"是的，你可以试一试，就从你的闺蜜和朋友开始。接受她们和你不一样的地方，用欣赏和友好的态度与她们相处，时间长了你看看会发生什么。"

"好的，老师，我会试一试的。"

二、案例解析

从小王的个案中我们可以看出，同伴关系的缺失所造成的影响已经在小王身上有较为明显的体现：比如生涩的社会交往技巧，比如管理情绪的能力较差，再比如没有清晰的自我定位等。

我们也看到,错过了发展同伴关系的最佳时机,再去试图发展同伴关系会是比较困难的,需要做出更多更大的努力,付出更多的精力和时间。

现如今小王来我这里做咨询已经有三年了,我们也早就变成了亦师亦友的关系。她常常会在课余时间来和我分享生活中和学习上的点点滴滴,有开心的,有难过的,对此我都愿意选择无条件倾听和接纳,并给予她情绪上的支持和安慰,她也愿意在听取我的意见之后做尝试和反馈。

在这三年的时间里,她靠自己的不断努力慢慢改善着自身存在的问题,虽然和很多同学比起来,她的朋友仍旧不多,关系依然不深,但和自己的过去比,已经好太多太多了。

对于小王现在拥有的同伴关系,我和她都是非常满意的。

三、启示和反思

近年来学生的心理问题频发成为热议话题,心理健康教育工作在学校也受到了前所未有的重视。

当前,独生子女是学校学生的主体。他们在"糖水"里长大,从小受到父母的百般呵护、溺爱、娇宠,成为整个家庭的中心。而不少家长的教育观念本身就有偏差,就比如他们会更愿意自己的孩子乖乖地独自在家玩耍,而不是寻找伙伴一起玩耍。被家长无限宠爱的孩子缺少独立意识,也认为一个人挺好,不需要同伴之间的交往。不过当这些孩子从被无限宠爱的家庭进入到学校这个大集体中,很多问题就开始浮现出来,同伴关系缺乏导致的各类问题也开始展现出来,于是矛盾频发。

在这样的大环境下,作为学校心理老师,我感到自身的责任重大。整理了近年来部分成功帮助改善同伴关系的个案,下面是我的一些收获。

(1) 研究表明,经常遭受同伴拒绝的孩子有焦虑、沮丧的情绪状态,而教师友好的态度,温暖的支持性的环境和氛围,可以转化学生的这些不良情绪。

(2) 创设情境,比如模拟交往情境类游戏,教师在旁边观察指导,有意识地让需要帮助的孩子在潜移默化中学习到与同伴交往的技巧。在游戏中要及时反馈孩子的行为,哪些是可取的,哪些是不可取的。

(3) 和孩子的父母进行接触和沟通,指导父母做一些改变来提升孩子的交往能力。著名心理学家格尔就说过,"父亲的出现是一种独特的存在,对培养孩子有一种特别的力量"。多和父亲接触的孩子会显示出勇敢、坚毅、意志坚强等特征,有更强的生命激情,这些个人特质,都将影响孩子后期的同伴交往质量及同伴交往关系。

【参考文献】

［1］王雅春,曹华.青少年同伴关系的作用及影响因素分析[N].长春师范学院学报,2010.

［2］张文新.儿童社会性发展[M].北京师范大学出版社,2002.

［3］费尔德曼.发展心理学[M].世界图书出版公司北京公司,2007.

［4］陈会昌等.青少年对家庭影响和同伴群体影响的接受性[J].心理科学,1998.

探索多样学练，构建活力课堂

——六年级篮球双手胸前传接球案例分析

上海市三泉学校　贺仁栋

摘　要： 在体育课程改革的推动下，如何使学生从对篮球的兴趣转化为自主式学习，从而爱上篮球这项运动呢？本案例我通过不同的教学方法，以游戏、自主练习、合作练习等方式结合教学内容提高学生的练习积极性。

关键词： 篮球　传球　教法　分析

【个案情景描述一】

双手胸前传接球的第一课时。学生在小学阶段接触过篮球运动，但由于小初教材上对双手胸前传接球的要求不同，学生对动作的标准比较模糊，双手胸前传接球的传接球质量与身体素质及全身协调密不可分，导致学生在学习双手胸前传接球时动作不舒展，传球翻腕动作不充分。

问题诊断分析

根据教材内容的特点及运动技能形成规律，一开始主要采取的教法是讲解法、示范法等，帮助学生建立完整的动作概念。随后采用分解法、纠错法、录像观摩等，帮助学生逐步掌握动作要领，甚至个别对篮球有强烈渴望的学生会初步生成篮球意识。由于学生对新知识、新技能的渴求强烈，学习积极性高，肯动脑爱思考，所以在教学中重点采用了探究法、合作学习法、多样练习法和问题教学法，不断激发学生的思维活动，真正体现思维活动与身体练习紧密结合的学科特征。如让学生比较近距离传接球和远距离传接球有何异同；为什么说两脚用力蹬地伸臂、翻腕、拨指是掌握双手胸前传接球的关键;采用合作法让学生与学生之间自己体会如何进一步提高传接球的质量;采用观看视频、学生展示与评价,提高学生自信心等。

【个案情景描述二】

学生活泼好动,模仿能力强,希望获得他人的肯定。双手胸前传接球具有一定的危险性,手指可能被篮球砸伤,因此学生有恐惧心理,而且会出现不敢接球、传球动作不完整、接球时抵触球或者是抱球现象。

　　问题诊断分析

本案例充分利用学生这一生理、心理特点,要求在多样化练习中掌握技能动作。教师应多关注多鼓励,调动学生的学练积极性,并树立他们的自信心。

一、初步设想

本案例以学生的发展为本,以"体育与健身"为指导思想,在积极完善"动"为主的课程目标体系的同时,以热身→引入新课→新知探究→目标检测→课堂小结→整体恢复为教学基本流程;以合作练习、自主练习、探究练习为主,着重培养学生的实际能力、个性特长和创新精神,以小组合作形式组织教学。在教学过程中给学生一定的练习时间和空间,营造和谐的课堂氛围。

【实验实施描述一】

第一节实验课(课堂指导)

问题一:怎样掌握篮球原地双手胸前传接球呢?

1. 篮球原地双手胸前传接球技术讲解教学

(1)双手胸前传接球准确的手型及接球的缓冲和传球的翻腕动作。

(2)双手胸前传接球上下肢协调用力和手对球的控制能力。

问题二:双手胸前传接球的技术要领是什么? 我们怎么练习?

2. 双手胸前传接球的练习

(1)徒手练习。教师带学生做,练习时教师纠正指导学生动作,全体学生模仿教师动作。

(2)对传。教师讲解示范动作,练习时教师纠正指导学生动作。学生两人一球做传球动作,3人一组,共10组,交换练习,教师指导。

（3）跑动练习。教师讲解示范动作,练习时教师纠正指导学生动作,学生两人行进间传球,6人一组,共5组,交换练习,教师指导。

二、深入思考

本案例采用了讲解、示范、启发、模仿、创新、竞赛等教学方法,让学生在自主学习、合作学习及探究学习中体验学习的乐趣,同时也提高了学生灵敏性、柔韧性等素质,培养了学生的团队意识。

【实验实施描述二】

引入新课(1)

问题：大家所熟悉的篮球运动技术有哪些?

设计意图：以学生对篮球的喜爱引入新课。

师生互动：小组讨论,教师引导,让学生了解一些优秀的篮球运动员,提高学生的崇拜感。

小问题1：大家知道哪些篮球技术?

小问题2：传球呢?

小问题3：怎样不会把球传丢?

三、新知探究

小学的时候已经有同学学习过双手胸前传接球技术动作,可以在授新课之前先请学生展示他们的传接球动作,教师再演示。这样的对比性教学,能留给学生思考的空间,学习效果会更好,再加上分解演示,对篮球的技术、技能掌握水平不同的学生都能兼顾到,让学生掌握主动学习和创造学习的方法,从而突出本案例重点、难点,为顺利完成教学目标打下基础。

【实验实施描述三】

引入新课(2)

问题：通过对篮球的学习可以培养同学们机智、果断、快速、胜不骄败不馁的品质和团结一致、密切配合的集体精神,那么,大家有没有兴趣一起来学习一下呢?我们要学会哪些动作呢?这个动作要领需要注意什么?

设计意图：让学生明白学习篮球的好处,提高学生的学习兴趣。

师生互动：教师示范讲解，学生跟着练习。

生生互动：合作学习，相互鼓励，培养团结精神。

四、延伸思考

通过前两堂实验课的反馈，我根据教材内容的特点和运动技能形成规律，一开始主要采取的教法是讲解法、示范法等，帮助学生建立完整的动作概念。随后采用分解法、纠错法、录像观摩等帮助学生逐步掌握动作要领，甚至个别对篮球有强烈渴望的学生会初步生成篮球意识。由于学生对新知识、新技能的渴求强烈，学习积极性高，肯动脑爱思考，所以在教学中重点采用了探究法、合作学习法、多样练习法和问题教学法，不断激发学生的思维活动，真正体现思维活动与身体练习紧密结合的学科特征。

【实验实施描述四】

我在上双手胸前传接球单元课时，要求学生体验双手胸前传接球的动作要领，传球时做到双手持球于胸前，肘关节自然下垂，两脚前后或左右开立。近距离传球时，两臂向传球方向迅速伸出，同时翻腕，用拇指和中指的力量将球传出；远距离传球时，须加大蹬地和伸臂的动作幅度，全身协调用力。接球时眼睛注视来球，伸臂迎球掌心向下，当手指触球时屈肘后引，两手握球保持身体平衡。掌握获得协调性和上肢力量的方法，能与同伴合作，做出不同形式的传接球练习并能自我锻炼。

我在篮球双手传接球教学中，练习方式注重循序渐进，共用了五种练习形式：

（1）两人一组进行 3～4 米的原地双手胸前传接球。

（2）两人一组进行 5～6 米的直线传接球及反弹球练习。

（3）双人双球传接球练习。

（4）不同形式的学练方法：W 传球、移动中扇形传球、四人四角传球等。

（5）在体育课堂教学中，"汗笑声"是体育课程的追求。汗水是一定的运动量与运度的反应，是学生参与活动的直接证明，是强身健体的必要；笑声则体现了学生在运动中的快乐体验和情感表达。

（6）游戏巩固，达成目标。在课堂结束阶段，我运用了一个角篮球的游戏：（游戏需要一块场地和一个篮球）把学生分为两组，每组 4 人，传球一次后才可将球传给边线的队友，队友接住球算得一分。

五、启示与反思

在双手胸前传接球单元教学中,教师采用示范、多媒体、辅助教具等多样化手段来辅助教学,让学生仔细观察传接球动作过程的每个细节,形成正确的动作概念。引导学生通过反思,逐步提高传接球的质量;指导学生运用各种形式方法学练,如 W 型传接球、移动中扇形传接球等,体会接球后引与蹬地传球衔接;通过不同距离的传接球,体会传球过程中动作的全身协调发力。通过反复体验,逐步提高传接球的速度、旋转和弧线。运用相互合作、相互观察、相互评价等方法,不断完善动作质量。

1. 不足之处

(1) 让学生练习时没有考虑男女学生的个体差异性,女同学的力量相对小,对球的控制能力也不理想,传球的距离应当做适当的调整。

(2) 学生在练习过程中队形变换没能很好处理,应该在基本部分练习中,随着内容的变化,学生的队形要分别进入下一个练习内容。例如:在迎面传球进入到四角形传球练习时,教师可以先指导一组学生进行,其他学生在他们的基础上进行改变,这样就节约了队形变换的时间,提高了效率。

2. 改进方法

通过游戏教学的引入和开展,激发学生学习的兴趣。

在学生有兴趣的基础上进行教学通常是事半功倍的,只有让学生对篮球产生了兴趣,他们才会自觉地进行学习,才能更好地实现高效教学。教师可以从教学内容着手进行改进,将激发学生的学习兴趣作为教学的一个重要目标,激励、鼓励学生在篮球教学课堂中主动学习双手胸前传接球。

开展课堂游戏教学,可以有效地激发学生学习的兴趣,尤其是对六、七年级的低年级同学而言。该阶段的学生精力相对来说是比较旺盛的,感悟能力和模仿能力都相对较强,创新思维能力也正在高点,教师要利用孩子这一特征,积极开展"游戏教学"模式,激发学生的学习积极性和兴趣。在游戏体育教学的过程中,教师应当充当一个引导者,以学生为主体,将学生的参与性作为基础。其次,教师在对篮球课堂游戏的设计中,要注重以培养学生对篮球的敏感性作为教学的主要目标,并以此为中心点,发散开来设计课堂游戏的内容。同时,也要积极开发学生在体育课堂中的思维,让学生理解双手胸前传接球动作中的重点和难点,为学生多样化发展做充足的准备。

【参考文献】

[1] 沙磊斌.精心设计环节提高课堂实效——篮球双手胸前传接球课堂简析[J].中国学校体育，2014(5)：46-47.

[2] 朱俊."正面双手胸前传接球"教学带来的启示——对体育课堂教学有效性的思考[J].教师，2012(15)：118-119.

[3] 续延军.分层教学法在篮球双手胸前传接球教学中的运用[J].文体用品和科技，2013(12)：93.

让雏鹰自信展翅

——在 50 米快速跑教学中如何提高学生的积极性

上海市三泉学校　王瑞丽

摘　要：跑是学生学习其他运动项目的基础，它是人体最基本的运动技能，对发展学生的技能、身体素质和运动能力，提高适应自然环境的能力起着重要的作用。但跑的教学又是比较枯燥、单调、沉闷的教学内容，在学习方法引导上，要做到"引导学生探索学习方法"，调动出学生在学习上的积极性，使学生获得运动乐趣、体验成功，满足主动参与体育活动、不断增强体质的需要，从而达到体育核心素养的培养，提升运动能力、健康行为、体育品德的形成。

关键词：引导探索　积极性　核心素养

【个案情景描述】

50 米快速跑是二年级教学中最基本的主教材之一，也是体质健康测试项目的一部分，在这个项目中学生技能水平差异明显，跑得慢的同学往往会因为受到同学的"嘲笑"和自己失去自信而降低学习的积极性。

在这节 50 米快速跑的教学课中，我让同学们进行思考：怎样才能跑得更快？有一部分同学认为摆臂姿势很重要，有的认为步幅要迈大一点，步频要加快，等等，气氛非常热烈。"那我们就根据自己思考的方向进行一次比赛，看看在速度上有没有提高？"我对学生强调了要求，并组织学生比赛。比赛开始了，同学们都根据自己的判断加强了自己认为可以加快速度的方法，这时小欣同学竟然横着跑了起来，大家哄堂大笑，而我却是满脸疑惑地注视着她跑过终点。"你觉得这样跑得快吗？"小结的时候我厉声问道,小欣满脸疑惑地看着我,她是班级里跑得较慢的同学。"为什么要横着跑?"看到她无辜的表情,我也不生气了,笑着问她。小欣轻声但很认真地说:"我想试试横着跑是不是更快,螃蟹是横着跑的,有一次我抓它,它跑得很快呢,我抓了很久才把它抓住。螃蟹既然能横着跑,我们为什么不能横着跑呢?"同学们又笑了起来。我一时不知道怎么回答她,从来没有觉得这是一个问题。我忽然灵机一动,随着这个话题说:"同学们,你们可能觉得小欣同学的想法很可笑,但是我觉得她很聪明,平时非常注意观察。我们为什么不能横着跑? 第二轮比赛我们就试试横着跑,先让小欣同学给我们做一个示范,好吗?"大家一起鼓起掌来。小欣走出队伍,侧着身子面对跑道,像螃蟹一样平举双手跑了起来,虽然跑的动作有点古怪滑稽,但却跑得挺快的。其实她的动作就类似于篮球训练中的滑步动作,大家都不由自主地模仿起她的动作练习起来。

第二轮比赛开始了,没想到气氛比前面一轮更加激烈,同学们对这种怪异的跑法还是挺感兴趣的,但是因为没有一个统一标准,有的同学动作也不协调,有的还跑成了交叉步。最后小欣的这一组得了冠军。比赛结束后,我对同学们说:"经过这一次练习,我想让大家思考一个问题,到底哪种跑法最快呢?"同学们三三两两聚在一起开始讨论,然后自发地组织比赛。老师特意观察了小欣这一组,小欣在两次采取横着跑的比赛中都是最后一名,结论马上就出来了,大家都觉得直跑是跑得最快的方法。这时候小欣躲在队伍的最后面,低着头,她知道了横跑不是最佳方法,有几个同学也开始嘲笑起她来了。这时我微笑着说道:"同学们,今天我们学习了一种新的跑步方式,也知道了哪种姿势跑得是最快的,这都要感谢我们的小欣同学,她让我们学螃蟹横着跑的动作,其实是类似于我们篮球和排球运动中的滑步动作,我们今后会学习到。如果没有她今天的提议,我们还学不到这种方法呢,所以老师希望同学们今后在学习上也要勇于创新,大胆表达出自己的想法。"说到这里小欣脸上流露出的是自信、欣喜的神情,同学们也都投去肯定的目光。

一、初步设想

快速跑是一项比较枯燥、单一的学习内容,教学中提高学生的学习兴趣一直是困扰体育教师的难题。争强好胜是小学生的特点,教师可以根据学生心理特点,采用灵活多样的教学手段,吸引学生的注意力,调动学生的积极性。不同姿势的起跑、让距离跑、追逐跑、往返跑、跑跳接力,围绕"比一比"这一主题,引导学生自主学习和小组合作学习,培养学生积极进取的学习态度,让学生体验成功的喜悦,从而提高学习的积极性、主动性。

小学生的求新好奇心理较强,他们希望教师在课堂中的教学内容能常换常新,每一节课都有新体验,这就需要教师在教学内容的安排上要新颖,教学手段要多变。所以设计采用体育小游戏更能吸引学生积极参与,激发学生的求知欲,提高学习兴趣,并培养他们自主创新、合作探究的意识和能力。

二、深入思考

在教学中,教师要为学生创设一个良好的学习氛围,使学生在体育课堂中大胆学习、尝试,畅所欲言,教师则采取行之有效的方法,做到善导。在课堂上还要注意学生的情感体验与价值的培养,让学生学得有兴趣、有个性、有创造。

另外,50米快速跑教学,如果学生在各自的跑道上,从同一起点、同一距离跑向终点,按照快慢分出名次,这样跑完的结果是善跑的学生总能得到第一,总在体会当"冠军"的感觉,而那些跑得慢的学生总是赢不了,始终在垫底,品尝"失败"的滋味,这样多次练习后的结果是学生积极性不高,越来越不愿意参与练习了。

"成功"与"失败"是一种情感体验,学生获得"成功"还是"失败"最关键的是学生对跑的结果的态度。在这类项目中,一定有输有赢,它们是相互依存的,都是正常的。在跑的练习中教师要发挥学生的特长,给学生充分的展示机会,让他们自主学习,自主创新,同时要有公平的竞争机会。

三、启发与反思

为了调动学生的积极性,可以采取以下做法:

(1)把速度接近的学生放在一组,给学生一个相对"公平的"环境,距离相等,跑速相当,比起来可比性强,更能激发学生的积极性、竞争性,同时让学生能更加认真地对待每一次练习。

(2)做好每次成绩的记录。每次跑完之后把成绩告诉学生,下次跑时就有了比较,让学生知道自己是进步了还是退步了。

(3)让学生自由寻找伙伴,但建议是成绩相近的,给学生充分的自主选择权,同时又创造了较为"公平"的竞争环境。

(4)变化多种形式来发展学生跑的能力,如让距离跑、改变起跑点、追逐跑,让每位学生享受到成功的喜悦和体验挫折。学生的积极性和竞争意识被调动起来，就会更投入到练习比赛中。

（5）课堂中营造情境，把各项教学手段融入其中，创设出多种小游戏进行竞技与实施。

作为一名教师，应该要正确恰当地处理课堂中学生的想法，引导他们更加自信地去探索问题、解决问题，从而调动学生的学习积极性。特别是小学低年级学生，他们的注意力短，容易受到情绪的影响，这样更要求教师善于根据学生的不同条件、能力，进行不同目标的教学，因材施教，争取让每个学生主动学习，感受体育学习、活动的快乐，成为具备运动能力、健康行为和体育品德核心素养的个体。

中国儿童中心领导说：给孩子一根杠杆，他们能撬动地球。体育教师的真正本领，不仅要关注知识技能的传授，还要善于引导、探索，唤起孩子的自信心和求知欲望，让他们兴趣盎然地参与到学习过程中来，并且关注提高孩子在体育学习过程中的关键能力，关注他们品格发展是否健全，重视在运动中促进孩子的人格发展。每一位教育者都是一座照亮学生成长道路的灯塔，聆听他们的想法，唤起他们的思考，让他们如雏鹰般自信展翅，翱翔蓝天。

【参考文献】

［1］蔡磊.中小学体育教师培训教材[M].团结出版社，2015.

［2］徐燕萍，王立新.体育教学探索之舟[M].上海教育出版社，2012.

［3］徐淀芳，王立新.中小学体育与健身单元教学设计指南[M].人民教育出版社，2018.

后　记

　　《中等程度学生思维进阶能力培养——上海市三泉学校持续推进中等生教育实践案例集》源于 2021 年上海市青年课题《利用思维导图探索中等生数学复习课模式的实践研究》的延伸研究,汇集了上海市三泉学校全体教师致力于"中等生研究"新的成果,提供了核心素养背景下中等生研究的新的方向和借鉴。

　　上海市三泉学校"中等生研究"始于 1999 年,立足于上海市重点课题,至今已经二十多年。2013 年,我校出版《中等生教育论——中等程度学生隐性流失成因分析及对策研究》和《中等生教育论——中等程度学生隐性流失成因分析及对策研究案例集》后,仍然持续跟进中等生专题的相关研究,编写本案例集的目的在于促进学校"中等生研究"的持续推进,在中等生思维进阶能力培养上进行较全面深入的思考。在本书出版之际,首先感谢静安区教育局领导、区科研室领导以及上海市师资培训中心等专家的引领与指导。正因为在领导的关心与帮助下,在专家的一次又一次专项指导下,我们才能将想法付诸行动,组织全校教师进行有效的探索、实践和研究。

　　感谢人民教育家于漪老师对本案例集的关心。静安区教育学院数学教研员王新苗、蔡莉娜老师对本书给予了全程关注,在此一并感谢。

　　感谢我校青年课题研究小组成员。他们是青年教师蒋旻豪、蔡黎燕、徐佳云、金依婷老师,他们付出很多,为研究的高质量完成打下了良好的基础。

　　感谢数学教研组宋继鸿、侯鲁敏、刘苗妙、徐璐芳、蔡黎燕、蒋旻豪、任方华、王建军、古小茜、季俊超老师,感谢物理老师苏亮亮、李海萍、朱煜麟,以及学校中小学各学科的全体教师,正是他们勇于担当,攻坚克难,积极进取,课题引领,教学实践和循证研究,为本案例集提供了大量课堂实践与教学经验。

　　本案例集由上海市三泉学校校长王立新担任学术委员会主任,学校党支部书记王永竝及副校长刘珍担任顾问，副校长宋继鸿担任主编，校科研主任卢小樱担任副主编。

在本书的修改及定稿过程中，得到了林汝星同学的帮助，她负责了部分文稿的校对和编辑。

最后感谢所有关心与支持本书出版的每一位朋友。

编　者

2022 年 3 月

图书在版编目(CIP)数据

中等生思维进阶能力培养：上海市三泉学校持续推
进中等生教育实践案例集 / 宋继鸿主编. —上海：文
汇出版社，2022.12
　　ISBN 978-7-5496-3928-1

　　Ⅰ.①中…　Ⅱ.①宋…　Ⅲ.①中小学教育-教育研究
Ⅳ.①G632.0

　　中国版本图书馆 CIP 数据核字(2022)第 222746 号

中等生思维进阶能力培养

——上海市三泉学校持续推进中等生教育实践案例集

主　　编 / 宋继鸿
副 主 编 / 卢小樱

责任编辑 / 竺振榕
封面装帧 / 薛　冰

出版发行 / **文匯**出版社
　　　　　上海市威海路 755 号
　　　　　(邮政编码 200041)
经　　销 / 全国新华书店
排　　版 / 南京展望文化发展有限公司
印刷装订 / 启东市人民印刷有限公司
版　　次 / 2022 年 12 月第 1 版
印　　次 / 2022 年 12 月第 1 次印刷
开　　本 / 787×1092　1/16
字　　数 / 268 千字
印　　张 / 16

ISBN 978-7-5496-3928-1
定　　价 / 58.00 元